Historia y memoria de Tacuara

Nacionalismo, violencia
y fascismo transnacional

Celina Albornoz

LASApress

Publicado por
LASA Press
lasapress.org
lasa@lasaweb.org

© Celina Albornoz 2025
© Del prólogo a esta edición, Federica Bertagna 2025

Diseño de portada: Estudio Entre
Imagen de portada: Archivo personal de la autora
Diagramación de versión impresa: Lara Melamet
Diagramación de versión digital: Estudio Ebook
Corrección: Virginia Avendaño y María Nochteff
Índice onomástico y de temas: Florencia Osuna

ISBN (Físico): 978-1-951634-50-6
ISBN (PDF): 978-1-951634-52-0
ISBN (EPUB): 978-1-951634-53-7
ISBN (Mobi): 978-1-951634-51-3
DOI: https://doi.org/10.25154/book15

Esta obra tiene permiso para ser publicada bajo la licencia internacional Creative Commons Attribution CC BY-NC 4.0. Para ver una copia de este permiso, visite https://creativecommons.org/licenses/by-nc/4.0/ o envíe una carta a Creative Commons, 444 Castro Street, Suite 900, Mountain View, California, 94041, Estados Unidos. Esta licencia permite el uso de cualquier parte del trabajo mientras se lo cite de forma correspondiente y restringe su uso con fines comerciales.

Cita sugerida:
Albornoz, Celina. 2025. *Historia y memoria de Tacuara. Nacionalismo, violencia y fascismo transnacional*. Pittsburgh, Estados Unidos: LASA Press. DOI: https://doi.org/10.25154/book15. Licencia: CC BY-NC 4.0

Para leer la versión libre en acceso abierto de este libro digital, visite https://doi.org/10.25154/book15 o escanee el código QR con su dispositivo móvil.

La tesis doctoral que dio origen a este libro recibió la Primera Mención de Honor del premio Magnus Mörner 2024, otorgado por la Asociación de Historiadores Latinoamericanistas Europeos (ahila).

Índice

Lista de imágenes	ix
Agradecimientos	xi
Prólogo	xv

Introducción — 1

1. La apuesta por lo transnacional — 5
2. Algunas consideraciones conceptuales — 7
3. Las memorias, las entrevistas y los entrevistados — 8
4. Las fuentes escritas — 20
5. La estructura del libro — 21

Capítulo 1. Tacuara: la construcción de un movimiento nacionalista — 25

1. Organización y estructura — 32
2. Una cultura política nacionalista: el PBR de Tacuara — 38
3. Tacuara, el sindicalismo y el peronismo — 41
4. Tacuara se fractura — 47
   - 4.1. El giro hacia la derecha: la Guardia Restauradora Nacionalista — 47
   - 4.2. Los muchachos peronistas. El Movimiento Nueva Argentina y el sindicalismo — 53
   - 4.3. La vía hacia la izquierda: el Movimiento Nacionalista Revolucionario Tacuara — 56
5. Barajar y dar de nuevo. Tacuara durante la "Revolución Argentina" — 59

Capítulo 2. La violencia política y los enemigos ... 73

1. La construcción del enemigo: la Tercera Posición
y el anticomunismo ... 75
2. La construcción del enemigo: el judaísmo ... 92
3. La construcción del enemigo: el imperialismo y el capitalismo ... 110

Capítulo 3. El género y la construcción
de la masculinidad en la militancia de Tacuara ... 123

1. La violencia invisibilizada ... 124
2. La camaradería y la masculinidad ... 128
3. Don Quijote al rescate de Dulcinea ... 135
4. "¡Basta de maricones afeminados y reblandecidos!" ... 139
5. "Las mujeres en esa época se dedicaban a otra cosa" ... 142

Capítulo 4. Tacuara mira hacia Europa ... 153

1. Tacuara y el fascismo español ... 155
2. "Una Hispanoamérica libre y unificada" ... 164
3. Tacuara y el fascismo italiano ... 166
4. Tacuara y el nazismo ... 172
5. Simbología y ritualidad ... 177
6. ¿Falangistas? ¿Fascistas? ¿Nazis?
A propósito de las autorrepresentaciones ... 185

Capítulo 5. Tacuara y los neofascismos ... 193

1. Europa en la mira ... 196
2. *"Nel fascismo è la salvezza della nostra libertà"* ... 199
3. Tacuara frente al neofascismo español.
Fuerza Nueva y CEDADE ... 209

Capítulo 6. Trayectorias transnacionales 227

1. Miguel Gutiérrez Rivero entre Tacuara y el Requeté 228
2. Los estudios de Alberto Ezcurra en Europa 240
3. Luis Alfredo Zarattini: los lazos con Delle Chiaie y CEDADE 247
4. Un becario del ICH. Bernardo Lasarte 248
5. Alejandro Sáez Germain, un legionario 250

Epílogo. Tacuara después de Tacuara.
Los caminos se bifurcan 255

Sobre la autora 263

Bibliografía 265

Fuentes 280

    Diarios, revistas y boletines 280

    Blogs, páginas web y biografías de Facebook 280

    Archivos consultados 281

Índice onomástico y de temas 283

Sobre LASA Press 299

Lista de imágenes

Figura 1. Campamento allanado en Ángel Gallardo, Santa Fe, el 25 de enero de 1963. Primera Plana, N.° 13, 5 de febrero de 1963. Fuente: Archivo Histórico de Revistas Argentinas.   61

Figura 2. Pintada en una pared de la ciudad de Buenos Aires. *Panorama*, N.° 18, noviembre de 1964. Fuente: Archivo Histórico de Revistas Argentinas.   89

Figura 3. *Mazorca, año II*, N.° 13, 1968. Fuente: archivo personal.   97

Figura 4. *Mazorca,* año II, N.° 1, 1968. Fuente: archivo personal.   97

Figura 5. Ricardo D'Alessandro luego de ser atacado. *Así*, N.° 336, 5 de julio de 1962. Fuente: Hemeroteca de la Biblioteca Nacional Mariano Moreno (foto de la autora).   105

Figura 6. Portada de *Mazorca,* año II, N.° 1, 1968. Fuente: archivo personal.   114

Figuras 7 y 8. Fotografías de la toma del Cabildo realizada por miembros del MNT el 20 de noviembre de 1964. *Así*, N.° 463, 1.° de diciembre de 1964. Fuente: Hemeroteca de la Biblioteca Nacional Mariano Moreno (foto de la autora).   115

Figura 9. Homenaje frente al mausoleo del general Lucio Mansilla. Fuente: Biblioteca Nacional Mariano Moreno, Archivos y colecciones, Fondo *Crónica.* Guardia Restauradora Nacionalista (foto de la autora).   119

Figura 10. Saludo romano frente a la tumba de Facundo Quiroga. Fuente: Biblioteca Nacional Mariano Moreno, Archivos y colecciones, Fondo *Crónica.* Guardia Restauradora Nacionalista (foto de la autora).   119

Figura 11. Imagen de una cruz en la cintura de un militante de Tacuara. *Así,* N.° 336, 5 *de* julio de 1962. Fuente: Hemeroteca de la Biblioteca Nacional Mariano Moreno (foto de la autora).   121

Figura 12. Grupo de militantes del MNT efectuando el saludo romano durante un campamento en la localidad de Ezeiza. *El Mundo,* 17 de octubre de 1962. Fuente: Biblioteca Nacional Mariano Moreno, Archivos y colecciones, Fondo Olegario Becerra, caja 103 (foto de la autora). 131

Figura 13. Pintada en un muro de la ciudad de Buenos Aires, en la calle Agüero entre Av. Santa Fe y Güemes. *Así,* N.° 336, 5 de julio de 1962. Fuente: Hemeroteca de la Biblioteca Nacional Mariano Moreno (foto de la autora). 134

Figuras 14 y 15. Posteos compartidos por Cinarelli en su biografía de Facebook. 157

Figuras 16 y 17. Posteos compartidos por Bellino en su biografía de Facebook. 163

Figura 18. Imagen que acompaña al homenaje a la "Marcha sobre Roma". *Mazorca,* año II, N.° 16, 1968. Fuente: archivo personal. 169

Figura 19. Posteo compartido por Cinarelli en su biografía de Facebook. 169

Figura 20. Posteo compartido por Bellino en su biografía de Facebook. 169

Figura 21. Imagen extraída del boletín *De pie,* N.° 11, octubre de 1970. Fuente: El Topo Blindado, Centro de documentación de las organizaciones político-militares argentinas. 175

Figura 22. Portada de *Ofensiva,* N.° 9, agosto de 1962. Fuente: Biblioteca Nacional Mariano Moreno, Archivos y colecciones, Fondo García Lupo, caja 68.1 (foto de la autora). 180

Figura 23. Portada de *Ofensiva,* N.° 11, noviembre de 1962. Fuente: El Topo Blindado, Centro de documentación de las organizaciones político-militares argentinas. 180

Figura 24. Ilustración de los sucesos de Montejurra. Fuente: *Cambio 16,* N°. 233, 24-30 de mayo de 1976. Fuente: Biblioteca Nacional de España (foto de la autora). 239

Figura 25. Adolf von Thadden. Fuente: *De pie,* N.° 8, noviembre de 1968. Fuente: Instituto Bibliográfico Antonio Zinny (foto de la autora). 245

Agradecimientos

Este libro tiene su origen en mi tesis doctoral, defendida en marzo de 2021 en las universidades de Padova, Ca' Foscari Venezia, Verona y San Martín. La Università degli Studi di Padova me brindó la beca doctoral que me permitió abocarme enteramente a la investigación, mientras que gracias a la beca Puente posdoctoral de la Universidad Nacional de San Martín pude dedicar buena parte de mi tiempo a la escritura luego de haber defendido la tesis, mientras continuaba investigando acerca del devenir de las derechas nacionalistas en la ciudad de Santa Fe y alrededores. También la Fondation pour la Mémoire de la Shoah me otorgó una beca para profundizar mis estudios acerca del antisemitismo en la Argentina, que en parte están volcados en esta monografía.

Agradezco a la Asociación de Historiadores Latinoamericanistas Europeos (AHILA) por seleccionar mi tesis como merecedora de la Primera Mención del premio "Magnus Mörner" 2024 y por apoyar la concreción de esta publicación.

Mi directora en los años de doctorado, Federica Bertagna, y mi codirector, Fernando Devoto, fueron guías clave que me acompañaron durante mi trabajo de campo y la elaboración de la tesis. Por ello, les estoy muy agradecida.

Agradezco a Daniel Lvovich, mi actual director, con quien no solamente compartimos los orígenes en el barrio Sur de Santa Fe y las (opuestas) pasiones futboleras; sus lecturas y nuestras largas charlas fueron fundamentales durante el proceso de escritura de la tesis y de este libro. Marina Franco, mi directora durante la beca Puente posdoctoral y mi actual codirectora, ha sido un importante apoyo. Sus consejos y su acompañamiento son también parte de estas páginas.

Quisiera agradecer a Bernardo Carrizo, director de mi tesina de grado, que siguió mi recorrido doctoral y posdoctoral y colaboró de distintas formas con mi trabajo en sus distintas etapas.

Stéphane Boisard y Nuria Tabanera realizaron importantes sugerencias desde su rol de revisores de la versión preliminar de la tesis, al igual que quienes integraron el jurado durante la defensa: Valeria Manzano, Leandro Losada, Xosé Manoel Núñez Seixas, Marco Fincardi y Giovanni Focardi. A ellos, mi gratitud por haberme invitado a seguir pensando, a hacerme nuevas preguntas, y por haber recomendado la publicación de la disertación.

Estoy muy agradecida con los exmilitantes de Tacuara que, generosamente, me brindaron su tiempo, sus anécdotas de vida y sus recuerdos. Si bien permanecen anónimos, son una parte fundamental de este libro. También colaboraron con diversas informaciones y testimonios sumamente útiles Roberto Grabois, Leonardo Killian, Aritz Recalde, Rogelio Alaniz, Carmelo Astesiano, Horacio y Elena Roitman, Eduardo Duschkin, Ramón Ábalo, Efraín Espinoza, Ana María "Tuty" Cecchini, José Weber y Pablo Vázquez. Desde España, contribuyeron, además, Ramón Bau y Ernesto Milà Rodríguez.

Asimismo, varios y varias colegas contribuyeron de distintas maneras a enriquecer mi trabajo. Entre ellos se encuentran los y las integrantes del Programa de Historia Contemporánea de la Universidad Nacional de General Sarmiento, del CAI+D "Culturas políticas en escalas. La experiencia democrática entre lo nacional, subnacional y regional" de la Universidad Nacional del Litoral, del Núcleo de Historia Reciente de la Escuela Interdisciplinaria de Altos Estudios Sociales de la UNSAM, y del Taller de Tesis del Doctorado en Historia de la Escuela Interdisciplinaria de Altos Estudios Sociales de la UNSAM, coordinado por Cristiana Schettini. Sus valiosos comentarios y sugerencias a las versiones preliminares de mis textos están presentes en estas páginas.

En particular, quisiera agradecer a Ernesto Bohoslavsky, Gabriela Gomes, Martín Vicente y Juan Luis Besoky, lectores y colegas de referencia en distintas instancias, por sus comentarios siempre pertinentes y por su generosidad. También colaboraron desinteresadamente con mi trabajo, de diferentes maneras y en variadas instancias, Celina Fares, Laura Rodríguez Agüero, Mónica Bartolucci, Paula Zubillaga, Cristian Palmisciano, Juan Manuel Padrón, Daniel Gutman, Matteo Albanese y Xavier Casals, entre otros y otras.

Fernando Camacho Padilla y Mirian Galante Becerril me recibieron amablemente en el Grupo de Estudios Interdisciplinarios sobre

América Latina (GEISAL) de la Universidad Autónoma de Madrid y me orientaron en mi búsqueda documental y bibliográfica. Por otro lado, en el período posdoctoral, fue fundamental la cálida bienvenida y los aportes a mi trabajo que me brindaron en el Institut des Hautes Études de l'Amérique Latine-Centre de Recherche et de Documentation des Amériques (IHEAL-CREDA) de la Universidad Sorbonne Nouvelle. Agradezco a Olivier Compagnon por su apoyo y a todo el grupo de *doctorant.e.s*, particularmente a Giulia Calderoni, amiga y colega romana.

Con Analía Goldentul nos sostuvimos mutuamente durante el proceso de escritura de nuestras tesis y más allá, por lo que le estoy infinitamente agradecida. Assumpta Castillo Cañiz, catalana incondicional, fue también un importante sostén, en Padova y a la distancia.

Agradezco especialmente a Camillo Robertini, agudo lector y siempre compañero. Y, por último, a mi familia, particularmente a mi madre, Antonia, y a mi padre, Jorge, y a mis amigas de la vida por su apoyo y cariño.

Prólogo

A finales de 2017 se me propuso dirigir la tesis de Celina Albornoz, por entonces una muy joven historiadora argentina, que acababa de ganar una beca para cursar el doctorado de Estudios Históricos, Geográficos y Antropológicos de las universidades de Padova, Venezia Ca' Foscari y Verona.

Cuando Celina me presentó por primera vez detalladamente su proyecto de investigación, me pareció desde el comienzo muy original y de gran interés: una historia del movimiento nacionalista argentino Tacuara, desde su fundación, en 1957, hasta su larga agonía en los sesenta y definitiva desaparición a comienzos de la década siguiente, que partiera de la memoria de los militantes, privilegiando las fuentes orales.

Al mismo tiempo, tengo que confesar de antemano que la perspectiva transnacional, que Celina declaró querer escoger para estudiar esta historia, me generó en ese momento cierta perplejidad. En efecto, si muchos historiadores la han adoptado, a partir sobre todo de los trabajos de Federico Finchelstein sobre el "fascismo transatlántico", para analizar movimientos nacionalistas y de extrema derecha surgidos en la Argentina y en diferentes países de América Latina en las décadas de entreguerras, e inspirados a distintos niveles en el fascismo italiano, no se podía decir lo mismo para el período que siguió a la Segunda Guerra Mundial.

La historiografía coincide, en general, en reconocer que con el fin de los regímenes nazifascistas en Europa y la desaparición de sus partidos políticos de referencia, que obligó inicialmente a los derrotados que tenían la intención de seguir defendiendo sus ideas a hacerlo en la clandestinidad, no hay ninguna evidencia de que haya existido aquella "Internacional Negra" que la prensa de la época presentaba como una organización todopoderosa, que involucraba a nazis y colaboracionistas de diferentes países, y que aspiraba a crear un "Cuarto Reich".

Por otra parte, en mis propias investigaciones relativas a la emigración y la actividad de fascistas italianos en la Argentina pos 1945, ya sea los vínculos de tipo político conservados en la madre patria, ya sea aquellos construidos con grupos afines de extrema derecha en el país de destino, me habían parecido demasiado laxos para que se pudiera configurar algo como un fenómeno neofascista transnacional.

Sin embargo ahora, frente a este libro producto de aquella investigación doctoral, debo decir que mis dudas iniciales han sido superadas. La autora ofrece, en efecto, una reconstrucción de la historia de Tacuara tan convincente como novedosa, justamente por el énfasis en los elementos transnacionales que connotaron esa experiencia política, desde su ideología hasta unas ambiciones de lucha contra el comunismo en una escala no solo nacional, que no por ser —como fueron sin duda— veleidosas y poco realistas merecen ser dejadas de lado en la investigación.

Lo logra a través de un fino estudio, casi una vivisección diría, de un amplio abanico de fuentes. Estas incluyen desde entrevistas realizadas personalmente hasta testimonios autobiográficos de militantes publicados o disponibles on-line, en blogs personales y redes sociales; desde boletines y periódicos del movimiento hasta prensa y documentación de archivos y bibliotecas recogida en la Argentina, España e Italia.

Empero, son las entrevistas en profundidad, que la autora realizó en diferentes lugares y momentos a doce exmiembros de Tacuara, el eje alrededor del cual se articula la narración. Es este un aporte fundamental del libro: en efecto son todavía pocos, en la historiografía latinoamericana, los ejemplos de trabajos sobre agrupaciones de extrema derecha basados en entrevistas a militantes. Cabe subrayar al respecto que, si indudablemente la memoria de los protagonistas es central, este libro no cae en los excesos que, en los últimos treinta años, han llevado progresivamente a la "historia del tiempo presente" más que a incluir la memoria, a ser dominada por la perspectiva memorial, en la idea equivocada de que los recuerdos de las experiencias vividas hablen por sí solos y restituyan un pasado más "verdadero": un mérito, no irrelevante, de la autora es que en el análisis de las entrevistas une proficuamente historia y memoria, recuperando la complejidad con las preguntas por los contextos, el cómo y el porqué de lo narrado por los testigos.

La autora articula los capítulos alrededor de núcleos temáticos, conduciendo al lector en un viaje que abarca diferentes temporalidades.

Una es el presente, en el cual Celina es al mismo tiempo protagonista y observadora: por un lado, la encontramos mientras enfrenta las problemáticas ligadas a la recolección de los testimonios, y construye sus fuentes a través del diálogo, no siempre fácil, con sus entrevistados; por el otro, la seguimos mientras descifra con gran acribia lo que estos dicen, y más aún lo que no dicen y las razones de esos silencios, mostrando cuánto han sumado a su formación metodológica como historiadora los años de estudio en Italia, uno de los países europeos en los cuales a partir de los años setenta la teoría y las "buenas prácticas" de la historia oral se han afirmado con más fuerza, fuera y dentro el ámbito académico.

Un primer interrogante que plantea es relativo a lo que representa hoy Tacuara para sus antiguos miembros, es decir, qué tipo de memoria tienen de su pasada militancia. Las respuestas no son unívocas. En algunos casos, esta es abiertamente reivindicada; en otros edulcorada, o hasta negada, por lo menos en algunos aspectos: es emblemática, al respecto, la reticencia casi unánime a propósito del antisemitismo.

Siempre atenta a los matices, nunca tajante al sacar conclusiones, Celina demuestra fácilmente, confrontando las afirmaciones de los entrevistados con otras fuentes, cómo en realidad el antisemitismo no solo estuvo indudablemente presente en el accionar violento de Tacuara sino que fue un componente central del movimiento: a diferencia del caso del nazismo hitleriano, no era motivado sobre una supuesta base racial, sino derivado de la matriz ideológica católica integrista de la agrupación y en parte de la asociación establecida entre judíos y comunistas, principal enemigo, estos últimos, de esa ideología.

En este sentido, hay un evidente aire de familia entre Tacuara y otros grupos nacionalistas de derecha surgidos en la Argentina, en especial cuando se plebeyizaron, social e intelectualmente, al menos a partir de comienzos de los años treinta (exactamente como ocurrió con la propia Tacuara, entre cuyos fundadores había varios apellidos tradicionales).

La segunda temporalidad a la cual nos lleva la memoria de los miembros es la de los años en los que Tacuara fue activa. Aquí por lo menos tres elementos relevantes emergen. El primero es la centralidad del uso de la violencia para los miembros del movimiento, dirigida principalmente contra los militantes de izquierda. La versión autojustificadora que ofrecen hoy los ex-Tacuara introduce una diferenciación entre esa violencia de finales de la década del cincuenta y de los años sesenta y aquella de los movimientos armados que vinieron después, considerada descontrolada: diferenciación que resulta probablemente más interesante por lo que nos dice sobre la visión crítica presente hoy en la sociedad argentina (no tanto en franjas militantes políticas e historiográficas) hacia estos últimos, que sobre la propia Tacuara.

El segundo elemento es que la opción por entrevistar no solo a militantes que pertenecían al núcleo principal de Tacuara, el de Buenos Aires, sino también a comandos de ciudades del interior, Santa Fe, Rosario y Paraná en particular, le permite a la autora, más allá de descentralizar la mirada sobre la agrupación, proponer una nueva periodización sobre su evolución, moviendo de 1966 a los primeros años setenta el final del movimiento.

En efecto, la mayoría de los miembros consideró cerrada la experiencia tacuarista en el momento en que se instauró la dictadura del general Juan Carlos Onganía, un régimen de tipo autoritario corporativo que parecía poder realizar la por ellos augurada "revolución nacional".

Empero, el núcleo de la provincia de Santa Fe siguió existiendo, caracterizándose al comienzo por un retorno a las posiciones nacionalistas católicas originarias de Tacuara, y las críticas hacia el nuevo gobierno por su política económica liberal y su alineamiento con los Estados Unidos, y a partir de 1970 por un giro radical que lo llevó incluso a abandonar el nacionalismo en nombre de la "revolución".

Finalmente, las narraciones de los militantes ponen en primer plano la dimensión transnacional de la historia de Tacuara, que emerge en las entrevistas en dos planos. Por un lado, esta aparece claramente en los vínculos personales construidos en el exterior —en la España franquista particularmente— con agrupaciones de extrema derecha: emblemático es el caso de la participación de miembros de Tacuara en las actividades del Requeté, la milicia de los carlistas españoles.

Por el otro, si al hablar de los orígenes de Tacuara en el plano de la militancia es inevitable referirse a una filiación de otras agrupaciones nacionalistas argentinas, y en particular la Unión Nacionalista de Estudiantes Secundarios, de la cual procedían algunas de sus figuras clave, y que a su vez podía tener atrás algunas franjas de la Legión Cívica Argentina del presidente José Félix Uriburu (aunque aquí las carencias de la historiografía argentina de enfoques prosopográficos, o de aquellos vinculados al *análisis de las networks*, dificulta definir cuántos y cuándo), en el campo de las ideas las cosas son bastante más complejas.

Las múltiples escisiones de Tacuara y las direcciones que tomaron los militantes que siguieron activos en los años setenta, que no solo fueron muy diferentes, sino en algunos casos opuestas —de la extrema izquierda a la extrema derecha, incluso dentro del aparato represivo del Estado durante la dictadura militar de 1976—, han llevado la historiografía a subrayar sobre todo la falta de homogeneidad ideológica de la agrupación, más allá de un mínimo común denominador resumible en el trinomio nacionalismo de matriz católica, aversión hacia la democracia liberal y antiimperialismo.

Celina Albornoz nos invita, en cambio, a no subestimar el peso de las referencias ideológicas transnacionales. Nos traslada así hacia atrás, a los años treinta— y esta es la tercera temporalidad en que se mueve este libro— y hacia afuera, los fascismos europeos: José Antonio Primo de Rivera y el falangismo español, y en menor medida Benito Mussolini y el fascismo italiano aparecen aquí como modelos.

Mediante este doble movimiento, hacia atrás y hacia delante, Albornoz replantea de manera brillante el dilema que ha llevado hasta aquí a una parte de los estudiosos de la agrupación a considerarla más vinculada a lo que ocurrió antes, y a otros tantos a verla más bien como una anticipación de formas de militancia violentas que vinieron después.

Fue ambas cosas en realidad, nos dice implícitamente la autora, invitándonos a mirar a Tacuara como una especie de prisma a través del cual estudiar el punto de inflexión de una sociedad, y sus clases medias en particular, que entre las autodenominadas Revolución Libertadora de 1955 y Revolución Argentina de 1966 progresivamente precipitaban hacia la violencia.

El libro es así también un retrato de esa tan compleja e inextricable como alucinada Argentina de entre 1955 y 1973, al menos para los ojos de un observador externo y, en tal sentido, como todo buen libro, abre nuevos interrogantes sobre esos años, a los cuales futuras investigaciones podrán ofrecer nuevas respuestas.

FEDERICA BERTAGNA, Università di Verona

Introducción

En la ciudad de Santa Fe, un joven estudiante del Colegio Nacional llamado Fernando se reúne periódicamente con algunos amigos para hablar de nacionalismo, de religión y para compartir algunas lecturas que iban descubriendo. Ocasionalmente, participaban de alguna trifulca, con los puños o usando cadenas, arrojaban bombas de alquitrán y escribían pintadas antisemitas en casas de familias de la comunidad judía o en la sinagoga, entre otras actividades más o menos habituales. Fernando y sus colegas se habían convertido en más que amigos, en "camaradas": habían pasado a integrar las filas de un movimiento juvenil relativamente nuevo que había surgido en la ciudad de Buenos Aires, pero que rápidamente había extendido sus ramas a otros lugares de la Argentina. Decían defender a toda costa a la patria; eran nacionalistas, católicos, y se hacían llamar "Tacuara".

Los principales blancos de estos jóvenes eran los comunistas, los estudiantes que militaban en agrupaciones de izquierda y los judíos, que identificaban fácilmente dentro de una ciudad relativamente pequeña como Santa Fe, con una sociabilidad bastante restringida. Las peleas en los espacios compartidos, es decir, en las escuelas, en las universidades y en las calles, eran ya moneda corriente por aquellos años.

En 1961, Fernando, que tenía 16 años, se enamoró perdidamente de una joven judía. Sara era tres años menor que él. A pesar de su pertenencia a una organización abiertamente antisemita, ella le correspondió. De ese modo, comenzaron un romance que, inevitablemente, generó conflictos en los entornos de ambos: los "camaradas" de Fernando no estaban de acuerdo y no podían comprender que se relacionara con una muchacha judía; la familia de Sara, que además pertenecía al Partido Comunista, también se opuso tajantemente. Sus padres y la colectividad judía local no podían comprender el empeñamiento adolescente de la joven por involucrarse con un miembro de una agrupación de extrema derecha.

Sara era alumna de la Escuela Comercial (situada a apenas cinco cuadras del Colegio Nacional, donde estudiaba su novio). Dado que Fernando rondaba por allí constantemente para encontrarse con ella, el padre de Sara comenzó a llevarla y a buscarla a diario, a pesar de que vivieran muy cerca de la escuela y de que ella estuviera acostumbrada a manejarse por sus propios medios. No aprobaba la relación y no podía permitir que su hija se vinculara con un integrante de Tacuara. Ya varios miembros e instituciones de la colectividad judía en Santa Fe habían sido víctimas de los ataques de la agrupación. En consecuencia, temía lo que pudiera ocurrirle a Sara si continuaba con el romance.

A pesar de los cuidados de su padre y del fuerte rechazo de la comunidad judía, la joven pareja lograba eludir los obstáculos que pretendían imponerse entre ellos. Mantuvieron una relación en gran parte clandestina, siempre a escondidas, que duró cuatro años.

Al concluir el secundario, Sara se fue a vivir a la ciudad de Córdoba para comenzar sus estudios universitarios. Al tiempo, decidió darle un cierre a su noviazgo con Fernando. Por una parte, la relación a distancia no estaba funcionando. Por otra, empezó a nutrirse de lecturas dentro del campo del marxismo y a transitar un camino de militancia dentro de la izquierda. Sara comenzaba a comprender lo que le decía su gente allegada acerca de Fernando y de su pertenencia nacionalista; se sentía cada vez más alejada de él. Poco los unía, todo los separaba.

> Con el tiempo, mi novia me deja, después de cuatro años de novios, se va a vivir a Córdoba, *se hace subversiva*, cae presa. [...] Caía presa y la sacaban los familiares, que estaban en el Partido Comunista, tenían abogados, en fin, todo ese tipo de cosas. [...] En el año 66, me habían sorteado ya [para realizar el servicio militar]. Me toca Marina, dos años. Me voy a cumplir con los dos años de servicio militar obligatorio en Bahía Blanca y sus cartas empiezan a ralear, a mermar. Yo me daba cuenta. En un viajecito que hice, [noté que] estaba muy interesada en un muchacho no católico, no cristiano, y ya después me enteré por una común amiga que ya estaba de novia con ese muchacho y ya no teníamos nada que ver.[1]

---

1 Entrevista a Arredondo, Ciudad Autónoma de Buenos Aires-Santa Fe, 4/11/2019. Las cursivas son propias.

Fernando Arredondo compartió conmigo este recuerdo, cargado de nostalgia y emotividad. La expresión de despecho y el orgullo herido —aunque hubieran pasado ya más de cincuenta años desde la ruptura— por haber sido dejado por otro joven, "no católico", "no cristiano", no opacan la importancia que reviste el hecho de que el protagonista escogiera, por iniciativa propia, sacar a la luz esos recuerdos durante la entrevista.

En la actualidad, el Movimiento Nacionalista Tacuara (MNT) es recordado como una organización filofascista, filonazi, antisemita y anticomunista. Esas incómodas —y, como se verá, en gran medida fundadas— etiquetas pesan sobre las personas que formaron parte de sus filas en su juventud, desde finales de los años 50 y hasta principios de los 70. Los frecuentes ataques a personas e instituciones de la colectividad judía en la Argentina, las peleas callejeras contra estudiantes comunistas, las esvásticas pintadas en las paredes, el caso Sirota y el caso Alterman (sobre los cuales profundizaré en las páginas de este libro) son las lentes a través de las cuales la sociedad argentina ha observado, recuerda y mira hoy en día a Tacuara.

Frente a este escenario, los discursos reivindicatorios y exculpatorios como el de Arredondo se vuelven bastante frecuentes. La anécdota compartida por este ex-MNT acerca de la relación que mantuvo con una joven judía durante su adolescencia sugiere que, si bien el movimiento era popularmente conocido como antisemita, muchos de sus miembros, en el fuero privado, no necesariamente lo eran. En una línea similar, otros exmilitantes no asumen de modo público el propio ejercicio de la violencia. Estas autorrepresentaciones, estos relatos producidos y reproducidos con una finalidad determinada, son parte de la peculiar maraña que conforman las memorias de los ex-Tacuara.

En las páginas que siguen, mi intención es adentrarme en el mundo de las extremas derechas argentinas a través del estudio de Tacuara, la principal organización del nacionalismo entre finales de la década de 1950 y principios de la de 1970 en la Argentina. Con el objetivo de realizar una reconstrucción de la historia y la memoria de esta agrupación y de sus integrantes, me dedicaré a desentrañar su cultura política en clave histórica.

Al mismo tiempo abordaré una serie de problemáticas, entre las cuales destacan las redes transnacionales construidas, la recepción y adaptación de los fascismos europeos para formar su propio repertorio ideológico y simbólico, la concepción acerca de las relaciones de género y la masculinidad, la construcción de sus enemigos, la violencia política y las representaciones y autorrepresentaciones de los exmilitantes.

En el presente, distintas derechas —resalto su carácter plural, siguiendo a Bohoslavsky y Boisard (2015)— están cobrando cada vez más protagonismo. Somos testigos de un notable resurgimiento de las derechas, liberales, extremas y autoritarias a nivel global, tanto a través de mandatarios y mandatarias que llegaron al poder en distintos países del globo como de diversos grupos violentos —desde el punto de vista discursivo, simbólico y también físico— que salieron a la luz y reproducen públicamente —y en los peores casos, desde el poder— consignas reaccionarias e intolerantes. Detrás del manto de la defensa de viejos valores y tradiciones, estas derechas van a contracorriente. La actual proliferación del fenómeno invita —o más bien, demanda— a las ciencias sociales y humanas a reflexionar acerca de distintas temáticas relativas a las derechas, tanto actuales como históricas.

En años recientes, el campo se ha expandido considerablemente y se ha nutrido de numerosísimos trabajos que conformaron nuevas agendas de investigación. En ese marco se coloca mi tesis doctoral, que es producto del doctorado en Estudios Históricos, Geográficos y Antropológicos de las universidades de Padova, Ca' Foscari Venezia y Verona, realizado en cotutela con el doctorado en Historia de la Universidad Nacional de San Martín. La investigación que llevé a cabo entre 2017 y 2021 dio lugar a este libro.

Dentro del amplio territorio de los estudios acerca de las derechas, me interesa particularmente aquella que llamamos "nacionalista", de la cual el MNT fue uno de los principales exponentes en la Argentina y en el Cono Sur. Tacuara operó entre 1957 y, aproximadamente, 1973, y alzó las banderas del nacionalismo, el catolicismo integrista, el revisionismo histórico y el anticomunismo. Sus militantes se identificaron con los fascismos europeos de entreguerras, especialmente con la Falange Española, y se valieron sistemáticamente de la violencia política para alcanzar el objetivo de realizar una "revolución nacional".

Las raíces de Tacuara se remontan a la década de 1930. No obstante, la agrupación se conformó en 1957, en un contexto signado por las convulsiones e inestabilidades que sucedieron al derrocamiento, en 1955, del general Juan Domingo Perón, que ocupaba el cargo de presidente de la Nación desde 1946. Al mismo tiempo, las disputas entre los Estados Unidos y la Unión Soviética durante la Guerra Fría, junto con el surgimiento y la consolidación de movimientos neofascistas en Europa, fueron parte de los procesos que marcaron el escenario mundial en aquellos años.

A lo largo de su historia, el MNT sufrió diversas fracturas que llevaron a la formación de nuevas organizaciones. La Guardia Restauradora Nacionalista (GRN), creada en 1960, exacerbó las posturas de ultraderecha y el antisemitismo; el Movimiento Nueva Argentina (MNA), originado también en 1960, se integró al peronismo de derecha; en 1963 se constituyó el Movimiento Nacionalista Revolucionario Tacuara (MNRT), el cual, bajo la influencia de la Revolución cubana y la guerra de Argelia, adoptó una posición en favor de la lucha armada y el marxismo. Entre estos grupos, prestaré especial atención a la GRN, que mantuvo e incluso profundizó las posiciones de extrema derecha del MNT, y permaneció íntegramente en el campo de la derecha nacionalista.

1. La apuesta por lo transnacional

Tacuara ha sido objeto de reflexión ya desde los mismos años 60, aunque de manera muy marginal. La historiografía y las ciencias sociales han mirado al fenómeno también en las últimas décadas del siglo XX, pero el mayor caudal de investigaciones se registra a partir del 2000 y durante las décadas sucesivas, en el marco de la consolidación, crecimiento y expansión del campo de la historia reciente en la Argentina. En este contexto, comenzaron a proliferar los estudios sobre las derechas y, entre ellas, la derecha nacionalista. Tacuara fue uno de los objetos de estudio que fueron revisitados por investigadoras e investigadores. Por otra parte, algunos trabajos periodísticos, basados en abundantes fuentes y con un importante alcance, volvieron a poner la temática sobre la mesa.

En años recientes, entonces, muchos estudios hicieron foco en distintos aspectos de la historia del movimiento: en sus escisiones, en el ejercicio de la violencia política, en el antisemitismo, en las relaciones establecidas con el peronismo y el mundo del sindicalismo, en la ecléctica simbología utilizada, en las representaciones cinematográficas, entre otros. Por otro lado, en el marco del auge del giro transnacional (Bohoslavsky 2018) han visto la luz algunos trabajos que han dado los primeros pasos para pensar a Tacuara en términos transnacionales. Sin embargo, se han considerado prioritariamente las relaciones construidas con agrupaciones dentro del ámbito latinoamericano, así como la historia comparada.[2] La propuesta de este libro se inserta en el campo de la historia transnacional.

La adopción de este tipo de perspectiva me permitirá observar a Tacuara con una óptica amplia que la pondrá en diálogo con movimientos contemporáneos europeos. También será de gran utilidad para reconstruir las redes que con ellos se generaron. Demostraré que sus miembros desarrollaron una sólida militancia a nivel nacional, que se basó en el uso de la violencia política sobre enemigos claramente definidos, pero que no se limitaron a concentrar sus fuerzas en el ámbito nacional: al mismo tiempo, recibían y se apropiaban de ideas provenientes del exterior, a la vez que estrecharon vínculos con agrupaciones afines situadas en Europa; incluso, dieron lugar a algunas militancias transnacionales. Las extremas derechas argentinas y las europeas fueron, en los años de la Guerra Fría, parte de una dinámica cultura política común, que trascendió los rígidos límites nacionales.

Pero ¿qué se entiende por "transnacional"? Coincido con Martin Durham y Margaret Power (2010), quienes definen la transnacionalidad como el flujo de relaciones que atraviesan las fronteras nacionales. Aluden a los movimientos, las ideas, las organizaciones y las redes que, si bien se enmarcan en la nación, la trascienden. Asimismo, observan que existió un prejuicio —que en los últimos años se ha ido rompiendo y superando— que impidió el estudio transnacional de las derechas, por ser consideradas exclusivamente movimientos arraigados en la reivindicación de lo nacional, puertas adentro de cada país. La perspectiva que proponen, a la cual adhiero, cuestiona esta visión: estudiada como parte de un contexto amplio, Tacuara aparece como un actor que no solamente está pendiente de la realidad internacional, sino que además establece redes y fluidos intercambios con el exterior.

---

2   Concretamente, me refiero a los trabajos de Herrán Ávila 2015; Santiago Jiménez 2016; Bohoslavsky y Broquetas 2017.

Es importante señalar que la perspectiva transnacional dialogará permanentemente con una necesaria mirada nacional y local. Este constante juego de escalas será indispensable para desentrañar la cultura política del movimiento dentro de la Argentina, y para observar sus mutaciones a lo largo del tiempo.

2. Algunas consideraciones conceptuales

Me permito un breve paréntesis conceptual para hacer algunas aclaraciones respecto del uso que haré de dos nociones fundamentales para el desarrollo de este libro: culturas políticas y derecha nacionalista (o nacionalismo de derecha). Estas coordenadas teóricas son necesarias para orientar a quienes deseen aventurarse en la lectura de las páginas que siguen.

Entender el fenómeno tacuarista, desmenuzarlo y analizarlo implica desentrañar y examinar los variados componentes de su cultura política. Después de realizar este proceso, será posible descentrar la mirada y observar a los nacionalistas argentinos como figuras activas en un espacio transnacional.

Por otra parte, meramente con fines analíticos, es preciso encuadrar al movimiento dentro del nacionalismo de derecha. No se trata de "encasillar" a Tacuara, sino de brindarle un marco político, intelectual y cultural dentro del país que lo vio nacer y donde sus integrantes llevaron a cabo su militancia.

Cabe preguntarse, entonces, qué se entiende por "cultura política". Desde la perspectiva de Serge Berstein, una cultura política es un sistema de representaciones que se basa en una visión general del mundo, en una representación de la realidad. Para que una cultura política exista, deben estar presentes algunos elementos, tales como una visión compartida del mundo y un modelo global de sociedad, una común lectura del pasado, un conjunto de mitos fundacionales, de valores y principios filosóficos, de referencias históricas y un discurso codificado en forma de vocabulario común, con sus propios medios de expresión. Estos componentes se conjugan y conforman un todo coherente, que tiene una larga permanencia en el tiempo (Berstein 1999; 2003; Sirinelli 1999; Cabrera 2010).

Las culturas políticas contribuyen a la conformación de las conductas políticas. Por tanto, una vez interiorizadas, se convierten en uno de los motores fundamentales del comportamiento político. Asimismo, son sumamente dinámicas. Los elementos que las componen dialogan permanentemente entre sí y con otras culturas políticas; cambian y dan lugar a transformaciones y a nuevas configuraciones. Su carácter histórico, mutable, no estático, es un rasgo fundamental.

Con estas premisas, es posible reconocer al nacionalismo de derecha argentino, cuyos orígenes se pueden rastrear en la década de 1920 y del cual Tacuara formó parte posteriormente, como una cultura política. Como tal, ha sufrido numerosas transformaciones a lo largo de su historia.

El nacionalismo argentino agrupó a un gran conjunto de organizaciones políticas, intelectuales y publicaciones que compartieron numerosos rasgos. Siguiendo a Daniel Lvovich (2006), entre estos destacan el sostenimiento de posturas ideológicas corporativistas, antiliberales y antiizquierdistas, la consideración de la nación como un bloque culturalmente monolítico, una visión decadentista de la política y de la historia, con una llamada a la reconquista del país frente a sus enemigos internos y externos, sumados a un fuerte anclaje en el catolicismo integrista. A estas características se agregaron otros elementos, como las inflexiones populistas, una preocupación por las condiciones materiales de los sectores populares, que se traducían en y se conjugaban con una vehemente retórica anticapitalista. También, en la mayor parte de los casos, estuvo presente el antisemitismo, aunque en diversos grados. En Tacuara y la GRN, este fue uno de los ejes de la militancia.

3. Las memorias, las entrevistas y los entrevistados

El trabajo con las fuentes orales y la consecuente incorporación de las memorias al análisis histórico son desafíos ineludibles. Mientras abunda el trabajo con memorias de militantes de las izquierdas revolucionarias de los 60 y 70 y se registra una marcada predisposición a dar lugar a sus voces, son muchos menos los testimonios de los militantes de derechas recogidos por la historiografía y las ciencias sociales. Recién desde la década del 2000, y con mayor fuerza en los años más recientes, se han ido multiplicando los estudios que abordan las memorias de actores de derecha. Estos, progresivamente, contribuyen a romper con los prejuicios que impedían el acercamiento a sus subjetividades.

Desde de la historia oral, las entrevistas son consideradas fuentes dialógicas, es decir que se elaboran en la interacción entre una persona entrevistada y un investigador o investigadora, que tiene como misión, más que recoger la memoria y la performance verbal, estimularlas y crearlas (Portelli 2007). Las fuentes orales se focalizan en hechos del pasado, pero tienen la particularidad de ser formuladas y elaboradas en el presente de la investigación; son construidas, variables y parciales, inesperadas (Portelli 1991; Hermeto y Santhiago 2022). En otras palabras, se trata de productos culturales complejos.

Las fuentes orales pertenecen a la esfera de la subjetividad y es allí donde radica su riqueza: son sumamente útiles para abordar el mundo de las subjetividades, las identidades, las autorrepresentaciones y las culturas políticas de las que forman parte los individuos. Tienen la capacidad de informar, más que acerca de los acontecimientos, de sus significados para quienes los vivieron (Portelli 1991).

Por otra parte, ninguna entrevista puede abstraerse del tiempo transcurrido entre los procesos abordados y el presente (Pasquali 2014). Los entrevistados cambian con respecto al momento en que acontecieron los hechos que narran; con el paso del tiempo, a menudo se modifica el juicio de los sujetos acerca de sus propios pasados y de sus acciones.

Tal como sostiene Schwarzstein (2002), no es posible separar las experiencias de los significados que tuvieron para los protagonistas, ya que, de ese modo, se negaría una parte de la realidad histórica misma. Apunta, también, que el testimonio no es la historia y que, en consecuencia, no es suficiente recuperar y transmitir la memoria; en cambio, es menester entenderla, analizarla e incorporarla a la narrativa histórica, para lo cual resulta imprescindible reflexionar sobre su naturaleza. Estudiar la subjetividad de los exmilitantes y sus narraciones y hacerlas dialogar con la historia de Tacuara es un trabajo en el cual el papel de las historiadoras y los historiadores se vuelve indispensable.

Con todas estas consideraciones, analizaré cómo se reconfiguran los discursos de los ex-Tacuara sobre sus propias militancias, es decir, cómo se autorrepresentan en la actualidad al traer al presente los recuerdos de los años 60 y 70. Prestaré especial atención al modo en que construyen los sentidos acerca de sus pasados a través de la memoria.

Cabe mencionar que, desde el inicio, me encontré con numerosas dificultades para la recolección de los testimonios, que se convirtieron en retos a afrontar. Algunas de ellas se vinculan con las particularidades de los entrevistados y con el contexto de producción de las fuentes. En primer lugar, es preciso señalar el factor de la edad de los exmilitantes de Tacuara y de la GRN. Se trata de personas que nacieron aproximadamente entre mediados de la década de 1930 y principios de la década de 1950. Por tal motivo, muchos de ellos ya no están vivos para brindar sus testimonios. Además, entre aquellos que viven, muchos —la mayor parte— prefieren no exponerse, no dar entrevistas.

Al contactar a los ex-MNT y ex-GRN que iba identificando, frecuentemente recibía respuestas negativas o evasivas a mi pedido de realizar entrevistas, a pesar de haber llegado a ellos a través de contactos intermedios en casi todos los casos. Como apunté más arriba, resulta ineludible considerar que, en la actualidad, la militancia de extrema derecha sesentista conlleva una fuerte carga negativa, sobre todo al ser rápidamente asociada al antisemitismo, a las simpatías por el nazismo y el fascismo, y a las acciones violentas. Esta circunstancia, a su vez, provoca que muchos de los que generalmente son más propensos a conceder entrevistas, los "avezados", formen un discurso reivindicatorio y justificatorio de su pasado militante, factor central para tener en cuenta a la hora de analizar sus memorias.

Para muchos de ellos se trata de un pasado que, en ocasiones, consideran vergonzante, y prefieren mantenerlo en la oscuridad: en algunos casos, se debe a que fueron o son personajes públicos en la Argentina actual; en otros, a que continuaron sus trayectorias en agrupaciones de izquierda en los años 70, y no quieren "opacar" esos caminos con aquello que muchos conciben como un "pecado de juventud", una aventura de la adolescencia. Pero, en general, los motivos por los cuales la mayor parte de ellos no desean que sus vivencias pasadas se vuelvan públicas pueden ser de los más variados, personales y, por supuesto, respetables.

Otra dificultad que se me presentó tuvo que ver con las notorias reservas de los entrevistados. La mayor parte de ellos se mostraron reluctantes a facilitarme contactos de viejos "camaradas"; solo una minoría funcionó como nexo con otras personas a entrevistar, por lo cual el intento de utilizar la técnica de "bola de nieve" (que consiste en identificar a los primeros informantes y, mediante ellos, conseguir otros contactos) fue parcialmente vencido por el secretismo que mantienen los exmilitantes y por la conformación de sólidas redes de protección. Estas reticencias están ligadas, en algunos casos, a la intención de transmitir sus visiones e ideas de los eventos como verdades absolutas y de evitar las disidencias o las versiones encontradas con sus propios relatos. En línea con esto, casi todos los entrevistados evitan mencionar a sus "camaradas" por sus nombres, especialmente a aquellos que están vivos.

Además, no debemos olvidar que algunos exmilitantes de Tacuara participaron del proceso represivo que tuvo inicio en la Argentina en 1976. En el marco de las políticas impulsadas por los gobiernos democráticos, desde el 2004 se llevan cabo una serie de juicios contra autores y cómplices de delitos de lesa humanidad durante los años de la última dictadura cívico-militar, que han traído como consecuencia las condenas de cientos de represores. El temor que genera la exposición de parte de sus vidas y trayectorias pasadas provoca que muchos exmilitantes decidan retraerse y evitar toda posible exposición. De hecho, uno de ellos, declinó mi pedido de entrevista aduciendo que, probablemente, yo era parte de los servicios de inteligencia y que mi investigación podría ser la fachada de una persecución policial.

La tensión que se genera en los encuentros y la complejidad que implica entrevistar a personas con las que no se coincide política o incluso moralmente es evidente. Así lo reconoce uno de los principales referentes de la historia oral, Alessandro Portelli,[3] quien afirma que esta se hace a partir de encuentros con personas y que, por tanto, es preciso que exista al menos una mínima empatía entre los interlocutores. Pensando en su experiencia personal, para entrevistar a fascistas —asegura—, es necesario "suspender las incredulidades y el antifascismo" y prestarse a escuchar sus relatos. Es, pues, indispensable ir más allá de la empatía y asumir la tarea de "escribir sobre lo desagradable" (Shoshan 2015).

---

3   Entrevista a Alessandro Portelli en la Fondazione Feltrinelli Milano. Disponible en: https://www.youtube.com/watch?v=NhzKjsMQmQ8 (fecha de consulta: 3/2/2025).

Sin perder de vista estas consideraciones, tomé el acercamiento a los entrevistados como un desafío que me llevó a dejar de lado momentáneamente mis propias convicciones, valoraciones y juicios para escuchar atentamente las narraciones que ellos iban construyendo a partir de sus recuerdos y afrontar la tarea de analizar e intentar comprender sus pasados, que muchos de ellos sacaban a la luz por primera vez.

Otra cuestión central que emerge durante las entrevistas es el factor de género. Como historiadora mujer y joven me encontré inmersa en un mundo de hombres de alrededor de 70 años que, en muchos casos, tienen una visión marcadamente conservadora y patriarcal de las relaciones de género. Por tal motivo, en varias de las entrevistas —no en todas, vale aclarar— se constituyó un vínculo asimétrico, con un manifiesto paternalismo que me colocaba en una posición subalterna. La inserción en el campo de estudios de las derechas es, sin lugar a duda, una tarea muy compleja y desafiante para una mujer.

Por otra parte, en varias ocasiones, la presencia femenina condiciona los relatos compartidos por los entrevistados. Sin embargo, esta circunstancia implica también grandes potencialidades, ya que ayuda a que salgan a la superficie aspectos relacionados con sus concepciones acerca del género y las masculinidades, como los códigos de caballeros, la cordialidad y la concepción acerca del rol de las mujeres.[4]

En total, entrevisté a doce exmilitantes. Realicé entrevistas abiertas y semiestructuradas. Partí de una serie de preguntas que funcionaron como disparadores en distintos momentos y dejé el mayor espacio posible a los entrevistados para que recordaran y elaboraran sus narraciones acerca de su pasado.

Llevé a cabo las entrevistas entre octubre de 2018 y enero de 2020. Entre los testimonios recolectados se encuentran los de exmilitantes que alcanzaron posiciones importantes en el movimiento y que ya han colaborado con otras investigaciones, es decir, que podrían reconocerse como "avezados". Estos, frecuentemente, se mueven "como peces en el agua" en la situación de entrevista y tienen un relato formado y casi ensayado, lo cual presenta un desafío importante a la hora de conducir

---

4   He profundizado estas reflexiones en un artículo académico. Véase Albornoz 2022.

las entrevistas. Otros, en cambio, fueron consultados por vez primera acerca de su pasado en Tacuara. Los "primerizos",[5] generalmente militantes de segundas y terceras líneas, de base, brindan relatos menos homogéneos y mucho más multidireccionales. Asimismo, estos presentan una serie de contradicciones, problemas y preocupaciones diversas. Sus relatos suelen brindar nuevas e interesantes perspectivas, que en algunas ocasiones complementan y enriquecen o incluso contradicen y desafían las narrativas de los líderes de los movimientos.

En todos los casos, opté por utilizar seudónimos para proteger las identidades de los entrevistados. Algunos de ellos lo solicitaron explícitamente, ya que no querían exponerse, mientras que otros no manifestaron mayores preocupaciones ante la posible publicación de sus nombres, principalmente aquellos que ya han colaborado en otras investigaciones o que brindaron sus testimonios públicamente sin esconder sus nombres verdaderos. No obstante, la decisión de no revelar las identidades de ninguno de ellos obedece a la preferencia por establecer un criterio de uniformidad entre todos aquellos que, con generosidad, accedieron a compartir conmigo sus recuerdos y a participar de mi investigación.

Todos los entrevistados nacieron entre 1937 y 1948 y militaron en Tacuara en distintos períodos entre 1957 y 1973. Como mencioné, algunos ocuparon roles de jerarquía, mientras que otros fueron militantes de base. La mayor parte de ellos desarrolló su militancia en Buenos Aires, donde los núcleos fueron más numerosos y donde, por ende, hay más posibilidades de encontrar en la actualidad una mayor cantidad de protagonistas que hayan vivido la experiencia tacuarista en primera persona. Otros militaron en las ciudades de Santa Fe, Rosario y Paraná. Las memorias de todos ellos contribuirán a descentrar la mirada que, en casi todos los estudios realizados y con escasas excepciones,[6] hasta el

---

5   La propuesta de reconocer a entrevistados "avezados" y "primerizos" proviene del trabajo de Pasquali, Ríos y Viano (2006).

6   Por ejemplo, Juan Manuel Padrón (2006; 2017) amplió el foco y consideró a algunos grupos tacuaristas de la provincia de Buenos Aires, más precisamente de Tandil, Azul y Olavarría. Mónica Bartolucci (2021) hizo lo propio al colocar el foco sobre el comando de Mar del Plata, en su estudio acerca de la peronización de las juventudes de esa ciudad en los 60 y tempranos 70. El

momento se ha colocado principalmente en torno a la capital del país y no ha dado suficiente espacio a la historia de los núcleos que se formaron en otros centros urbanos.

El primer entrevistado fue Alexander Radic, obrero y delegado de la empresa FIAT de El Palomar y sindicalista de la Unión Obrera Metalúrgica (UOM). La entrevista tuvo lugar el 20 de octubre de 2018 en su domicilio, en la localidad bonaerense de Tres de Febrero. La realicé junto con Camillo Robertini, quien ya había tenido un primer encuentro con él a solas. Radic compartió numerosas, extensas y coloridas historias acerca del accionar de su "patota" sindical en la fábrica contra los obreros de izquierda en los años 70. No obstante, acerca de su paso por Tacuara se lo vio reticente a brindar detalles. Visiblemente incomodado por mi interés acerca de esa etapa de su vida, compartió unas pocas anécdotas y prefirió concentrarse en sus actividades en la FIAT. Radic se esmeró en aclarar que la etapa tacuarista fue simplemente una "inocente" experiencia juvenil, sobre la cual supuestamente no tenía casi recuerdos para compartir. Por supuesto, tanto aquellos pocos que compartió como sus silencios y omisiones son, para mí, parte de la misma fuente.

Realicé la segunda entrevista a Eduardo Pella y Miguel Gutiérrez Rivero en el domicilio del primero el 26 de noviembre de 2018. Pella, abogado, fue parte del grupo que fundó el MNT, mientras que Gutiérrez Rivero, licenciado en Ciencias Políticas, alcanzó el grado de jefe en Capital Federal y también fue parte del Sindicato Universitario de Derecho (SUD). Ambos militaron en Tacuara aproximadamente hasta 1965, cuando se avistaba el golpe de Estado que llevó al poder al general Juan Carlos Onganía. Aquel encuentro estuvo envuelto de cordialidad, en el marco de la cual los entrevistados llevaron a cabo un esfuerzo coordinado por reivindicar al MNT y al nacionalismo argentino.

Pella y Gutiérrez Rivero han colaborado con varias investigaciones acerca de Tacuara. Además, en 2012 participaron de una transmisión on-line en un canal de YouTube que tiene como objeto la reivindicación

---

trabajo de Juan Esteban Orlandini (2008)—más testimonial y empático que académico— reconstruyó parte de la historia del núcleo de Rosario. También Laura Schenquer (2007) y Mario Glück (2012) abordaron un episodio de la historia de ese comando.

del nacionalismo argentino. Tomo también esa entrevista como fuente.[7] En esa ocasión se encontraron en un contexto diferente, e interactuaban con un interlocutor —el conductor del programa, Juan Manuel Soaje Pinto— que conocen y con el cual coinciden ideológicamente. Allí, hablan para un público afín, en un espacio seguro para ellos como lo es un canal virtual en el que abundan las transmisiones ubicadas en la extrema derecha.

Posteriormente concerté un segundo encuentro con cada uno por separado. Con Pella, la segunda entrevista tuvo lugar nuevamente en su departamento, el 8 de enero de 2019, mientras que Gutiérrez Rivero sugirió que conversáramos en un bar del barrio porteño de Recoleta, apenas dos días antes, el 6 de enero. En ambos casos, tenía como objetivo profundizar algunas de las temáticas que me interesaban particularmente y que solo habían sido tocadas de modo fugaz durante la primera entrevista.

Seguidamente, entrevisté a Jorge Grossi, el 15 de abril de 2019, en su estudio jurídico, ubicado en el centro de la ciudad de Buenos Aires. El encuentro se replicó el 5 de noviembre del mismo año. Grossi es abogado y doctor en Ciencias Jurídicas, y tiene una amplia trayectoria académica internacional. Además, es miembro del Instituto de Investigaciones Juan Manuel de Rosas, institución que rescata activamente la figura del caudillo, el revisionismo histórico y que se inscribe en el marco del nacionalismo argentino.[8] Militó en Capital Federal, primero en Tacuara y luego en la GRN. Durante los años 70 se encontró entre los colaboradores de la revista *Cabildo*, publicación nacionalista que, en sus primeros años, se alineó con el régimen militar instaurado en 1976. En ambos encuentros con Grossi, la cordialidad y la formalidad marcaron las interacciones.

El 26 de abril de 2019 concreté un primer encuentro con Rubén Manfredi[9] en un bar de Rosario, en la provincia de Santa Fe. Tuvimos

---

7   No incluiré el enlace de la entrevista con el fin de resguardar la identidad de los entrevistados.

8   La institución fue creada el 8 de agosto de 1938 por iniciativa de un grupo de estudiosos interesados en difundir la "verdad histórica" con referencia al exgobernador y caudillo bonaerense Juan Manuel de Rosas y la época de la Confederación Argentina (1829-1852).

9   Establecí el contacto con Manfredi —nombre ficticio, al igual que los de todos los exmilitantes que entrevisté, como ya aclaré— a través de Analía Goldentul,

una segunda entrevista el 16 de diciembre de ese mismo año en el mismo lugar. Manfredi es un abogado que eligió dedicarse a la docencia. Nació en la ciudad de Santa Fe, donde vivió hasta sus 14 años, cuando se mudó con su familia a Rosario. Comenzó a militar en el MNT de la capital provincial y continuó luego en su nuevo lugar de residencia, donde alcanzó el puesto de jefe de comando.

Durante la dictadura militar que se instauró en 1976, Manfredi formó parte del Batallón de Comunicaciones de Comando 121 de Rosario, es decir que fue un integrante del aparato represivo del Estado. Preso desde noviembre de 2010, en 2013 fue condenado a 20 años de cárcel por delitos de lesa humanidad, habiendo sido encontrado responsable del secuestro, las torturas y el homicidio de un militante del Partido Comunista. En 2016 fue absuelto por el homicidio, mientras que se mantuvieron firmes los cargos por delitos de privación ilegal de la libertad. En esa ocasión recuperó su libertad, por considerarse que había cumplido su pena. Como consecuencia, ha sido frecuentemente objeto de escraches en su domicilio por parte de organizaciones de derechos humanos que buscan visibilizar las identidades de los represores de la última dictadura.

Los encuentros con Manfredi fueron más informales que los anteriores. No obstante, dada su trayectoria como represor condenado y escrachado públicamente, tomó el recaudo de no aceptar que grabara la entrevista, por lo cual recurrí a tomar notas y realizar una transcripción sobre la base de ellas.[10] Se hace evidente allí la desconfianza ante una investigadora desconocida para él que le solicita que hable de su pasado, y el temor por el potencial uso de la entrevista. También es importante considerar, a la hora de analizar la fuente, que su discurso está fuertemente condicionado por esta circunstancia.

---

quien lo había entrevistado previamente durante su trabajo de campo para su tesis doctoral (Goldentul 2021) acerca de las agrupaciones conformadas por familiares de militares juzgados por delitos de lesa humanidad durante la última dictadura.

10 Por esta razón, los fragmentos extraídos de las entrevistas con Manfredi son elaboraciones mías a partir de las anotaciones apuntadas durante las entrevistas, no son sus palabras textuales.

Con Manfredi continué en contacto a través de WhatsApp. Apenas concluyó la primera entrevista, me hizo llegar a mi teléfono la letra del himno completo de Tacuara según lo recuerda y una foto de la bandera del MNT, que incluyo en el capítulo 3.

El 4 de noviembre de 2019 establecí un contacto telefónico con Fernando Arredondo, quien fue empleado público en Santa Fe y militó en el comando de Tacuara de esa ciudad durante su adolescencia. Cuando lo llamé para concertar un encuentro personal, me comunicó que prefería darme su testimonio en ese momento. Es decir que escogió que no nos encontráramos en persona, por lo cual la entrevista, también cargada de cordialidad, se llevó a cabo por teléfono. Arredondo enfatizó que es aún hoy un ferviente nacionalista y se colocó en un rol de víctima ante la posición subalterna que ocupa dicha corriente en la actualidad; hizo hincapié en las consecuencias personales que la defensa y la tenacidad de su militancia le trajo aparejadas.

Otro militante del núcleo santafesino es Pedro Cinarelli, a quien entrevisté en su domicilio de Santa Fe el 10 de noviembre de 2019. Es abogado y fue concejal de la ciudad luego del retorno de la democracia, como parte del Partido Justicialista (PJ). Obtuve su contacto a través de un intermediario, por medio del cual me solicitó que lo agregara a Facebook para acordar una cita. De ese modo, además de comunicarme con él tuve acceso a las publicaciones de su biografía, algunas de las cuales empleo como fuentes para abordar su memoria. El encuentro revistió un carácter informal y el entrevistado se mostró muy interesado en contar sus vivencias y en contribuir a la historia de Tacuara desde su perspectiva como militante de la ciudad de Santa Fe.

El 15 de noviembre de 2019 entrevisté a Rodolfo Cervera, exmiembro de jerarquía del MNT y del SUD, en su residencia ubicada en el centro de la ciudad de Buenos Aires. Tras finalizar la entrevista me regaló una copia de su autobiografía, que publicó por su cuenta en 2019.[11] Algunos fragmentos de ella son incorporados como fuente, sin perder de vista la peculiaridad de este tipo de relato: así como la entrevista, la autobiografía constituye un importante aporte para abordar las autorrepresentaciones, pero debe tenerse en cuenta que se trata de un relato elaborado

---

11   No incluyo la publicación en la bibliografía para no revelar el nombre del autor.

cuidadosamente y revisado, concebido para un público amplio y sin la mediación de otro sujeto, es decir, sin el carácter dialógico que caracteriza a una entrevista. Posteriormente, Cervera formó parte del fallido intento de levantamiento de Mohamed Seineldín en 1990, que también fue apoyado por Gutiérrez Rivero.

El siguiente entrevistado fue Francisco Bianchi, informático de profesión. Nos dimos cita en un bar del centro porteño el 19 de noviembre de 2019. Bianchi se acercó como adolescente a la ALN y posteriormente le fue encomendada la tarea de reunir a jóvenes para formar la Unión Nacionalista de Estudiantes Secundarios (UNES). Luego, fue parte del grupo que fundó Tacuara en 1957. Sin embargo, permaneció allí pocos años, ya que tuvo que cumplir con el período de conscripción militar obligatoria y, cuando finalizó, priorizó sus estudios y proyectos familiares, que lo alejaron de la militancia nacionalista.

En Mar del Plata, en un bar cercano a una playa céntrica, el 22 de noviembre de 2019 entrevisté a Alfredo Bellino, expolicía que ingresó a la fuerza luego de abandonar su militancia nacionalista. A pesar de haber llegado a él a través de Cinarelli, mostró reservas y desconfianza. Apenas nos sentamos me interrogó: "Contame, ¿por qué estás investigando sobre esto? ¿Tu papi era uno de los nuestros?", a lo cual me apresuré a responder negativamente, aclarando que el mío era un interés meramente historiográfico. Los relatos de Bellino fueron sumamente útiles, dado que formó parte de la GRN, del MNT —y de sus Brigadas Sindicales— y luego del MNA (en todos los casos, en la ciudad de Buenos Aires). Su amplia trayectoria y su carácter de militante "de choque", así como su predisposición a traer al presente numerosos recuerdos, aportan una gran riqueza a la construcción de la fuente.

Al igual que Cinarelli, Bellino me solicitó que lo agregara como "amigo" a Facebook, razón por la cual incorporo sus memorias publicadas en esa red social como fuente.[12] En ambos casos, todos los contenidos extraídos de sus redes sociales son públicos. No obstante, los

---

12 Bellino y Cinarelli generaban una gran cantidad de posteos diarios, por lo cual decidí restringir el rango de indagación en sus biografías de Facebook al período comprendido entre el 1.º de octubre de 2017 y el 30 de agosto de 2020.

considero como mensajes dirigidos a sus contactos y como modos de desplegar y exhibir sus opiniones políticas y sus memorias.

Julio Paredes también mostró reservas ante la realización de la entrevista. Se trata de un juez recientemente jubilado y con cierto temor por la publicidad de su imagen. Solicitó que tuviéramos una charla "explorativa" para conocerme y conversar acerca de los objetivos de mi investigación. Nos encontramos el 11 de diciembre de 2019 en un bar del centro de Buenos Aires, donde me explicó su temor acerca de la posible publicación de su pasado juvenil, del cual se mostró repetidamente arrepentido. El filtro del tiempo transcurrido y las experiencias vividas posteriormente tienen un peso importante en su relato. Al principio, prefirió que no grabara nuestra conversación. Sin embargo, luego de transcurrida una buena parte de la charla —que terminó siendo una entrevista acerca de su pasado militante—, y de haber adquirido cierta confianza, me autorizó a que encendiera el grabador.[13]

El último exmilitante de Tacuara que entrevisté fue Roberto Castillo, el 3 de enero de 2020, en su residencia de las afueras de Paraná, Entre Ríos. El encuentro, muy distendido, transcurrió en la galería de su casa, en el campo, en un ambiente natural y relajado, donde compartimos mates, recostados en reposeras. Castillo narró anécdotas acerca de su militancia nacionalista en Paraná y en Santa Fe, ciudad donde realizó sus estudios de abogacía. A comienzos de los 70, integró agrupaciones universitarias peronistas, para luego ingresar definitivamente al PJ en la provincia de Entre Ríos. Fue funcionario del gobierno peronista desde 1973 y prosiguió su carrera política en el seno de ese partido.

Además de estas entrevistas, realizadas durante mi trabajo de campo, utilizo como fuente aquellas realizadas por otros investigadores: Pablo Vázquez (2024) ha publicado una entrevista a Oscar Denovi, ex-Tacuara de la ciudad de Buenos Aires, mientras que Esteban Campos (2016) hizo lo propio con una entrevista con Alfredo Ossorio, quien fue parte del MNT y luego del MNRT. Además, tomo en consideración algunos fragmentos de las entrevistas llevadas a cabo por Juan Manuel Padrón (2017).

---

13 Por este motivo, parte de la transcripción fue construida usando mis anotaciones, recuerdos e impresiones, mientras que otra parte es textual.

Todos los encuentros sostenidos con estos ex-Tacuara durante mi trabajo de campo fueron cruciales para construir el corpus de entrevistas, importantes pilares sobre los cuales se sustenta mi investigación. Las memorias, las autorrepresentaciones y las percepciones de los entrevistados serán integradas en la narrativa histórica e interactuarán permanentemente con las demás fuentes.

Por último, incorporo como fuentes tres trabajos que toman la forma de memorias publicadas, además de la ya mencionada autobiografía de Rodolfo Cervera. Los primeros son los testimonios de Roberto Bardini (2002) y Juan Esteban Orlandini (2008). Ambos fueron militantes de Tacuara. El primero pasó al MNRT, mientras que el segundo permaneció en el MNT, pero de la ciudad de Rosario. El último testimonio de este tipo es el de Stefano Delle Chiaie (2012), una de las figuras clave del neofascismo italiano, que también publicó su autobiografía.

Historia y memoria dialogan, se complementan y nos ayudan a quienes nos dedicamos a la disciplina histórica de reconstruir el pasado sin dejar de lado a los sujetos, al mundo de sus subjetividades. Este necesario cruce entre historia y memoria —para nada carente de tensiones y dificultades— nos permite prestar especial atención a quienes, más o menos visiblemente, participaron o fueron artífices de los procesos examinados. Sus voces son en extremo valiosas para darle un rostro humano a la historia, para no quedarnos solamente con las reconstrucciones históricas basadas en una pretendida —pero de hecho inalcanzable— objetividad. La incorporación de los relatos de los protagonistas, sus impresiones y autorrepresentaciones son ingredientes que resultan fundamentales para ello.

4. Las fuentes escritas

La búsqueda de fuentes para esta investigación implicó un extenso recorrido por repositorios ubicados en diversos países y en numerosas ciudades, entre las cuales se encuentran Roma, Madrid, Buenos Aires, La Plata, Santa Fe, Rosario, Paraná, Mar del Plata y Mendoza. La recopilación de documentos de una gran variedad me permitió realizar múltiples triangulaciones, extraer conclusiones y, asimismo, abrir nuevos interrogantes de investigación.

Incorporo como fuentes boletines producidos por el MNT y la GRN. Aquellos que tuvieron una publicación más o menos regular y de los cuales pude recolectar varios números fueron *Tacuara. Vocero de la revolución nacionalista*, del MNT, *Ofensiva*, boletín del departamento de formación del MNT, *Mazorca*, de la GRN, y *De pie*. Este último, que consta de once números que se publicaron entre 1966 y 1970, reviste una particular importancia. Su aparición es de por sí un indicio de la continuidad de Tacuara en la segunda mitad de la década de 1960 en Santa Fe. *De pie* comenzó como boletín del Sindicato de Estudiantes de la Universidad Católica de esa ciudad, y luego, desde mayo de 1968, pasó a abarcar también a la Universidad Nacional del Litoral, es decir que fue el boletín del MNT santafesino. Más tarde, a partir de agosto de ese año, se constituyó en boletín del MNT nacional, editado por el Sindicato Universitario Argentino; entre "De" y "pie" se agregó la palabra "nacional" en el logo. A fines de 1969, obtuvo el Registro Nacional de la Propiedad Intelectual y comenzó a ser editado por la editorial Cruz y Fierro, que tradujo y publicó numerosas obras dentro del campo del nacionalismo.

Tomaré en consideración también informes policiales producidos por la Dirección de Inteligencia de la Policía de la Provincia de Buenos Aires (DIPPBA), así como otros elaborados por la Secretaría de Inteligencia del Estado (SIDE). Todo ello con las necesarias precauciones que merece este tipo de fuentes, que fueron confeccionadas mediante redes de espionaje y de informantes con la finalidad de controlar a las organizaciones juveniles, con particular atención a aquellas que se movían dentro del campo de las izquierdas y del peronismo.

Asimismo, incorporaré prensa argentina y de la comunidad judía del país. A ello se suman materiales de prensa de Italia y de España, y de las derechas extremas de ambos países.

5. La estructura del libro

Siguiendo estas coordenadas, el libro se articula en seis capítulos. El capítulo 1 se centra en el nacimiento de Tacuara y en el modo en que se estructuró verticalmente en los primeros años en distintos puntos de la Argentina. También me refiero a la cultura política tacuarista, enmarcada en aquella del nacionalismo de derecha argentino. Dicha cultura política sufrió diversos cambios y rupturas, que en muchos casos derivaron en escisiones que fracturaron a la agrupación de manera irreversible. Finalmente, propongo la existencia de una nueva etapa en la historia de Tacuara, a la cual llamo "de reconfiguración y declive", que comprende aproximadamente el período entre 1966 y 1973. En esos años, la cultura política de Tacuara, cuya jefatura se trasladó a la ciudad de Santa Fe, sufrió radicales mutaciones, que tuvieron su punto cúlmine en la propuesta de "divorcio" del nacionalismo.

El capítulo 2 tiene como eje la violencia política. Cobran especial relevancia la construcción del enemigo —materializado en las militancias de izquierda, en las personas judías, el imperialismo y el capitalismo—, los discursos y los repertorios de acción empleados contra ellos. También abordo la negación del propio antisemitismo por parte de los exmilitantes nacionalistas, reformulado y camuflado frecuentemente detrás del antisionismo.

El capítulo 3 gira en torno a la construcción de la masculinidad, los códigos de caballeros, la camaradería y la heteronormatividad que, en muchas ocasiones, se superponen y opacan el ejercicio de la violencia. Surge aquí, asimismo, la pregunta por la participación femenina en Tacuara, a la vez que queda en evidencia el predominio de una concepción marcadamente patriarcal de las relaciones de género entre los militantes tacuaristas.

En el capítulo 4 doy los primeros pasos del recorrido por la historia transnacional de Tacuara. Las apropiaciones de ideas del falangismo español, del fascismo italiano y del nazismo son protagonistas en esta sección. La simbología y la ritualidad serán fundamentales, así como las autorrepresentaciones de los exmilitantes respecto de su identificación con estos regímenes europeos.

Continuando dentro del campo de la transnacionalidad, en el capítulo 5 me sumerjo en las redes tejidas entre Tacuara y los neofascismos españoles e italianos. Me interrogo sobre la naturaleza de los intercambios establecidos entre ellos y planteo la pregunta acerca de la posible existencia de una cruzada anticomunista transnacional.

El capítulo 6 está dedicado a algunas trayectorias militantes. Particularmente, coloco el foco sobre cinco exmiembros de Tacuara que tuvieron dobles militancias, o militancias transnacionales. Estos casos, junto con el desarrollo del capítulo 5, abonan la tesis según la cual los nacionalistas argentinos no se concentraron exclusivamente en la militancia nacional, es decir, delimitada por las fronteras del Estado, sino que, por el contrario, se consideraron participantes de una lucha mucho más amplia contra el "comunismo internacional"; formaron parte de una extensa cultura política transnacional de extrema derecha que veía una amenaza en el avance de las izquierdas.

Para finalizar, en el epílogo trazo los caminos que tomaron varios exmilitantes de Tacuara y de la GRN tras abandonar las agrupaciones. De ese modo pretendo resaltar el carácter variopinto de los senderos emprendidos por quienes integraron las filas de movimientos que, desde el nacionalismo, reunieron a miles de jóvenes durante más de una década.

CAPÍTULO 1

Tacuara: la construcción de un movimiento nacionalista

El bar La Perla, en el barrio porteño de Once, había sido un punto de encuentro para notables intelectuales desde los años 20. Tiempo después, en la década de 1960, sería el lugar donde Lito Nebbia y Tanguito compusieron *La balsa*, éxito que vio la luz en 1967, interpretada por Los Gatos, y que se considera la canción fundacional del rock argentino.

En ese mismo espacio, en una calurosa tarde de fines de 1957, se reunió un grupo de siete jóvenes nacionalistas. Discutieron acerca de temas de la actualidad política que los afectaban: el avance del comunismo en la región, el fortalecimiento del capitalismo estadounidense y del imperialismo inglés en la Argentina y las nuevas modas que imponían, y el declive de la principal organización nacionalista hasta poco tiempo antes, la Alianza Libertadora Nacionalista (ALN). Estos fueron algunos de los asuntos que se pusieron sobre la mesa.

La Guerra Fría, que enfrentó a los Estados Unidos y la Unión Soviética, era protagonista en el escenario mundial en esos años.[14] En 1959, el conflicto irrumpió con fuerza en el continente americano con la Revolución cubana. El triunfo de Fidel Castro, y su peligroso acercamiento a la Unión Soviética, significaron la materialización de los miedos de la Casa Blanca.

En la Argentina el anticomunismo caló hondo. Prefigurado ya como forma de preocupación de las élites ante las corrientes de anarquismo y sindicalismo de principios del siglo XX, fue cobrando distintas formas y reuniendo a numerosos sectores que lo consideraban una seria

---

14 Acerca de la Guerra Fría en América Latina, véase Pettinà 2018.

amenaza.[15] Durante las dos primeras presidencias de Juan Domingo Perón (1946-1955), el gobierno había seguido la línea de las fuerzas anticomunistas que lo habían apoyado, entre las cuales se encontraban la Iglesia católica y las Fuerzas Armadas. Las autoridades de la autodenominada "Revolución Libertadora", que en septiembre de 1955 derrocó a Perón, desplegaron numerosos mecanismos de represión y vigilancia del peronismo (se prohibió mencionar los nombres de Perón y de su esposa Eva y cantar la *Marcha Peronista*, por ejemplo) y del comunismo. También, durante el gobierno de Arturo Frondizi, de la Unión Cívica Radical Intransigente (UCRI), quien asumió la presidencia en mayo de 1958, se reprimieron las actividades de las izquierdas y del peronismo. El Plan de Conmoción Interna del Estado (CONINTES), que estuvo vigente entre el 13 de marzo de 1960 y el 1.º de agosto de 1961, dio rienda suelta a las Fuerzas Armadas para "neutralizar" la "amenaza de la subversión", peronista y comunista, en el marco de la declaración de un estado de riesgo para el "orden interno" (Pontoriero 2022; Bohoslavsky y Franco 2024).

En este escenario de disputas y represión, las juventudes comenzaron a cobrar protagonismo. En las décadas de 1960 y 1970, uno de los acontecimientos distintivos a nivel mundial fue su incorporación a la política radicalizada, y la Argentina no fue una excepción en este sentido (Manzano 2017). En un contexto nacional atravesado por una gran inestabilidad política y económica y por una creciente conflictividad social, la juventud pasó al primer plano. Así, proliferaron las experiencias militantes juveniles, tanto en formaciones de izquierda (marxistas, trotskistas, maoístas, guevaristas), como de la derecha nacionalista.

En esa última tendencia se reconocían los jóvenes, de entre 14 y 18 años aproximadamente, que acudieron esa tarde a la cita en La Perla. Quienes formaron ese reducido grupo pensaban que la democracia liberal se había agotado y que los partidos políticos no daban las respuestas que la sociedad argentina necesitaba. Debían ser reemplazados por un sistema corporativo, como aquel que proponía José Antonio Primo de Rivera para España. Para extirpar el mal desde la raíz y construir un nuevo orden, sostenían, era fundamental una "revolución nacional"

---

15   Sobre los orígenes y el desarrollo del anticomunismo en la Argentina, véanse Bohoslavsky y Vicente 2014; López Cantera 2023; Bohoslavsky y Franco 2024.

que echara por tierra el liberalismo y orientara al país hacia un nuevo rumbo por una vía nacionalista.

También rechazaban al comunismo y al capitalismo, supuestamente en la misma medida (aunque en realidad predominaba el anticomunismo), así como a las oligarquías conservadoras, y se inscribían en la corriente integrista del catolicismo. Eran fervientemente antisemitas, y sostenían teorías conspirativas acerca del orden mundial, dentro del cual, y desde su perspectiva, el judaísmo tenía el papel protagónico.

En esa ocasión, el histórico bar La Perla fue testigo de la fundación del Grupo Tacuara de la Juventud Nacionalista, que poco después pasó a llamarse Movimiento Nacionalista Tacuara (MNT). Se esmeraron por escoger un nombre que fuera fácil de recordar y de escribir, que tuviera más significado que simples siglas, y que representara la raigambre revisionista de la agrupación. Además de ser el título de un viejo boletín de la Unión Nacionalista de Estudiantes Secundarios (UNES, rama de jóvenes de colegios secundarios de la ALN), la caña tacuara empleada como lanza hacía referencia a los gauchos montoneros que, en el siglo XIX, combatían en los ejércitos federales (Galván 2008).

> Nos reuníamos los sábados en La Perla, del Once. [...] Bueno, entonces, se decidió fundar [el movimiento]. Yo fue ahí que propuse que no me gustaban las siglas. Estaba podrido de siglas que no significaban nada, que estaban de moda y que suponía que era inevitable que tuviéramos una sigla. Y no, tengamos un nombre que se pueda decir y que se pueda dibujar. "¿Por qué no le ponemos el nombre de la revista esa del año 45 con el dibujo de la revista, que era dos cañas?". Bueno, les gustó. Entonces se llamó "Grupo Tacuara de la Juventud Nacionalista", no "Movimiento Nacionalista Tacuara", que después se llamó.[16]

Para rastrear sus orígenes, es necesario remontarse a los años de entreguerras. La flamante agrupación hundía sus raíces en el nacionalismo de derecha argentino de los años 30.

---

16 Entrevista a Bianchi, Ciudad Autónoma de Buenos Aires, 19/11/2019.

En 1931 fue fundada la Legión Cívica Argentina (LCA), patrocinada por el presidente José Félix Uriburu, quien alcanzó el poder mediante un golpe de Estado y planteó un proyecto corporativista para el país, de efímera duración. La LCA tenía por fin defender su régimen y agrupar a todas las organizaciones nacionalistas.

En 1935 fue creada la rama secundaria de la LCA, la Unión Nacionalista de Estudiantes Secundarios (UNES). Ambas agrupaciones se nutrieron del revisionismo histórico[17] —que surgió en esa década— y se abocaron a la lucha callejera contra comunistas y judíos. En 1937, integrantes de la UNES fundaron la Alianza de la Juventud Nacionalista (AJN), que combinó características del nacionalismo católico, como el antisemitismo y el anticomunismo, con la promoción del intervencionismo de un Estado de carácter corporativista.

La UNES continuó operando como rama de estudiantes secundarios de la AJN, que pasó a llamarse Alianza Libertadora Nacionalista (ALN) en 1943.[18] Sin embargo, el grupo de la UNES se desprendió de esta organización y siguió funcionando independientemente; dentro de este se encontraban quienes luego serían los dos primeros jefes de Tacuara: Luis Demharter y Alberto Ignacio Ezcurra Uriburu.

Francisco Bianchi era un joven proveniente de una familia tradicional que defendía los valores del nacionalismo argentino; de hecho, su padre fue un referente del revisionismo histórico. Con este trasfondo, ya desde su temprana adolescencia Bianchi se acercó a los círculos de la ALN. Su entonces líder, Juan Queraltó, le encargó la tarea de conformar

---

17 El revisionismo histórico argentino nació como corriente intelectual de la derecha nacionalista y antiliberal en la década de 1930. Sus propulsores reivindicaban las figuras de Juan Manuel de Rosas y de los caudillos federales. Propugnaban la existencia de un orden social orgánico y un proyecto de nación autóctono que habrían sido derrumbados por las élites liberales y el imperialismo. Con una visión decadentista de la historia, proponían revisarla a través de su propio prisma. Véanse Cattaruzza y Eujanian 2003; Devoto y Pagano 2009.

18 Luego del derrocamiento de Perón en 1955, la ALN tuvo una participación inorgánica y dispersa en el marco de la resistencia peronista. En 1973, tras el regreso de Perón, la organización volvió a nuclearse y entabló vínculos con sectores de la derecha peronista (Besoky 2016).

una nueva UNES. En 1952, con tan solo 15 años, Bianchi concibió este pedido no solamente como una gran responsabilidad, sino también como un importante elogio y como motivo de orgullo.

> En un momento, Queraltó, que era el jefe de la Alianza [...] decretó que yo iba a ser el jefe de UNES de la Alianza. Bueno, empecé a escribir algunas cosas en el diario de la Alianza convocando a estudiantes secundarios y ahí empezó a aparecer otra UNES.[19]

El grupo reunido por Bianchi se apartó de la ALN, al estar en desacuerdo con el desplazamiento de Queraltó como líder, que fue reemplazado por Guillermo Patricio Kelly. Inmediatamente después, a los miembros de las dos UNES les pareció "absurdo que hiciéramos dos cosas distintas, entonces nos juntamos".[20] La fusión entre las agrupaciones homónimas se dio en 1953, y dio lugar a una única UNES.

Frente al golpe de Estado de 1955 la ALN se mantuvo del lado de Perón. Mientras tanto, la UNES se ubicó en la vereda de enfrente, en apoyo de la coalición que llevó adelante la "Revolución Libertadora". No obstante, los "unistas" fueron parte del común descontento del universo nacionalista frente al rumbo que tomó el gobierno de facto de Pedro Eugenio Aramburu, quien había desplazado a los sectores nacionalistas de los lugares de poder y había dado lugar a los liberales democráticos. Pasaron, pues, a situarse en la oposición.

En La Perla, los jóvenes admiradores de los principales líderes fascistas europeos y del nacionalismo de derecha local escogieron como líder a Luis Demharter, dirigente de la UNES. Sin embargo, ocupó ese rol de manera efímera. Poco después, tuvo que salir del ojo público, ya que era buscado por robo.[21]

---

19 Entrevista a Bianchi, Ciudad Autónoma de Buenos Aires, 19/11/2019.

20 *Ibid.*

21 Demharter volvió a la agrupación años más tarde, pero tuvo que mantener un bajo perfil. Por sus problemas con la justicia, utilizó el apellido falso "Demarco" para reintegrarse al movimiento (Gutman 2012).

Entre los presentes en la reunión fundacional estaban Alberto Ezcurra Uriburu y José Baxter, quienes se convertirían en los principales líderes y referentes de la agrupación. Ezcurra, jefe nacional entre 1957 y 1964, se había formado en el seminario jesuita, pero había dejado sus estudios,[22] para retomarlos en el seminario de Paraná en 1964, luego de ceder su puesto en el MNT y retirarse de la militancia activa. Según un ex-MNT y MNRT, Alfredo Ossorio, el joven se destacaba por tener una personalidad austera, era desprendido de los bienes materiales y estaba firmemente comprometido con los valores que defendía (Ossorio, en Campos 2016). Hijo del historiador revisionista Alberto Ezcurra Medrano, tuvo un insoslayable peso intelectual y espiritual en la agrupación. Según el testimonio de Bardini (2002), poseía una sólida formación histórica y se jactaba de ser descendiente de Juan Manuel de Rosas y de José Félix Uriburu. Ezcurra murió en 1993 y hasta el día de hoy es recordado con gran respeto y hasta un cierto misticismo por sus "excamaradas".

Baxter, por su parte, fue el primer secretario general del MNT, y fue quien ocupó el cargo por más tiempo, hasta 1963. Previamente, había sido jefe nacional de la UNES y, luego de asumir la secretaría general del MNT, dirigió el boletín *Tacuara. Vocero de la revolución nacionalista*. Baxter fue el promotor de la escisión del MNT que viró hacia el marxismo y el peronismo, el MNRT y, en su trayectoria militante posterior lo encontramos en estrecho contacto con Ho Chi Minh, en Vietnam,[23] primero, Tupamaros, en Uruguay, después, y entre los fundadores del Partido Revolucionario de los Trabajadores-Ejército Revolucionario del Pueblo (PRT-ERP), de regreso en la Argentina. Falleció en un accidente aéreo en 1973, a sus 33 años.

---

22   Según Bianchi, estuvo en el seminario jesuita de Córdoba e "hizo un despelote en el seminario. Alborotó a todos los seminaristas y lo rajaron por eso" (entrevista a Bianchi, Ciudad Autónoma de Buenos Aires, 19/11/2019).

23   De acuerdo con el testimonio de Bardini (2002), en diciembre de 1964, Baxter se trasladó a Europa. Desde allí, se dirigió a China, acompañado por una delegación que estaba conformada por cuatro militantes de Tacuara y cuatro de la Juventud Peronista. Luego, estuvo en Egipto, Argelia y Vietnam. En este último país, combatió junto a las fuerzas del Vietcong. Acerca de su trayectoria, véase Dandan y Heguy 2006.

En sus inicios, el grupo estaba conformado por jóvenes varones de Capital Federal y sus alrededores, cuyas familias gozaban de posiciones acomodadas tanto social como económicamente. Entre aquellos que se iban incorporando abundaban los dobles apellidos y no solían faltar recursos económicos para financiar los primeros pasos de la organización.

Desde sus orígenes, Tacuara se constituyó en un movimiento marcadamente verticalista, con una compleja estructura que incluía distintas jerarquías. Sus miembros podían ir escalando a través de la superación de pruebas y la demostración de valentía y lealtad al nacionalismo y a la organización. También, erigieron sus propios mitos y mártires. Uno de ellos era Darwin Passaponti.

Passaponti era un estudiante de 17 años del Colegio Normal Mariano Acosta, de la ciudad de Buenos Aires. Dentro de ese colegio era delegado de la UNES, como rama de la ALN. El 17 de octubre de 1945, durante la desconcentración posterior a las masivas movilizaciones que lograron la liberación de Perón —quien estaba preso en la isla Martín García, a pocos kilómetros de la capital, desde el día 11 de ese mes—, Passaponti recibió un balazo y falleció, cuando el grupo de integrantes de la UNES avanzaba por Avenida de Mayo. Llegaron a las puertas del diario *Crítica*, que había adoptado una postura antiperonista y, además, había criticado fuertemente los sucesos de aquel día. Su director, Natalio Botana, había apoyado a las fuerzas aliadas durante la Segunda Guerra Mundial y manifestaba posturas en favor de las izquierdas. El caos no se hizo esperar: los jóvenes nacionalistas atacaron el edificio, tiraron piedras y rompieron cristales. Desde el diario, la acción fue respondida con tiros desde la azotea. La madrugada del 18, una bala impactó en el cráneo de Darwin Passaponti.

Tacuara recuperó la figura del militante de la UNES fallecido ese 17 de octubre y lo convirtió en su principal mártir. Su muerte contenía todos los ingredientes caros al nacionalismo: la violencia y la valentía, atributos relacionados con la virilidad y la hombría, la edad de tan solo 17 años de la víctima, su origen familiar obrero, sumado a la muerte en una fecha de gran relevancia para el nacionalismo (Padrón 2017).

A modo de homenaje, la tumba de Passaponti, ubicada en el cementerio de la Chacarita, en el barrio homónimo de Buenos Aires, se convirtió en un lugar de culto; fue adoptado como escenario donde juraban quienes se incorporaban al movimiento. El joven nacionalista era recordado con frecuencia en los boletines de la agrupación, y asiduamente se realizaban misas en su memoria.

1. Organización y estructura

A principios de 1958, el movimiento era poco significativo y carecía de importancia política. Todavía estaba en construcción. Su base era sustancialmente un conjunto reducido de muchachos de las clases acomodadas porteñas que proclamaban su admiración por Primo de Rivera y querían recuperar la figura de Rosas. No obstante, esta situación cambiaría radicalmente a partir de finales de ese año.

En esos momentos iniciales y sin un norte definido, el peso de la UNES era notorio entre los aún reducidos miembros de Tacuara. Como parte de sus primeros pasos decidieron sumarse a la campaña electoral de Arturo Frondizi, candidato a la presidencia por la Unión Cívica Radical Intransigente. Las Fuerzas Armadas en el poder habían permitido la apertura de los comicios, con el peronismo proscripto.

Las elecciones se celebraron el 23 de febrero de 1958. El apoyo de Perón, desde el exilio, fue crucial para la victoria de Frondizi, quien, a su vez, se comprometió a implementar una serie de medidas favorables al peronismo.

En esa línea, en los primeros meses de su mandato Frondizi impulsó en el Congreso la promulgación de una ley de amnistía y derogación de las inhabilitaciones gremiales y otorgó un aumento salarial del 60%. Frente al proceso de desperonización que se venía llevando adelante desde 1955, anuló el decreto que prohibía utilizar símbolos peronistas, confirmó el papel de la Confederación General del Trabajo (CGT) y la permanencia del peronismo en los sindicatos. Posteriormente Frondizi cedió ante la presión de los sectores antiperonistas y rompió con el justicialismo (Terán 1991).

En septiembre de 1958, Frondizi comunicó la decisión de reglamentar el artículo 28 del Decreto/Ley 6403, que había sido promulgado en diciembre de 1955. El artículo reconocía a las universidades privadas, a la vez que las facultaba para expedir títulos habilitantes. La propuesta iba a contrapelo de los principios reformistas que sostenían la laicidad de la educación universitaria en el país.

En resumidas cuentas, el conflicto que se generó enfrentó a sectores que apoyaban la educación privada confesional y a aquellos que eran partidarios de la educación laica. Estudiantes secundarios y universitarios, junto con varias autoridades de universidades llenaron las calles de numerosas ciudades del país (Manzano 2006; 2017). De un lado, por la "laica", la Federación Universitaria de Buenos Aires (FUBA) y la Federación Metropolitana de Estudiantes Secundarios (FEMES),[24] portaban los ideales progresistas, democráticos y laicistas. Del otro lado, los partidarios de la "libre", el conservadurismo, la Iglesia católica y los jóvenes nacionalistas y católicos (Brugaletta 2011). En Buenos Aires, los primeros lograron movilizar entre 250.000 y 500.000 personas, mientras que los segundos, aproximadamente entre 60.000 y 80.000 (Millán 2019). Los violentos enfrentamientos dejaron gran cantidad de heridos y detenidos.

Entre los partidarios de la "libre", Tacuara tuvo un rol destacado. Ese evento los llevó por primera vez a las calles, a hacerse ver en público con sus propias banderas. Así recuerda Eduardo Pella su participación:

> En el 58 se produce la estampida de la "laica y libre", donde... incluso en una de las marchas de la libre algunos se identificaban con nuestros grupos por idea del hermano de Alberto Ezcurra, Gonzalo Ezcurra, dijo: "Bueno, hay que numerar los grupos". Entonces hicimos la numeración a partir del 500. "Grupo 501 conmigo", gritaba. Se juntaban 4 o 5. Claro, la gente decía: "¿501? ¿cuántos deben ser, mil, diez mil grupos que tienen?" [risas]. Éramos cuatro gatos que estábamos. Y entonces se empezó a sumar gente, gente, gente. Vinieron de otros barrios, de otros colegios. Del Gran Buenos Aires... Empezó a aparecer gente que venía a adherirse. [...] En ese

---

24 FEMES era una organización estudiantil que fue creada en 1958 como rama secundaria de la FUBA en el contexto del conflicto "laica o libre", en defensa de ideales progresistas, democráticos y laicos.

momento [...] nos desbordó el avance de gente. Y después empezaron a aparecer los comandos del interior.[25]

El fenómeno de Tacuara despegó a partir del conflicto conocido como "laica o libre", que fue su "bautismo de fuego", según ellos mismos recuerdan. Si hasta ese momento estaban firmemente ligados al peso de la UNES, desde ese entonces cortaron el cordón umbilical y pasaron a afirmar su propia identidad. La UNES continuó como brazo secundario del MNT, con presencia y actividad en los colegios secundarios (Padrón 2017).

El enfrentamiento "laica o libre", además, fue un parteaguas en cuanto a la exposición y la visibilidad del nuevo movimiento. Como mencionó Pella, a partir de entonces fue explosiva su capacidad de atraer a nuevos militantes. Roberto Bardini, exmilitante del MNT y del MNRT, escisión de Tacuara que viró hacia la izquierda revolucionaria, resalta la salida a la luz del movimiento a partir de este acontecimiento, así como el inicio de la asociación con la violencia política:

> Es entonces cuando aparecen panfletos y pintadas en las paredes de apoyo a la educación *libre* firmadas por el Movimiento Nacionalista *Tacuara* (MNT). La actividad de sus jóvenes militantes no se limita a las consignas: ellos ocupan la primera línea a la hora de las trompadas, los cachiporrazos y las pedradas. El símbolo de la lanza montonera se convierte rápidamente en sinónimo de acción violenta. (Bardini 2002, 35)

Los jóvenes que se acercaban a Tacuara, cautivados por su actuación durante el conflicto, por su retórica nacionalista y por el misticismo detrás de su ritualidad, ya no eran solamente parte de sectores pudientes de la sociedad porteña, de edades que rondaban entre los 14 y los 25 años. Además de aumentar exponencialmente en términos cuantitativos, la base social del movimiento se expandió y se proletarizó: por una parte, se incorporaron numerosos estudiantes secundarios, principalmente de colegios católicos, que promovieron su movilización; por otra,

---

25 Entrevista a Pella y Gutiérrez Rivero publicada en YouTube, Ciudad Autónoma de Buenos Aires, 14/12/2012.

se sumaron alumnos de escuelas públicas y de familias obreras, es decir, de sectores populares.

> ... un nuevo aluvión juvenil llega de los barrios periféricos y desborda la capacidad de absorción de *Tacuara*. [...] Lo nuevo, ahora, son los apellidos *tanos*, "gallegos" y sirio-libaneses, las solicitudes de afiliación que llegan de Flores, Lanús, Quilmes, Avellaneda: el medio pelo. (Bardini 2002, 37)

Además de los barrios y localidades porteños y bonaerenses mencionados por Bardini que se incorporaron dentro del radio de influencia de Tacuara, el movimiento amplió su alcance y cobró visibilidad en distintos puntos del país. Así, empezó a atraer a jóvenes de ciudades de diversas provincias, como Santa Fe, Buenos Aires, Entre Ríos, Córdoba y Salta, que comenzaron a organizarse y a conformar diferentes "fortines" tacuaristas.

Excedidos por este *boom*, los integrantes de Tacuara se preparaban para la realización de su primer congreso nacional, en la ciudad de Marcos Paz. Situada 54 kilómetros al noroeste de la ciudad de Buenos Aires, esta pequeña localidad fue el escenario que vio nacer formalmente al Movimiento Nacionalista Tacuara como organización de referencia del nacionalismo de derecha, con un programa y un organigrama interno.

El segundo encuentro decisivo, que terminó de dar forma a la estructura, se llevó a cabo en la ciudad santafesina de Rosario. Allí concurrieron representantes de diversas ciudades, como Santa Fe, Paraná, Concordia, Capital Federal y otras localidades del Gran Buenos Aires. Recibieron también adhesiones de algunos comandos formados en Tandil, Salta, La Plata y Concepción del Uruguay.

En estas instancias, se debatió la forma en que debía organizarse el movimiento y sobre cuáles bases se asentaría. Se enfrentaron dos posturas: la centralista era sostenida por los núcleos porteños, que pretendían una estructura verticalista con eje en la Capital Federal; la federalista, en cambio, era defendida por los grupos provenientes de otros puntos del país, principalmente aquellos de la ciudad de Rosario, que contaba con numerosos apoyos.

Según relata Padrón (2017), ambas posturas se encontraron en un punto intermedio: se optó por la estructura vertical, en la cual cada grupo tuviera margen para actuar de manera relativamente autónoma. Las decisiones más importantes habrían de tomarse de modo conjunto en congresos nacionales, que se celebrarían ocasionalmente.

En la práctica, empero, la estructura que se adoptó, tal como se fue desarrollando a lo largo de los años, tuvo una modalidad casi enteramente centralista. Era en extremo difícil mantener contactos fluidos entre los distintos comandos, ubicados a distancias a veces muy grandes y en un contexto en el cual las comunicaciones no estaban aún tan desarrolladas. Por las dificultades organizativas que conllevaba coordinar la organización de eventos a nivel nacional, los congresos se llevaron a cabo solo esporádicamente. Aquellos que pude registrar, de hecho, tuvieron lugar a principios de los años 70, momento en el cual los núcleos tacuaristas de la capital del país se habían dispersado. Hasta aproximadamente mediados de los 60, sin embargo, la preeminencia de los grupos porteños y bonaerenses, que se encontraban cerca los unos de los otros y que contaban con una gran cantidad de militantes, fue indiscutida. Esta situación cambiaría desde la partida de Ezcurra, y el eje de Tacuara se trasladaría a la ciudad de Santa Fe, como explicaré más adelante.

Para 1961, la estructura estaba consolidada, al menos en términos formales. La cabeza era el jefe nacional, que se apoyaba en el secretario general. Debajo, se ramificaban una serie de departamentos y secretarías: la Secretaría de Institutos tenía a su cargo las relaciones con los establecimientos educativos, es decir, los colegios secundarios, a través de la UNES, y las universidades, por medio de los sindicatos universitarios, siendo el SUD[26] el que más presencia y fuerza tuvo. No obstante, hay que matizar el posicionamiento de los sindicatos universitarios en este

---

26 Con actuación en la facultad de Derecho de la Universidad de Buenos Aires, el SUD fue una agrupación de la derecha nacionalista que se conformó como grupo de choque frente a las militancias de izquierda. Un exmilitante del SUD, de la UBA, afirma que "Era una agrupación nacionalista, según indica la inclusión en su nombre del término Sindicato, arraigado en la doctrina de Falange pero que oficiaba a la vez de puente con el Justicialismo" (Juan Luis Gallardo, cit. en Gutman 2017). En 1933, la Falange Española había formado el Sindicato Español Universitario, con el objetivo de tener una fuerza de choque en el ámbito estudiantil. Este se convertiría en la única organización estudiantil legal del país ibérico luego de la Guerra Civil Española (Gutman 2017).

esquema, ya que en realidad tenían una notable autonomía respecto del MNT. Realizaban acciones conjuntas, pero los sindicatos gozaban de un amplio margen de libertad.

El Departamento de Relaciones tenía como función mantener vínculos con organizaciones afines en el extranjero; la Secretaría de Organización controlaba las actividades cotidianas de los comandos, a la vez que se encargaba de la organización de campamentos y de la admisión de nuevos miembros; la Secretaría del Interior se ocupaba de sostener relaciones con los comandos ubicados en distintas localidades; la Secretaría de Sindicales funcionaba como nexo con el mundo sindical, con el cual Tacuara estableció estrechísimos contactos.

Por otra parte, la Secretaría de Seguridad controlaba a las milicias y, a su vez, compartía con la Secretaría de Sindicales el control de las Brigadas Sindicales, destinadas a actuar en el seno de los sindicatos y apoyar a los sectores de la derecha peronista;[27] la Secretaría de Prensa y Propaganda estaba a cargo de la confección de folletos, afiches y comunicados; el Departamento de Formación se ocupaba del adoctrinamiento de los militantes y de la elaboración de los boletines pensados para ellos y para el exterior.

La intención era mantener un rígido verticalismo, en el que prevaleciera el respeto absoluto por los superiores. Sin embargo, en el resto de la estructura frecuentemente el organigrama no era respetado y los distintos componentes lograban moverse con independencia (Padrón 2017).

También era importante el sostén económico del movimiento. Todos sus integrantes debían aportar una cuota mensual, que quedaba registrada en cada credencial personal que acreditaba la membresía.

Respecto de la cantidad de militantes que alcanzó la agrupación, me encontré con opiniones muy disímiles. Uno de los entrevistados expresó que, en un momento de auge, llegaron a ser diez mil; otro sostuvo que, entre Buenos Aires y el Gran Buenos Aires —que era la zona donde militaba—, un número aproximado era mil quinientos. De este amplio rango se puede deducir que arriesgar una cifra concreta es por demás azaroso. Además, las fuentes policiales tampoco contienen informaciones

---

27 Acerca de la historia de la derecha peronista en el período aquí abarcado, véase Besoky 2016.

certeras relativas a la cantidad de adhesiones. Probablemente haya sido un dato muy cambiante y difícil de calcular, dadas las numerosas ramificaciones que se iban generando en diversas provincias, y lo efímero de algunas militancias.

Lo cierto es que Tacuara se transformó en una moda imparable en los primeros años 60 y que sus integrantes se encargaron de que su nombre fuera conocido en distintos ámbitos. Las escuelas secundarias y las universidades eran los escenarios donde tenían mayor peso, pero también se encargaban de ocupar los espacios públicos con actos, manifestaciones y grafitis, e imponiéndose en las calles con la fuerza y la retórica de "los puños y las pistolas".

2. Una cultura política nacionalista: el PBR de Tacuara

Los primeros tiempos de la agrupación nacionalista requirieron un especial esfuerzo de sus dirigentes para, además de diseñar su estructura y fijar un régimen de funcionamiento, plantear los principios ideológicos y políticos que habrían de regir su militancia. Era indispensable construir un sólido piso de ideas sobre el cual afirmarse y comenzar a edificar. En los encuentros de Marcos Paz y Rosario se discutió cuáles serían los elementos que constituirían esa base, y que, idealmente, debían constituirse en una común referencia para los militantes de todo el país.

El Programa Básico Revolucionario (PBR) del MNT elaborado en estas reuniones fue finalmente publicado en 1961. El texto final estaba dividido en siete secciones, cada una de las cuales contenía una serie de puntos: eran treinta y seis en total. Las categorías eran: Argentina, estructuras políticas, política social, estructuras económicas, espíritu y educación, Fuerzas Armadas y política internacional.

Un recorrido por el PBR devela algunos de los principales componentes de la cultura política de Tacuara. Cabe recordar, sin embargo, que una de las características de las culturas políticas es su dinamismo, y aquella de Tacuara, como se verá, sufrió numerosas mutaciones a lo largo de los años. No obstante, los principales pilares sobre los cuales esta se erigió tuvieron la fuerza suficiente para mantenerse con firmeza a lo largo de los años.

El modelo a seguir era el de la Falange Española. En la apertura del PBR los tacuaristas declararon que la Argentina era una "unidad de destino" —concepto utilizado por el falangismo— y que, como heredera del Imperio español, tenía una misión que cumplir: la revolución debe liberar a Hispanoamérica (término empleado en lugar de "Latinoamérica" para resaltar la filiación con España) de la opresión imperialista, con la Argentina como cabeza y conductora.

También en consonancia con la Falange y, en general, con los preceptos de los fascismos europeos, se planteaba la necesidad de romper con el liberalismo burgués y con la democracia liberal. En su lugar, proponían implantar un Estado nacionalsindicalista, un sistema corporativo donde la representación fuera compartida por los municipios, los sindicatos y la familia.

En el marco de la Guerra Fría, que enfrentaba al bloque soviético y al estadounidense, los militantes de Tacuara se ubicaron en una Tercera Posición,[28] en sintonía también con la línea filoperonista que fue adoptando la organización, que se profundizó desde principios de los 60. El rechazo del capitalismo y del comunismo son dos rasgos que vertebran su cultura política, y son tópicos que la incorporan a ese gran movimiento político y cultural antiliberal y antidemocrático que es el nacionalismo. Además, ambos están estrechamente vinculados con

---

28 El concepto de "Tercera Posición" es muy amplio y, a lo largo de la historia, ha tenido diferentes manifestaciones y formulaciones. Involucra a diversos movimientos políticos que han buscado superar la dicotomía entre capitalismo y comunismo mediante soluciones que eran, según sus propulsores, superadoras de ambos sistemas. Uno de los primeros en proponer una "tercera vía" —de tintes corporativistas— fue Mussolini en Italia, en los años 30. Otro ejemplo es el Movimiento de Países No Alineados, nacido en los 60, un movimiento global que aglutinó a numerosos países en desarrollo. El peronismo en los años 40 y 50 adoptó explícitamente un posicionamiento de "Tercera Posición" en el plano internacional, que condenaba firmemente a las potencias en puja en la Guerra Fría y a sus sistemas políticos, y proponía una vía de desarrollo independiente.

el antiimperialismo esgrimido contra Inglaterra y los Estados Unidos frente a la reafirmación de lo estrictamente nacional.

Más adelante, bajo el título "espíritu y educación", figuran una serie de afirmaciones ligadas a la centralidad del catolicismo y de la familia como fundamentos de la sociedad. La defensa a ultranza del tradicionalismo católico[29] fue una constante en la historia del MNT. De hecho, uno de los eslóganes de cabecera de todo militante de Tacuara era "Dios, patria y hogar".

Si bien no era un movimiento estrictamente clerical, Tacuara tejió estrechos vínculos con sacerdotes nacionalistas, como los padres Leonardo Castellani, Julio Meinvielle y Mario Pinto, entre otros. Estos eran figuras de gran relevancia dentro del tradicionalismo católico, y hacían las veces de asesores espirituales e intelectuales para los jóvenes nacionalistas. Inclusive, en el caso de los grupos de Tacuara de Rosario y Santa Fe, como manifestó uno de mis entrevistados, algunos sacerdotes les prestaban espacios de sus parroquias para realizar las reuniones.

Otros puntos contenidos en el PBR prometían la nacionalización de las empresas de servicios públicos y de las instituciones bancarias y crediticias, y aseguraban que serían destruidas las estructuras capitalistas, en defensa de la soberanía nacional y en línea con la postura antiimperialista; es decir, perseguían el objetivo de transformar el Estado liberal en uno corporativo, en el cual los sectores estratégicos de la economía estuvieran sometidos al Estado. Por otro lado, abogaban por una reforma agraria y una selección y control de la inmigración ("no se admitirá el ingreso al país de grupos étnicos y culturales inasimilables"). Este último punto es inescindible del antisemitismo, elemento primordial de la cultura política tacuarista, que, sin embargo, no encontraba una afirmación en términos explícitos en el programa.

Otro concepto que vertebró el PBR fue el de "revolución", como objetivo último a alcanzar. Tal como fue formulada en estos momentos,

---

[29] Las influencias católicas de Tacuara se encontraban en la corriente integrista o tradicionalista del catolicismo. Esta tradición ideológica nació como defensa ante los avances de la secularización, de la modernidad y del liberalismo que tuvieron lugar durante el siglo XIX. Véanse Mallimaci 1988; Lida 2011; Cersósimo 2014.

la "revolución nacional" los llevaría a derrumbar el edificio del Estado liberal y del parlamentarismo democrático, para erigir un régimen corporativista. Se trataba de una revolución "de orden", enmarcada dentro del nacionalismo de derecha. No obstante, sus límites fueron difusos, y fue objeto de reflexiones y discusiones a lo largo de la historia de Tacuara, para ser radicalmente cuestionada en su última etapa, a principios de los años 70.

Todos estos elementos confluyeron en el nacionalismo recalcitrante de Tacuara, recuperado de las tradiciones nacionalistas previas y transmitido a través de diversas lecturas y de contactos asiduos con representantes del nacionalismo católico argentino. De allí también proviene la defensa del revisionismo histórico, de la mano del enaltecimiento de la figura de Rosas y los caudillos federales. Dos ámbitos de sociabilidad cruciales que frecuentaban los militantes del MNT de Capital Federal y sus alrededores eran, justamente, el Instituto de Investigaciones Juan Manuel de Rosas y la librería Huemul. Estos espacios reunían al mundo intelectual de la derecha nacionalista en esos años y eran canales de circulación de personas, objetos e ideas relacionadas con ese universo.

Muchas de las características identificadas, distintivas de la cultura política tacuarista, lejos de ser estáticas, fueron mutando a lo largo del tiempo, y algunas incluso llegaron a desvanecerse. Numerosos factores coyunturales contribuyeron a ello, provocando fracturas que muchas veces no pudieron ser subsanadas. En los capítulos siguientes intentaré desentrañar estos elementos y el modo en el cual se fueron enlazando y modificando a lo largo de la historia de Tacuara.

3. Tacuara, el sindicalismo y el peronismo

Dentro del magma de la militancia tacuarista se tejieron sólidas relaciones con diversos movimientos sindicales. Estas, a su vez, se conjugaron y se retroalimentaron con la pertenencia y/o la simpatía de muchos de los militantes de Tacuara —sobre todo de aquellos que se incorporaron luego del conflicto "laica o libre"— hacia el movimiento peronista, el cual se encontraba oficialmente proscripto desde el golpe de Estado de 1955.

Desde sus inicios, el gobierno desarrollista de Frondizi apuntó fuertemente al fomento de las actividades industriales, a la privatización de los sectores del transporte, la energía y las comunicaciones y a la radicación de capitales extranjeros, que llegaron para estimular las industrias pesadas y automotrices y explotar los pozos petrolíferos nacionales (Cavarozzi 2006), apuesta que generó un marcado desajuste de la balanza de pagos. El aumento del 60% de los salarios provocó que se disparara la inflación, y la caída del déficit fiscal. La crisis desencadenada fue enfrentada mediante la intervención del Fondo Monetario Internacional, la cual trajo aparejada la aplicación de una serie de medidas de austeridad. La depresión económica y los efectos sobre las clases trabajadoras que dichas medidas trajeron consigo fueron respondidos mediante una serie de huelgas y boicots.

En enero de 1959 fue ocupado el frigorífico Lisandro de la Torre, ubicado en el barrio porteño de Mataderos. El plan de estabilización de Frondizi preveía su privatización, lo cual desencadenó una fuerte resistencia por parte de sus trabajadores. La represión fue brutal: con las Fuerzas Armadas nuevamente en el primer plano, varios tanques de guerra ingresaron en el frigorífico para reprimir duramente a quienes manifestaban.

Este acontecimiento marcó el primer acercamiento de los integrantes del MNT al mundo del trabajo, a la militancia sindical y a la resistencia peronista. A partir de entonces, se dieron los primeros contactos entre la cultura política de Tacuara y aquella del peronismo de derecha, que se transformaron en sólidos y firmes lazos de colaboración. Dentro de la estructura tacuarista, la tarea de tejer y sostener estas redes estuvo a cargo de las Brigadas Sindicales, creadas precisamente para ese fin. Entre los exmilitantes entrevistados, uno de ellos, Alfredo Bellino, formó parte de ellas.

> Bueno, las Brigadas Sindicales eran la parte más pesada. O sea, el grupo de choque. Y toda su gente éramos fantasmas. Aparecíamos en determinados momentos y nada. [...] Y brigada sindical en un tiempo era muy solicitada. *Era el terror de los zurdos*. Me acuerdo cuando fue el plan de lucha, creo que fue en el año 64, 63, algo así, la CGT citó a todos y bueno, y fuimos. Pero no pudieron empezar a decir en qué consistía el plan, que en la misma escalera... teníamos

chicas que ya estaban adiestradas, que agarraban a las zurdas de los pelos por las escaleras.[30]

El testimonio expuso el accionar de las Brigadas Sindicales, empleadas como grupos de choque en apoyo de los sectores de la derecha peronista. Bellino expresó, con orgullo por su papel en las brigadas, que las reconoce como "el terror de los zurdos". Llamativamente, también en el campo sindical el anticomunismo del MNT era un elemento preponderante. Asimismo, el entrevistado introdujo un interesante elemento relacionado con el género al hablar acerca de la presencia de mujeres dentro este sector de Tacuara.[31] Emergió como novedad, además, que entrenaban en gimnasios que alquilaban para ese fin, lo cual demuestra la existencia de un considerable grado de organización.

Seguidamente, el entrevistado se detuvo en una explicación acerca de las armas que utilizaban: "Teníamos las famosas 'tanas'. ¿Sabés vos lo que eran las 'tanas'? Las *berettas*, del Vaticano".[32] Se trata de armas de fuego que, como añadió, compraban ilegalmente a través de Paraguay. Es decir que Bellino se preocupó por resaltar —y probablemente, exagerar— el poderío de las Brigadas Sindicales. También se empeñó en señalar que su participación en este sector del MNT fue ordenada por el mismo Ezcurra, como si se tratara de una unción, de un particular reconocimiento:

> Un día Ezcurra, nuestro jefe, me dice: "Camarada, usted va a tener que pasar a Brigada Sindical". Y para mí eso era bárbaro, viste. Además, ya tenía conocidos. Porque ahí trabajaba directamente en los sindicatos. Teníamos sindicatos que de vez en cuando teníamos que ayudar, viste, como sindicato de mecánicos, de tabaco, de

---

30 Entrevista a Bellino, Mar del Plata, provincia de Buenos Aires, 22/11/2019. Las cursivas son propias.

31 Abordaré la cuestión de la posible presencia femenina dentro de Tacuara en el capítulo 3.

32 Entrevista a Bellino, Mar del Plata, provincia de Buenos Aires, 22/11/2019.

peinadores, el de la madera. De todo un poco. En todos lados estábamos. Y bueno, así nos fuimos haciendo.[33]

Las Brigadas Sindicales fueron una puerta de acceso directo a las fábricas y al convulsionado mundo de los sectores trabajadores que se reconocían en el peronismo. Dentro de Tacuara, estas fueron creadas con la finalidad de infiltrarse e inmiscuirse en los sindicatos peronistas.

Si bien Bellino se apresuró y aclaró: "Ojo, que yo siempre fui de tendencia peronista",[34] el acercamiento entre el MNT como agrupación y los grupos de la resistencia peronista fue más bien progresivo. La caída del gobierno peronista y las esperanzas depositadas en el régimen de la "Revolución Libertadora" dejaron paso a una cruda realidad: los sectores liberales se habían, en cierta medida, adueñado de la revolución y ocuparon tanto el poder político como las calles (Padrón 2017). Frente a este complejo escenario, el peronismo —proscripto— era el único aliado posible para los jóvenes nacionalistas.

Así, dentro de la magmática militancia de los años 60, muchos tacuaristas se identificaron y hasta coquetearon con el peronismo. De hecho, la totalidad de los entrevistados hoy en día se reconocen como peronistas, situándose ya sea en posiciones cercanas al progresismo o en la actual derecha nacionalista (con un notorio predominio de la segunda tendencia). No obstante, a pesar de los acercamientos, apoyos e inclusive acciones comunes realizadas con sectores de la resistencia peronista —especialmente la Juventud Peronista (JP)— no existió una verdadera integración. En todo momento Tacuara se empeñó por mantener su autonomía. El debate sobre el peronismo, el modo y el grado de acercamiento a él atravesó toda la historia de Tacuara. Indudablemente, había muchas coincidencias con los movimientos de la resistencia peronista, con los cuales compartían diversas luchas y espacios políticos y sociales.

De cualquier forma, la principal intención de la militancia tacuarista era contar con las bases peronistas para lograr una supuesta "revolución nacional". Tal como afirma Padrón (2017), existió una tensión

---

33 *Ibid.*

34 *Ibid.*

entre la determinación de mantener una identidad política propia y la necesidad de conseguir el apoyo del peronismo; a raíz de ello, resultó imposible para el MNT adoptar una política uniforme frente a ese movimiento. Empero, entre las distintas posturas que se debatían dentro de la agrupación, aquella en favor de aproximarse al peronismo fue la que predominó. En los primeros años de la década de 1960 se celebró el acercamiento de las 62 Organizaciones Peronistas Leales a los grupos nacionalistas y se apoyó la candidatura a gobernador de la provincia de Buenos Aires de Andrés Framini, dirigente sindical del sector textil y pieza clave en el seno de la resistencia peronista.[35]

Por otro lado, los lazos con el movimiento proscripto se materializaron en el ofrecimiento del mismo Perón a Alberto Ezcurra, en 1961, para reorganizar y dirigir la JP. Esta invitación da una clara pauta acerca del reconocimiento de la cercanía por parte de Perón, y de la relevancia que para entonces había adquirido Tacuara (Padrón 2017). No obstante, la propuesta fue rechazada por el jefe del MNT.[36] El empeño del jefe nacional estaba puesto enteramente en Tacuara.

El peronismo resultó un movimiento altamente atractivo para muchos militantes nacionalistas. Para ellos, implicaba la posibilidad de

---

35 En las elecciones de 1962, en las que se elegían gobernadores en la mayoría de las provincias y se renovaban parcialmente las legislaturas, el gobierno de Frondizi autorizó la participación del peronismo. Esta fuerza política triunfó en todo el país —excepto en Córdoba, Mendoza y Capital Federal—, incluso en la estratégica provincia de Buenos Aires, donde fue elegido gobernador su candidato, Andrés Framini. Ante la presión de las Fuerzas Armadas, Frondizi intervino las provincias donde había resultado victorioso el partido peronista. Carente de capital político, Frondizi fue arrestado y depuesto del cargo de presidente. Asumió la máxima magistratura el presidente del Senado, José María Guido, quien anuló los recientes comicios y cerró el Congreso de la Nación.

36 Orlandini (2008) expone que tal ofrecimiento fue transmitido a través de un enviado llegado desde Madrid. El rechazo, según recaba el autor de una entrevista, se debió a que Ezcurra sabía que había hecho una invitación similar a un líder de otra agrupación política: "La pendularidad del ofrecimiento de Perón que había incluido también a la izquierda, y la prevención de que el propio peronismo terminara diluyendo la propia identidad de Tacuara y que el ofrecimiento era: Nada, al peronismo no lo conducía ni él" (entrevistado anónimo citado en Orlandini 2008, 174).

ser parte de una organización nacional más afianzada, que contaba con un líder viril, fuerte, y que tendría las herramientas para llevar adelante la anhelada "revolución nacional", con el protagonismo de los sectores obreros (Galván 2013). Por este motivo, muchos militantes que iniciaron su recorrido en Tacuara fueron abandonando sus filas para incorporarse a diversas agrupaciones peronistas.

Por otra parte, cabe destacar la centralidad de la noción de "justicia social" —concepto enarbolado como bandera por el peronismo— como uno de los puntos del PBR. Había en Tacuara una preocupación por las condiciones de vida y el bienestar popular. Este "corazón plebeyo" del nacionalismo (Lvovich 2006) es un elemento insoslayable para comprender la ampliación del reclutamiento de sus bases militantes, originariamente abocada a jóvenes de dobles apellidos, hacia sectores medios y populares y hacia trabajadores organizados políticamente.

Además, continuando con la argumentación de Galván (2013), los elementos en común entre el nacionalismo y el peronismo hunden sus raíces en la década de 1940, cuando la ALN y la UNES fusionaron la militancia nacionalista con aquella peronista. Estas ideas, junto con la incorporación al movimiento de sectores populares, en contraste con la original composición más bien aristocrática del MNT, contribuyeron al acercamiento a las huelgas que se sucedieron en 1959 contra el gobierno de Frondizi, donde se acompañó explícitamente al peronismo.[37]

El cruce entre la cultura política tacuarista y la peronista fue, pues, proficuo. Se estableció un diálogo entre ambos movimientos, fundado en las coincidencias entre sus programas políticos. Sin embargo, los puentes tendidos con el peronismo también fueron la chispa que encendió una serie conflictos y que derivó en insalvables rupturas en el seno del MNT.

---

37 Acerca de las imbricaciones del MNT, el MNRT y el MNA con el peronismo, los cambios en la conceptualización y la percepción de las agrupaciones acerca de este último, véase Campos 2019a.

4. Tacuara se fractura

4.1. El giro hacia la derecha: la Guardia Restauradora Nacionalista

Desde el exilio, Perón era una figura ineludible en las tramas políticas de la Argentina, que atravesó a todos los movimientos de la época. En el caso del MNT, sin lugar a duda, el peronismo fue motivo de constante debate y se convirtió en un factor fuertemente disruptivo.

Un grupo mayoritario dentro del MNT simpatizaba con el movimiento proscripto. Los acercamientos con los sectores del sindicalismo peronista de derecha fueron cada vez más frecuentes, y los lazos se volvieron más y más estrechos. Estos contactos y la progresiva imbricación fueron uno de los factores más influyentes entre los que determinaron las grietas que se fueron abriendo dentro del movimiento.

En septiembre de 1960, la primera fisura dio lugar al nacimiento de la Guardia Restauradora Nacionalista (GRN). Fue protagonizada por un núcleo profundamente filofascista, conservador y católico, encabezado por el sacerdote Julio Meinvielle, uno de los principales representantes del catolicismo integrista ya desde los años 40.[38] Este frecuentemente chocaba con Alberto Ezcurra por cuestiones ideológicas y doctrinarias. Desde temprano se abrió una fisura por las crecientes diferencias entre ellos, ambos líderes fuertes que colisionaban en diversas ocasiones. El primer resquebrajamiento se dio en los albores de Tacuara. Al concretarse la derrota de Fulgencio Batista y el triunfo de Fidel Castro en Cuba, en enero de 1959, Tacuara divulgó una declaración de apoyo a Cuba, incluyendo como aclaración que se oponía "al capitalismo y al comunismo por igual" (Bardini 2002, 43).

---

38 Julio Meinvielle, ordenado sacerdote en 1930, se convirtió en uno de los miembros más destacados de la corriente integrista del catolicismo en la Argentina. Tuvo un papel importante en el nacionalismo en esa década y participó de los Cursos de Cultura Católica. Ferviente anticomunista y antisemita, desarrolló —desde una línea doctrinaria antimodernista— teorías conspirativas, y afirmó que el capitalismo y el comunismo eran parte de un plan judío para dominar al mundo. Acerca de Meinvielle, véanse Compagnon 2008; Santiago Jiménez 2015.

Como consecuencia,

> El sacerdote anticomunista Julio Meinvielle, que no puede soportar la idea de que el movimiento se vincule al peronismo y respalde, aunque sea a medias, al gobierno cubano, se aleja de la organización en octubre de 1960 y arrastra consigo a un grupo ultracatólico. Surge así la Guardia Restauradora Nacionalista. (43)

Esta escisión ha sido adjudicada a algunas tímidas expresiones públicas por parte de los líderes del MNT, tendientes hacia posturas revolucionarias de izquierda, así como a los menos tímidos acercamientos a la derecha peronista.[39] Los contactos con el mundo obrero y la consecuente incorporación de militantes de sectores medios y populares fueron intolerables para Meinvielle. Acerca de esta cuestión, Miguel Gutiérrez Rivero se expresó de la siguiente manera:

> Después en Tacuara coexistieron durante [...] tres o cuatro años, lonardistas[40] y peronistas. Por eso Tacuara no se definió como peronista. Porque siempre dijimos que ¿qué era ser peronista? Ya sabemos, bueno. Era ser obediente con Perón. Y Tacuara nunca estuvo dentro de la estructura del peronismo. Que fue lo que intentaron algunos de los que se fueron. Pero teníamos esa coexistencia pacífica, de camaradería y de amistad que dura hasta el día de hoy, con los muchachos que eran peronistas o venían de familias peronistas que se habían disgustado por la cosa de la quema de las iglesias y demás con el peronismo, y además los gorilas[41] cuando

---

39 Véase Besoky 2016.

40 El entrevistado se refiere a los partidarios del general Eduardo Lonardi, quien ocupó el cargo de presidente provisional de facto de la Nación entre septiembre y noviembre de 1955.

41 En la Argentina, la expresión "gorila" hace referencia a sectores antiperonistas, generalmente miembros de sectores de la oligarquía. Con orígenes en la "Revolución Libertadora", en 1955, se utilizó para descalificar a los adversarios del peronismo, acusándolos de ser antipopulares, antiobreros y defensores de los intereses de las élites.

vinieron echaron a distinguidos profesores, profesionales, echaron a jueces, una *vendetta* gratuita. Los hijos de esa gente vinieron toda a Tacuara. Que sus padres habían sido peronistas. Entonces Tacuara... a tal punto que se nos dividió un sector antiperonista. Se nos fue. Que fue la Guardia Restauradora Nacionalista, uno de cuyos fundadores era Juan Manuel Abal Medina [...]. Que consideraron que Tacuara era muy peronista. Entonces, alentados por también una mano del padre Meinvielle ahí, hicieron la GRN, que no era peronista, era antiperonista.[42]

El indiscutible antiperonismo de Meinvielle destaca en la memoria de Gutiérrez Rivero como el principal factor divisorio. Desde la perspectiva del sacerdote, el peronismo era inescindible del comunismo. Otro entrevistado, el abogado Jorge Grossi, por su parte, reconoce un rasgo importante de la personalidad del sacerdote: lo califica de "conspiranoico"; según él, creía ver comunistas en todas partes. De este modo, "Meinvielle escribe en la revista *Presencia* que Tacuara ha sido penetrada por 'una mentalidad izquierdista filocomunista, que se manifiesta en consignas y doctrinas sospechosas'" (Bardini 2002, 44). De hecho, el acercamiento al peronismo por parte de sectores del MNT fue leído por Meinvielle, sin medias tintas ni matiz alguno, como una penetración del comunismo en la agrupación.

Esta última característica del cura integrista fue determinante en el conflicto que se desató con otro de los mentores de Tacuara, Jacques Marie de Mahieu.[43] Este filósofo y sociólogo llegó desde Francia, donde

---

42   Entrevista a Pella y Gutiérrez Rivero publicada en YouTube, Ciudad Autónoma de Buenos Aires, 14/12/2012.

43   Jacques Auguste Léon Marie Girault era su nombre real (Besoky 2019). Finalizada la Segunda Guerra Mundial, tras la liberación de París, fue condenado a muerte por colaboracionismo. Según él mismo afirmaba, había formado parte de la división Charlemagne de las Schutzstaffel (ss), aunque se trata de un dato que no ha sido verificado (Camus y Lebourg 2020). Huyó de Francia y recaló en la Argentina en 1946, donde se acercó al peronismo y se desempeñó como profesor de la Universidad de Cuyo, hasta su expulsión en 1955, en el contexto de la "Revolución Libertadora". Luego fue uno de los fundadores de la Universidad Argentina de Ciencias Sociales, de efímera existencia. Allí

había formado parte del régimen colaboracionista de Vichy. Rápidamente, se integró en los círculos de "nostálgicos del Nuevo Orden Europeo"[44] y del nacionalismo de derecha local, donde fue reconocido por su autoadjudicado papel en la Segunda Guerra y por sus escritos.

Los militantes del MNT entraron en contacto con su obra y creyeron encontrar allí algunas respuestas para la "cuestión social" que no hallaban en el viejo nacionalismo: el comunitarismo que él proponía era ideal como base del nuevo Estado corporativo, y la propiedad comunitaria pasaría a reemplazar a la propiedad privada.

Estas ideas colisionaban con las de Meinvielle. Ambos referentes no tardaron en cruzarse en una ardua polémica, que culminó con la ruptura de una parte del movimiento. El relato de Julio Paredes sostiene esta postura: "la separación de la GRN se dio un poco por el peronismo, pero más que nada por las enseñanzas de De Mahieu, que era más bien socializante y a ellos [el grupo que apoyaba a Meinvielle] no les gustaba".[45] Grossi coincide con Paredes al observar que: "la visión de De Mahieu choca con otra, digamos, gran fuente ideológica del nacionalismo argentino, que es Julio Meinvielle".[46] En la segunda entrevista, Grossi añadió:

> Ahí se plantea, con un personaje que es Meinvielle, que era un hombre muy inteligente, un hombre de una sólida formación filosófica, pero él creía que tenía una gran capacidad para manejar a las personas y en realidad introducía un montón de divisiones, de problemas. […] Después aparece una figura, que es la figura de De Mahieu.

---

ejerció como vicerrector y decano de la facultad de Ciencias Políticas, donde dictó algunas materias. En ese contexto, tuvo a algunos militantes de Tacuara como alumnos, entre los cuales se encontraba Gutiérrez Rivero.

44 Buchrucker (1999) entiende a los "nostálgicos del Nuevo Orden europeo" como la comunidad de exparticipantes de los regímenes fascistas europeos que encontraron en la Argentina un espacio donde retomar sus militancias y sus vidas lejos de la Europa de posguerra.

45 Entrevista a Paredes, Ciudad Autónoma de Buenos Aires, 11/12/2019.

46 Entrevista a Grossi, Ciudad Autónoma de Buenos Aires, 15/4/2019.

> Y De Mahieu viene con un mensaje interesante [...]: Bueno, esta revolución, ¿cómo se hace?, ¿cuáles son los fundamentos de la revolución?, ¿cuáles serían los fundamentos de un nuevo Estado? Con ese cruce que él tenía de Maurras y Sorel, ahí crea una cosa muy interesante, una cosa en realidad muy interesante.[47]

Las nuevas preguntas que planteaba De Mahieu y que difundía entre los jóvenes tacuaristas eran inaceptables para Meinvielle. Las ideas comunitaristas que traía, desde la perspectiva del sacerdote nacionalista, eran extremadamente peligrosas y mostraban indicios de inclinaciones comunistas. Esta cuestión fue mencionada por otro de mis entrevistados, Rodolfo Cervera, quien también aludió a la polémica instalada entre De Mahieu y Meinvielle, y la reconoció como el factor principal que determinó la escisión que dio a luz a la GRN.

> Era muy atacado un francés que había sido colaboracionista con el ejército, con la república de Vichy, con Pétain, que era filósofo, Jacques de Mahieu. Y él tenía una teoría, a la cual nosotros adheríamos. [...] Él hablaba de la propiedad comunitaria de los medios de producción. No la propiedad privada ni la propiedad estatal, sino la propiedad de la comunidad a través de sus estructuras sociales. Y el cura Meinvielle decía que eso era marxismo, o que se acercaba al marxismo. Bueno, eso fue el origen de la pelea con la gente de la Guardia.[48]

En la primera entrevista que mantuve con Grossi, al referirse a la ruptura que llevó a la formación de la GRN, este exmilitante del MNT que pasó luego a formar parte de las filas de la GRN aportó más elementos para explicar la fractura.

> Como Alberto [Ezcurra] se va, ahí prácticamente Tacuara entra en un cierto estado de disolución y aparece contrapuesto o separado, se separa el sector de la GRN. En ese momento los amigos o la gente

---

47 Entrevista a Grossi, Ciudad Autónoma de Buenos Aires, 5/11/2019.
48 Entrevista a Cervera, Ciudad Autónoma de Buenos Aires, 15/11/2019.

a la que yo seguía, Bernardo Lasarte, Etchenique, etcétera, se fueron con la Guardia y yo fui con ellos. Entonces empezamos a tener un local que era de Unión Republicana justamente en la calle Defensa, enfrente de Santo Domingo. [...] Y hubo algunos enfrentamientos con nuestros viejos camaradas de Tacuara.[49]

En su testimonio, Grossi ubica el momento de la ruptura en coincidencia con la partida de Ezcurra y su reingreso como seminarista. En realidad, esto ocurrió más tardíamente, en 1964. En su caso personal —y probablemente haya sido así para otros militantes— el móvil para continuar con su actividad nacionalista en la GRN se fundó en la intención de continuar el camino que trazaron los "camaradas" con los cuales tenía mayor afinidad. Es decir que, según él manifiesta, había tránsitos como este entre agrupaciones que no se habrían basado en una radicalización ideológica o en la exacerbación de posturas extremistas.

La nueva agrupación contó con dos jefes en un principio: Roberto Etchenique y Fernando Astrada. Sus motivos para integrar el nuevo movimiento y alejarse del MNT radicaban en que este, a su juicio, había dejado de ser "un movimiento de extrema derecha, defensor de la pureza de la nacionalidad y continuador de la línea interrumpida en 1852 con la caída de Rosas" (Gutman 2012, 136).

La GRN fue mucho menos numerosa que el MNT y tuvo menos notoriedad pública. Encontré registros de su existencia en Capital Federal, Gran Buenos Aires, Mendoza y Paraná, aunque no queda claro cuál fue su grado de articulación ni cuántos militantes se sumaron en cada núcleo. Al igual que en el caso del MNT, desde la GRN se daba una gran importancia a la formación militante, y su repertorio de acción incluyó peleas y ataques callejeros, dirigidos principalmente a personas e instituciones judías y de izquierda.

La agrupación existió al menos hasta 1971.[50] Durante sus años de actividad, sus militantes mantuvieron una línea de extrema derecha,

---

49 Entrevista a Grossi, Ciudad Autónoma de Buenos Aires, 15/4/2019.

50 El número fechado más tardío de sus boletines que recolecté corresponde a marzo de 1971.

de nostalgia por los fascismos europeos y de apoyo al neofascismo, a la vez que predicaron el revisionismo histórico y sostuvieron firmemente la línea de pensamiento del nacionalismo católico argentino. De modo similar al MNT, persiguieron el objetivo de realizar una revolución con el fin de instaurar un Estado nacionalsindicalista en la Argentina y en el resto del espacio "hispanoamericano". Su revolución, sin embargo, incluía tintes más conservadores y no daba lugar a las cuestiones sociales que contemplaba el MNT.

La GRN mantuvo una rígida e inamovible línea anticomunista. A modo de ejemplo, la portada de uno de los números del boletín *Mazorca* exhibe en letras mayúsculas de gran tamaño —que ocupan la totalidad del espacio— la siguiente frase: "HAGA PATRIA, MATE UN BOLCHE".[51] Más adelante, el editorial de ese número cierra con una sugerente proclama, también en letras mayúsculas: "¡COMPATRIOTA ÚNETE A LA LUCHA NACIONALISTA! ¡CON LAS TRIPAS DE LOS YANQUIS, COLGAREMOS COMUNISTAS!".[52]

Como parte de esa sintonía anticomunista, la GRN adhirió a la Confederación de Organizaciones Anticomunistas de la República Argentina (COARA), constituida en enero de 1963, que unió a un considerable número de agrupaciones nacionalistas argentinas, cuya prioridad era crear una barrera de contención para impedir la "penetración del comunismo" en la región.

4.2. Los muchachos peronistas.
El Movimiento Nueva Argentina y el sindicalismo

Alfredo Bellino había empezado a militar en la UNES en los años 50 en la ciudad de Buenos Aires. Luego de terminar el colegio secundario decidió unirse a la GRN, aunque su paso por esa agrupación fue fugaz. Los guardistas estaban alejados del peronismo, y Bellino prefería el contacto con el mundo sindical, con los trabajadores. Por ese motivo,

---

51   *Mazorca*, año II, N.º 14, 1968.

52   *Ibid.*

rápidamente optó por ingresar al MNT. Posteriormente, por decisión de Ezcurra, pasó a formar parte de sus Brigadas Sindicales. Este era el lugar ideal para poner en práctica su experiencia en artes marciales y para destinar el entrenamiento físico, al que tanto tiempo le dedicaba, a defender sus ideales políticos.

El 9 de junio de 1961, fecha en la cual se recordaba el intento de levantamiento de Valle,[53] se concretó la segunda escisión del núcleo principal de Tacuara. Conducidos por un miembro de las Brigadas Sindicales, Dardo Cabo[54] —hijo de Armando Cabo, uno de los jefes de la UOM, sindicato fiel a la línea de Perón—, los sectores del MNT que sostenían que era necesario actuar desde el peronismo pasaron a integrarse al sindicalismo de la derecha peronista. De ese modo, se conformó el Movimiento Nueva Argentina (MNA). Bellino acompañó a este grupo desde su conformación, por lo cual comenzó a militar en esta nueva agrupación, que luego terminaría confluyendo con las filas del peronismo de derecha.

La acción más recordada del MNA fue el Operativo Cóndor:[55] el 28 de septiembre de 1966, un grupo de dieciocho jóvenes liderados por Dardo Cabo y Alejandro Giovenco —miembro del MNA que luego pasaría a integrar las filas de la Concentración Nacional Universitaria (CNU)—[56] secuestró un avión de Aerolíneas Argentinas que se dirigía a la ciudad patagónica de Río Gallegos y lo desvió hacia las islas Malvinas.

---

53   El 9 de junio de 1956, tuvo lugar un intento de levantamiento cívico-militar liderado por el general Juan José Valle, con el fin de derrocar al gobierno de facto de la "Revolución Libertadora". La empresa fallida culminó con el fusilamiento de Valle, quince militares sublevados y dieciocho civiles.

54   En 1970, Cabo fue uno de los fundadores de la organización Descamisados, que más tarde se unió a Montoneros. Terminó su vida en 1977, asesinado por la dictadura cívico-militar.

55   Más detalles acerca del Operativo Cóndor pueden encontrarse en los siguientes trabajos: Beraza 2005; Bartolucci 2021.

56   La CNU nació a partir del comando del MNT de La Plata, como movimiento estudiantil de extrema derecha. Estuvo vinculado al sindicalismo peronista y construyó vínculos con la Triple A. Acerca de la CNU, véanse Ladeuix 2007; Díaz 2008; Cecchini y Elizalde Leal 2013; Carnagui 2016; Besoky 2016; 2020.

Los jóvenes lograron aterrizar exitosamente y repartieron panfletos en inglés a los residentes con los que se encontraron; junto al avión, se izaron cinco banderas argentinas, mientras que una sexta flameó durante treinta y seis horas. Tras una negociación que duró varios días, los nacionalistas se entregaron.

El operativo tuvo una gran trascendencia y fue cubierto por los principales diarios del país. Tal como afirma Mónica Bartolucci (2021), en esta acción, los participantes conjugaron sus ansias revolucionarias con una causa histórica, el reclamo de la soberanía sobre las islas Malvinas, disputada con Gran Bretaña desde el siglo XIX. Destaca, además, que se trata de una demanda extremadamente popular, que se encuentra profundamente arraigada en el imaginario nacional.

Inserto de lleno en el mundo sindical y peronista,[57] el MNA conservó muchos rasgos que siguieron emparentándolo con el núcleo tacuarista original. Dentro de su repertorio discursivo no cesaron las denuncias a la democracia y al sistema de partidos políticos, y los reclamos por su reemplazo por una organización política basada en sindicatos; se vapuleaba al liberalismo caduco, que debía ser derrotado mediante una "revolución nacional". Se mantuvieron también las prédicas antiimperialistas, unidas a la exaltación de la civilización hispanoamericana y el reclamo de la apropiación de los medios de producción por parte de los sectores trabajadores. A ello se sumaron las críticas a "la dramática realidad del régimen capitalista que desemboca inevitablemente en el marxismo apátrida, reaccionario y ateo".[58] Asimismo, permanece en la retórica del MNA la adscripción al catolicismo integrista, la reivindicación del revisionismo histórico y la admiración por la figura de Rosas, si bien se difuminan las referencias a los fascismos europeos.

El MNA conservó el culto a la violencia, que era central para el MNT: esta era necesaria para llevar a cabo la "REVOLUCIÓN NACIONAL". En este caso, el proceso revolucionario debía dirigirse a instaurar un "nuevo orden justicialista". Por último, a diferencia de Tacuara, que mantuvo

---

57 Cabe destacar que el Operativo Cóndor fue apoyado y financiado por César Cao Saravia, empresario metalúrgico perteneciente a la UOM, histórico sindicato de la derecha peronista (Bartolucci 2021).

58 Archivo DIPPBA. Mesa A. Carpeta 37. Legajo 145.

estrechas relaciones con el peronismo pero que no se integró al movimiento, el MNA reconoció al "General Juan Domingo Perón como único e indiscutible Conductor de nuestra lucha y adquirimos el compromiso de realizar la revolución nacional para echar las bases justicialistas sobre las que construiremos la NUEVA ARGENTINA".[59]

La efímera historia del MNA concluyó en 1967, tras la encarcelación de quienes habían llevado adelante el Operativo Cóndor. A partir de aquel momento, la agrupación se disolvió y muchos de sus miembros se sumaron a agrupaciones peronistas.

4.3. La vía hacia la izquierda: el Movimiento Nacionalista Revolucionario Tacuara

Mientras que los jóvenes de la GRN se encolumnaban detrás del padre Meinvielle y se radicalizaban hacia la derecha y aquellos del MNA seguían la vía del sindicalismo en el marco de la derecha peronista, un conjunto de tacuaristas tomó otra vía.

La tercera escisión del MNT se concretó en 1963 y fue impulsada por un grupo disidente, que estaba encabezado por Baxter. Al calor de la Revolución cubana y la guerra de Argelia, algunos militantes de Tacuara comenzaron a acercarse a las ideas del marxismo y se inclinaron hacia la lucha armada, a la vez que siguieron en una línea peronista. De ese modo, fundaron el Movimiento Nacionalista Revolucionario Tacuara (MNRT).

En un principio, José Baxter, José Luis Nell, Alfredo Ossorio y Jorge Caffatti conformaron una dirección colegiada. Posteriormente, Ossorio rompió con el resto del grupo y siguió con su propia rama, cuyo núcleo principal se constituyó a partir del Comando Belgrano del MNT, y comenzó a editar la publicación *Barricada* (Galván 2008; Campos 2019c). Así narran esta tercera escisión dos militantes que permanecieron en el MNT:

---

59 *Idem.*

> Gutiérrez Rivero: un día Baxter... Porque Baxter tiene un poema, por ejemplo, que se llama, el famoso poema editado en los diarios de Tacuara, que se llama "Gloria a los mártires de Núremberg". Obviamente te podés imaginar quiénes eran los mártires de Núremberg. Bue. Era muy audaz. Después pasa con armas y bagajes al marxismo. Y de ahí sale, se va de Tacuara, hace el Movimiento Nacionalista Revolucionario Tacuara, no sé qué y ahí se van algunos de Caballito y Flores con él y algunos otros más y hace esa versión marxista de Tacuara. [...]
>
> Pella: Claro, empezó... Ossorio va atrás de Baxter. Después se abre él por su cuenta. Funda *Barricada*, donde se inician algunos periodistas, que después algunos... Alejandro Sáez Germain, que fue un periodista de nota, y bueno, después Ossorio se incorpora al peronismo.[60]

El vuelco al marxismo en clave de horizonte hacia la acción armada, contrastante con un pasado de admiración por "los mártires de Núremberg", es resaltado aquí por Gutiérrez Rivero. También Pella destaca el camino realizado por Ossorio, quien se desprendió del MNRT de Baxter y creó su propia agrupación, para después confluir en el peronismo. Como se puede observar, las trayectorias militantes que comenzaron en Tacuara tomaron rumbos sumamente variopintos.

Además de las inclinaciones hacia el marxismo, quienes integraron el MNRT tenían diferencias con la dirigencia del MNT en cuanto a la praxis revolucionaria. Los militantes de la flamante organización afirmaban que había llegado la hora de pasar a la ejecución de la revolución, de tomar las armas. Para ellos era urgente superar la etapa anterior, marcada por manifestaciones y atentados de tipo episódico. Con tal fin, Baxter se pronunció de la siguiente manera en un acto en la Facultad de Filosofía y Letras de la Universidad de Buenos Aires (UBA), frente a militantes y simpatizantes de agrupaciones de izquierda, con las cuales empezaron a confluir: "nos sacamos de encima toda la Segunda Guerra Mundial... Hacer antisemitismo ahora es crear un problema artificial

---

60 Entrevista a Pella y Gutiérrez Rivero publicada en YouTube, Ciudad Autónoma de Buenos Aires, 14/12/2012.

de tipo diversionista. Divide inútilmente y fabrica confusión en torno al verdadero enemigo" (Baxter, cit. en Bardini 2002, 89-90).

Más allá de explicitar el alejamiento del antisemitismo y de los fascismos europeos, Baxter intentó congraciarse con los presentes, militantes de agrupaciones de izquierda, que hasta entonces habían sido sus adversarios: "Recorrimos siempre un camino paralelo en muchas cosas y no nos habíamos dado cuenta" (89). Sus caminos comenzarían a cruzarse, ya no como enemigos.

También en este caso el peronismo fue un factor disruptivo. El testimonio de Bardini, quien siguió a Baxter en la formación del nuevo grupo, es claro al respecto:

> Entonces decidimos denominarnos Movimiento Nacionalista Revolucionario *Tacuara* y efectuar un cambio ideológico, no exactamente hacia la izquierda pero sí hacia los sectores revolucionarios del peronismo. Proponíamos asumir posiciones populares y que cesaran los conflictos con la izquierda. Nos separamos [del MNT] amistosamente y tomamos rumbos diferentes. (93-94)

De esta manera, el MNRT se propuso establecer relaciones con las izquierdas del país, se declaró peronista y construyó puentes con el sindicalismo y la JP.

La acción más estruendosa perpetrada por esta agrupación fue el asalto al Policlínico Bancario, hospital situado en el barrio porteño de Caballito, el 29 de agosto de 1963. La Operación Rosaura dejó un saldo de dos muertos, un empleado del hospital y el chofer de la camioneta que trasladaba el dinero de los sueldos de ese mes. El operativo culminó exitosamente: lograron llevarse el dinero que, según argumentaban, era necesario para financiar la revolución. Su autoría fue descubierta en marzo de 1964, a partir del rastreo de los billetes robados que estaban siendo utilizados en París. Varios integrantes del MNRT fueron a prisión, mientras otros quedaron prófugos y algunos, como Baxter, lograron escapar al extranjero.

De ese modo concluyó la corta vida del MNRT. Fue también sumamente desprestigiado a los ojos de la opinión pública, al ser calificado como banda criminal. Los móviles revolucionarios detrás del asalto al Policlínico Bancario fueron severamente cuestionados. A pesar de que la experiencia fue muy breve, en muchos casos fungió de puente entre diversas experiencias militantes: varios de sus miembros pasaron a integrar organizaciones guerrilleras en los años 70, mientras que otros terminaron siendo partícipes del ejercicio del terrorismo de Estado por parte de la última dictadura militar que azotó al país desde 1976.

5. Barajar y dar de nuevo. Tacuara durante la "Revolución Argentina"

En sus primeros años como jefe de Tacuara, Ezcurra se había afianzado en su rol de liderazgo. Era reconocido y respetado en el ambiente nacionalista. Sin embargo, en un momento comenzó a tener dudas acerca del futuro: sus opciones eran continuar con su militancia, como jefe de Tacuara, o retirarse y retomar sus estudios y su carrera como sacerdote. Su trayectoria militante había empezado cuando cursaba el secundario como miembro de la UNES, pero luego había seguido una vía religiosa: en 1954, había ingresado al seminario jesuita en la ciudad de Córdoba. Tras un año, fue expulsado. Regresó a Buenos Aires, realizó el servicio militar y comenzó a trabajar pintando motos en el taller mecánico de un "camarada", Horacio Bonfanti (Gutman 2012). Además, fue parte de la fundación de Tacuara.

Finalmente, la vocación religiosa de Ezcurra terminó prevaleciendo. Tomó la difícil decisión de abandonar su militancia política activa en Tacuara y de retomar sus estudios para ordenarse como sacerdote. Con tal fin, concurrió al seminario de Paraná, que estaba a cargo del arzobispo de la ciudad, monseñor Adolfo Tortolo,[61] virulento nacionalista y anticomunista que apoyó la represión ilegal instaurada a partir del golpe de Estado de 1976. De hecho, entre 1975 y 1982, Tortolo perteneció al Vicariato General Castrense de las Fuerzas Armadas.

---

61   Según Finchelstein (2016, 275), "En 1996, el premio Nobel Adolfo Pérez Esquivel recordaba: 'El arzobispo de Paraná, monseñor Adolfo Tortolo... justificaba la tortura, excepto la picana...' pues consideraba que su uso era un desperdicio de electricidad".

Como jefe saliente, Ezcurra tenía que designar a su sucesor, de acuerdo con las normas internas del MNT. Después de pensarlo un tiempo, el elegido fue Juan Mario Collins, quien llevaba las riendas del núcleo de la ciudad de Santa Fe. Ungido por Ezcurra, Collins asumió orgullosamente la responsabilidad de conducir el movimiento. Estudiante de Ciencias Políticas y luego profesor de la Universidad Católica de Santa Fe —donde se gestó el núcleo del MNT local—, era reconocido tanto por su formación intelectual como por su capacidad de oratoria y su cercanía con los sectores conservadores de la Iglesia y con la doctrina católica.

Muchos estuvieron en desacuerdo con su nombramiento. Especialmente los militantes de la capital del país y sus alrededores se opusieron a él, ya que veían que la toma de decisiones se estaba trasladando a más de 400 kilómetros de distancia. Otro punto que generaba disidencias era la tendencia fuertemente conservadora del nuevo jefe, que no demostraba interés en adaptarse a los tiempos que corrían. Su estilo tradicionalista, junto con su ferviente antiperonismo,[62] alejó a muchos militantes, descontentos con el rumbo que estaba tomando la agrupación, que parecía estar volviendo hacia atrás. De hecho, ese mismo año, un grupo del MNT rosarino decidió separarse y formar un nuevo movimiento alejado del liderazgo de Collins. Se autodenominaron Movimiento Nacionalista Tacuara-Comando Autónomo Rosario (MNT-CAR). En sus volantes firmaban "Ni Collins ni Baxter", para manifestar su disidencia con ambos líderes (Padrón 2017). Este grupo convivió durante varios años con el MNT rosarino, que siguió alineado con el grupo principal.

El eje del MNT se fue corriendo paulatinamente hacia Santa Fe. El núcleo de esa ciudad, numeroso y muy organizado, se fortaleció a partir del nombramiento de Collins como jefe nacional. Ya habían aparecido en los principales diarios del país por un hecho concreto, ocurrido a fines de enero de 1963, poco más de un año antes. A orillas de la laguna Setúbal, en la localidad de Ángel Gallardo (una zona de quintas), ubicada a menos de 10 kilómetros al norte de la capital provincial, fue

---

62 Acerca de Collins, un testimonio recogido por Padrón expone que "su actitud frente al peronismo ya no era de debatir con el peronismo desde afuera, era un gorila total. [...] Era un gorila químicamente puro" (Padrón 2017, 198).

Figura 1. Campamento allanado en Ángel Gallardo, Santa Fe, el 25 de enero de 1963. *Primera Plana*, N.° 13, 5 de febrero de 1963. Fuente: Archivo Histórico de Revistas Argentinas.

allanado un campamento del MNT (figura 1). El grupo del campamento estaba liderado por Collins y Casimiro Wysokinsky, un polaco de 26 años, identificado como uno de los instructores militares. Del resto de los participantes, la mayor parte eran menores de edad. Además de una bandera de Tacuara, con sus característicos colores rojo y negro y la cruz de Malta en el centro, fueron encontradas y secuestradas diversas armas y explosivos.[63]

Asimismo, en otros puntos del país también siguieron existiendo "fortines" tacuaristas de distintos tamaños. Dadas las dificultades impuestas por las grandes distancias, la articulación nacional, sin embargo, fue bastante limitada y los núcleos gozaron de una notable autonomía. En la práctica, cada núcleo actuaba por su cuenta, según sus criterios y con sus propios recursos. El seguimiento de lineamientos jerárquicos y verticalistas, las reuniones nacionales y las acciones conjuntas entre diversos comandos —con la excepción de aquellos de la ciudad de Buenos

---

63 Acerca del campamento de Tacuara en Santa Fe, véase Glück 2012.

Aires y sus alrededores, que se encontraban a escasa distancia— fueron más una excepción que una regla.

Mientras el MNT en la provincia de Santa Fe se fortalecía, las adhesiones en los grupos porteños y bonaerenses iban menguando. Las razones de este agotamiento son variadas, y no se limitan a la elección del flamante líder santafesino, aunque seguramente el traslado de la jefatura nacional haya tenido un efecto disuasorio en varios militantes. Muchos de ellos se incorporaron a nuevas agrupaciones que fueron surgiendo en la segunda mitad de los 60 —que abarcaron un amplio abanico dentro del espectro de las izquierdas y de las extremas derechas—, mientras que otros simplemente decidieron guardar los puños y enfundar las pistolas para dedicarse a sus estudios, a sus profesiones y a la vida familiar.

Por otro lado, en algunos casos, la coyuntura de la autodenominada "Revolución Argentina", que derrocó al presidente Arturo Umberto Illia[64] mediante un golpe de Estado cívico-militar, tuvo un importante peso. En su lugar, el teniente general Juan Carlos Onganía se erigió como presidente de facto entre junio de 1966 y junio de 1970. Así relató Gutiérrez Rivero la centralidad del golpe de Estado para Tacuara:

> Se habían agotado los tiempos políticos del movimiento. Cuando vino el gobierno de Onganía, predicó la supresión de los partidos políticos, puso un estatuto de la revolución por encima de la Constitución... se había agotado el tiempo de Tacuara. Ya empezaba otra cosa. [...] Fue un gran cambio.[65]

El entrevistado agregó que, por entonces, se dieron cuenta de que no contaban con los medios para realizar una revolución y de "que no íbamos a hacer la revolución nacional porque no nos daba la edad, ni el tiempo, ni los medios y además venía la revolución de Onganía, ya la

---

64   Illia había asumido el cargo de presidente de la Nación el 12 de octubre de 1963. Había obtenido tan solo el 25% de los votos, frente a un inaudito 19% de votos en blanco, que manifestaban el descontento ante la proscripción vigente del peronismo.

65   Entrevista a Pella y Gutiérrez Rivero publicada en YouTube, Ciudad Autónoma de Buenos Aires, 14/12/2012.

teníamos encima, así que no la íbamos a hacer".⁶⁶ Según él, habían abrazado la "Revolución Argentina" como propia. Se consideraron satisfechos y, por lo tanto, concluyeron la experiencia tacuarista. Gutiérrez Rivero agregó:

> En el 65 dieron por terminado con Collins el tema de Tacuara. Todo lo que viene después son inventos. Onganía además predicaba todo lo que siempre habíamos dicho nosotros, que detestábamos los partidos políticos. Onganía cerró sus primeros partidos políticos.⁶⁷

Este exmilitante colocó un cierre firme a Tacuara en 1965, en la víspera de la "Revolución Argentina". Es posible que él y su entorno más cercano hayan dejado la actividad militante en esos tiempos. No obstante, como argumentaré, Tacuara siguió existiendo varios años más luego de la toma del poder por parte del general Onganía.

Coincidentemente con la postura de Gutiérrez Rivero, existe un consenso historiográfico que ubica la disolución del MNT en esta coyuntura. Por este motivo, las periodizaciones construidas hasta este momento realizan un corte en esa fecha y consideran que los sucesos posteriores ya son parte de trayectorias extra-Tacuara.⁶⁸ Es decir que se comienza a pensar a los años posteriores a 1966 como una puerta de entrada a los convulsionados años 70. Sin embargo, Tacuara estuvo activa más allá de 1966, bajo el mando de Juan Mario Collins, primero, y de Manuel "Bicho" García, luego. En esta etapa, de reconfiguración y declive, buscaron nuevas herramientas para leer la realidad política y para definirse a sí mismos.

El gobierno de facto suspendió la Constitución Nacional y los tres poderes pasaron a ser ocupados por representantes de las tres armas,

---

66   Ibid.

67   Entrevista a Pella y Gutiérrez Rivero, Ciudad Autónoma de Buenos Aires, 26/11/2018.

68   El único trabajo que va más allá de 1966 es el de Orlandini (2008). Justamente, este autor otorga un papel relevante al desarrollo de los núcleos de Tacuara de la ciudad de Rosario, que siguieron existiendo luego del golpe de Estado.

a la vez que se declaró el objetivo de reconstituir los valores cristianos y morales. En línea con el perfil nacionalista, antiliberal y corporativista de Onganía, el gobierno militar se propuso atacar las instituciones democráticas y erradicar la "partidocracia". Intervino las universidades nacionales, consideradas como reductos opositores, lo que generó una aguerrida resistencia por parte de los cuerpos estudiantiles. La respuesta del régimen no se hizo esperar. En ocasión de lo que se conoce como La Noche de los Bastones Largos, la policía ingresó en facultades de la UBA —principalmente en la Facultad de Ciencias Exactas y Naturales— y reprimió duramente a estudiantes y profesores.

Sin lugar a duda, las promesas autoritarias generaron enormes expectativas en gran parte de los militantes de Tacuara, tal como lo planteó Gutiérrez Rivero. No obstante, como mencioné, los santafesinos se colocaron en una posición abiertamente crítica. Si bien el nuevo gobierno de facto se declaraba nacionalista, corporativista y antiliberal, sus acciones no los convencieron. Los santafesinos cuestionaron fuertemente a la dictadura de Onganía y decidieron continuar en la lucha.

Uno de los principales reclamos por parte del MNT de Collins se fundaba en el nombramiento como ministro de economía de Adalbert Krieger Vasena, economista de orientación liberal que ya había asumido el mismo cargo durante el gobierno de Aramburu. El ministro congeló los salarios y anuló las negociaciones colectivas hasta fines de 1968, a la vez que llevó adelante una devaluación del 40% de la moneda nacional, el peso, con el fin de combatir la inflación. Paralelamente, alentó la llegada de inversiones extranjeras. Frente a este escenario, el MNT, desde la ciudad de Santa Fe, se ubicó en la vereda opuesta y dedicó numerosos artículos en el boletín *De pie* a sostener esta posición. La decepción frente a la que llamaron "pseudo-revolución" se condensa en el siguiente fragmento:

> Meses atrás, un indefinido grupo de hombres que se atribuye la gestión de la Revolución Argentina, abre una esperanza con la promesa implícita de liquidar la política patológica que sufríamos. El consenso público adhirió a esta intención. Pero este apoyo "ab initio", esta confianza que otorgaba libremente un pueblo políticamente escéptico, sería, al poco tiempo, nuevamente defraudada. Poco bastó para que la pseudo-revolución enseñara tal cual su rostro. [...] Pero esta máscara de indiferencia sólo oculta el complejo

de fracasos que nos impone un gobierno impotente; un gobierno que eligió continuar la esterilidad de un régimen dañino, perverso, cuando poseía los medios para encauzar al país hacia su destino nacional.

Este es su mayor pecado. No el obrar mal, sino no obrar bien pudiendo, de hecho, hacerlo. Y así, hoy podemos decir con absoluta certeza, que el régimen sigue vigente, que la supresión de los partidos políticos y del Parlamento, elementos primordiales del sistema, respondió a la necesidad de eliminar factores que se volvían contra él mismo. [...]

La revolución no existe. No sólo se mantienen en su lugar privilegiado los intereses de los grandes capitales sino que se elabora una política económica cruel, en la que sólo pueden aguantar los que disponen de recursos inmensos [...]. Tienen el modelo de imitación: sus amos de Estados Unidos. [...]

Esta no es nuestra revolución, la que el país reclama; ni siquiera es revolución.[69]

A la "Revolución Argentina", que "ni siquiera es revolución", se le reprocha no haber aprovechado el momento para concretar la "revolución nacional", corporativa. También, se cuestiona fuertemente el alineamiento con los Estados Unidos y la continuidad del liberalismo económico. En oposición a la "Revolución Argentina" —y desde su marcado antiperonismo—, Collins intentó conducir al movimiento en una dirección acorde con el tradicionalismo católico y más alejada de los nuevos movimientos revolucionarios peronistas que por entonces comenzaban a proliferar.

La Tacuara de Collins intentó recuperar los viejos principios fundantes de la agrupación, de fines de los 50, que en gran medida habían sido relegados. En el N.º 2 de *De pie,* bajo el título "Nosotros", se reproduce íntegramente un texto que había sido publicado en 1959 el N.º 7 del boletín *Tacuara. Vocero de la revolución nacionalista*. El artículo contiene muchos de los elementos que caracterizaron a la organización en sus primeros años, constituye un manifiesto tacuarista. En otras

---

69   *De pie,* N.º 2, junio 1967.

palabras, se trata de una reivindicación de la propia cultura política originaria. En el texto se retoma la caducidad del sistema liberal-democrático y la exigencia de su reemplazo por otro basado en corporaciones, mientras que se señala la necesidad de un ejército fuerte, junto con la centralidad de la Iglesia católica. Sobre el final del artículo, se afirma: "Buscamos la Argentina auténtica. La sabemos incómoda —porque no ha sido hecha para gozarla, sino para sufrirla—, y por eso la deseamos con mayor vehemencia *y a punta de tacuara*".[70]

La frase final, "y a punta de tacuara", que fue incorporada en esta segunda versión del texto, agrega un efecto casi poético, que refuerza la reivindicación de los viejos principios tacuaristas. Es un cierre apropiado para un artículo que, al ser reproducido en 1967, es muestra de la nostalgia que envolvía al MNT en este momento.

Collins tenía otras preocupaciones. Y esa nostalgia es la evidencia de los esfuerzos que realizó por volver a los orígenes, a esa Tacuara que buscaba la realización de la revolución nacionalsindicalista y que se erigía sobre los principios "Dios, patria y familia", antes de pasar por las fases de ampliación de las bases, acercamiento al peronismo, escisiones y pasajes de militantes entre diversas agrupaciones. Collins quería restaurar una Tacuara "pura".

Pero el nuevo jefe no encontró tantos apoyos como se habría imaginado. Esta reafirmación de las viejas bases tacuaristas ya no interpelaba a sus militantes, resultaba anacrónica. La cultura política de Tacuara tal como fue elaborada en el PBR había sufrido diversas mutaciones, siguiendo la lógica del dinamismo que las caracteriza (Berstein 1999). Mirar hacia atrás y recuperar algunos valores que habían quedado en el camino, o que estaban en proceso de reformulación, fue una premisa que tuvo muy poca aceptación entre los núcleos tacuaristas.

Esa premisa fue parte de las motivaciones que llevaron a la militancia a rebelarse contra Collins. No querían mirar atrás ni volver al pasado. A fines de 1968, realizaron un juicio interno[71] que concluyó con

---

70 *Ibid*. Las cursivas son propias.

71 En el capítulo 3 analizaré detenidamente las motivaciones detrás de la realización del juicio.

su separación del cargo de jefe nacional y, consecuentemente, con su expulsión del movimiento.

El nuevo jefe nacional, designado al concluir el juicio, también era santafesino. Manuel García tomó las riendas de un movimiento que ya por entonces prácticamente no tenía representación en la ciudad de Buenos Aires, pero que conservaba varios grupos de distinta densidad en las provincias de Santa Fe —principalmente en la capital, en Rosario y en Esperanza—, en Córdoba y en Entre Ríos, por lo menos. García le imprimió nuevamente a Tacuara una impronta peronista —también en esta ocasión, sin integrarse al peronismo, pero manteniendo estrechas relaciones con él— y encabezó un profundo proceso de revisión y reformulación de sus bases.

En esta etapa, de reconfiguración y declive, nacían nuevas ideas. En primer lugar, a través de un proceso introspectivo: desde 1970 hay evidencias de numerosas críticas al nacionalismo tal como lo habían predicado hasta ese momento. Se había convertido, según ellos, en una pesada herencia.

> Pretendemos desde esta página romper con lo que hasta hoy parecería la posesión de una herencia, la repetición inconsciente de un hecho histórico-político argentino: nacionalismo y Tacuara no son una misma cosa.
> Tenemos una energía desbordante que busca naturalmente su propia y autónoma afirmación en la historia. [...]
> Esta potencia vital, ligada a las raíces mismas de nuestra existencia política, nos exige que nos liberemos de la pesada carga del fracaso nacionalista y marchemos decididamente hacia nuestro triunfo tacuarista. *No somos nacionalistas; somos Tacuara y se acabó.* [...]
> El nacionalismo es la historia de un fracaso; Tacuara es la esperanza de un futuro.[72]

La desilusión expresada hacia el régimen de la "Revolución Argentina", en esta ocasión se traduce en el rotundo rechazo del elemento nodal de la cultura política de Tacuara desde su nacimiento: el nacionalismo.

---

72 *De pie*, N.º 10, 1969 o 1970. Las cursivas son propias.

La afirmación "no somos nacionalistas; somos Tacuara y se acabó" es una prueba irrefutable de una autoafirmación que se formula en oposición al elemento que antes los definió, los identificó y les dio una pertenencia en un movimiento más amplio. Frente al nacionalismo, "tibio y reformista", se definen a sí mismos como "una nueva fuerza, histórica y generacional, con contenido y aspiraciones trascendentes, con objetivos claros y definidos".[73] Dejan, pues, de reconocerse como parte de la gran familia del nacionalismo argentino, fuerza de derecha, antiliberal, católica, fascista, autoritaria.

> Tacuara no es un nombre para algo conocido. No es el apelativo de un movimiento nacionalista, ni un matiz actualizado del nacionalismo, ni un hito en la historia de éste. Tacuara no es nacionalismo. Tacuara es Tacuara. Nos identificamos con nosotros mismos y con nadie más. [...] *Tacuara no es nacionalismo. Tacuara es Tacuara.*[74]

La reconfiguración de sus propias bases, que los llevó al divorcio respecto del nacionalismo de derecha tradicional que había constituido la médula espinal de la cultura política de la organización desde su nacimiento, corrió paralelamente a la revisión y reivindicación de su carácter revolucionario. En 1970 existía ya una prolífica galaxia de agrupaciones que se calificaban como "revolucionarias" y que tendrían un papel protagónico en la historia de la década que se abría. Desde la derecha también se estaba produciendo un viraje, aunque en otros términos. Los militantes de Tacuara se distanciaban explícitamente de las agrupaciones de signo marxista, a las cuales calificaban como "subversivas".

La noción de "revolución", popular también entre las izquierdas, aunque con un horizonte muy diferente, fue objeto de aguda reflexión en esta etapa. En sus propias palabras, llevaron a cabo un "proceso a la revolución". En dos extensos artículos publicados a fines de 1970 colocaron el concepto en el banquillo de los acusados y se dedicaron a

---

73   *Ibid.*

74   *Ibid.* Las cursivas son propias.

cuestionarlo, a revisarlo y a proveer diferentes piezas y argumentos para reformularlo, a la luz de los tiempos que corrían.

Ese nuevo horizonte revolucionario tenía como eje la violencia política, que habría de articular la acción militante. Sumado a ello, el proceso revolucionario tenía que ser guiado por una minoría capacitada:

> Quienes conduzcan, quienes tengan la función de mandar, deberán ser los más capaces, los más idóneos para ello. [...] Y capacidad significa inteligencia y voluntad, vocación, destreza, habilidad, amor al sacrificio, valentía, energía y aptitud psicológica para la violencia.[75]

La violencia, gran protagonista no solamente a lo largo de la historia de Tacuara, sino también de la historia argentina en los años precedentes y aquellos posteriores, se seguía erigiendo como fundamental y necesaria. En términos similares a la antigua "revolución nacional", regida por los principios falangistas, este proceso debía echar por tierra con el orden liberal. Un "orden revolucionario" se erigiría en su lugar. Empero, la nueva noción de "revolución" estaba aún siendo construida y no llegó a tomar una forma concreta. Mucho menos, va de suyo, llegaría a ponerse en práctica.

En estos últimos números de *De pie*[76] no aparecen ya menciones al corporativismo ni al nacionalsindicalismo, pilares de la revolución en los orígenes del MNT, y que Collins había reflotado apenas dos años antes. Además, se pierden la presencia del catolicismo y el rastro de las reivindicaciones del revisionismo histórico y la recuperación de la figura de Juan Manuel de Rosas y los caudillos federales, que habían sido frecuentes en las etapas anteriores.

Sin embargo, otros elementos tuvieron una continuidad y conservaron su fuerza, como por ejemplo la admiración por los fascismos europeos, la defensa de la soberanía nacional —en estrecha relación con el antiimperialismo y el repudio al capitalismo estadounidense—, la posición antiizquierdas y el antisemitismo. Y, por supuesto, siguió más

---

75 *De pie*, N.º 11, octubre de 1970.

76 El N.º 11 fue el último número del boletín.

que vigente la entronización de la violencia como medio privilegiado para alcanzar sus objetivos. De cualquier manera, a pesar de estos procesos de introspección y reformulación, Tacuara estaba languideciendo.

Estos fueron los últimos años de Tacuara tal como se articuló desde el eje santafesino. Es difícil establecer una fecha concreta para ubicar la desaparición de la agrupación, ya que no hubo algún hecho puntual que desencadenara su final, sino que se fue licuando paulatinamente.

Entre las varias versiones que existen acerca del final de Tacuara, encontramos, entonces, las siguientes: en primer lugar, Gutiérrez Rivero ubica el final en el contexto previo a la "Revolución Argentina". Sostiene que la perspectiva de la instauración del régimen corporativo y autoritario satisfacía las ansias revolucionarias de gran parte de la militancia, y que por ello consideraron que la ansiada "revolución nacional" estaba ya a punto de ver la luz. Como demostré, empero, Tacuara siguió existiendo más allá de ese momento, que probablemente coincida con el alejamiento del entrevistado de la agrupación.

En segundo lugar, Orlandini, exmilitante del MNT rosarino, comparte una versión que sitúa el cierre en un momento puntual. Según él, el 25 de mayo de 1973, a través de un comunicado firmado por Ezcurra, la "Agrupación de Ex Combatientes del Movimiento Nacionalista Tacuara"[77] habría dado por finalizado el movimiento. Se habría efectuado una fusión con el peronismo, ya que el comunicado reivindicó a los militantes en una nueva etapa histórica como parte del movimiento peronista. No obstante, resulta altamente improbable que el MNT haya sido disuelto por un grupo de exmilitantes. Por otra parte, si bien Ezcurra mantenía contactos asiduos con quienes continuaron con su militancia en años posteriores, hacía ya nueve años que se había apartado de la jefatura. Por este motivo, la referencia a su firma en ese documento podría no ser veraz.

Por último, Rubén Manfredi recuerda que Tacuara permaneció activa hasta 1970 en la ciudad de Rosario. En realidad, esta fecha coincide con el momento en que él abandonó su militancia. Él afirma que,

---

77 No he encontrado otras referencias a esta agrupación.

en esa ciudad, Tacuara se diluyó y se incorporó al peronismo de derecha como Movimiento Universitario Nacional (MUN).

Estas posturas presentan escenarios diferentes. Los tres exmilitantes intentan fechar el final de la agrupación y, hurgando en sus memorias, lo hacen según sus experiencias personales. En el caso de Gutiérrez Rivero, también es posible que entre en juego la intencionalidad de transmitir un determinado mensaje, de establecer una delimitación entre la Tacuara "clásica" —dentro de la cual él ocupó por un tiempo el puesto de jefe del comando de Capital Federal— y otra que vino después, que desafió a sus predecesores y que barajó y volvió a tirar las cartas.

Considerando estos aportes, así como la documentación recolectada, es posible afirmar que Tacuara perduró al menos hasta 1970 y, probablemente, hasta 1973. Su disolución tuvo lugar gradualmente, con la partida de sus militantes hacia otras organizaciones o con la deserción y el emprendimiento de nuevos caminos, alejados de las luchas setentistas.

La GRN, por su parte, existió al menos hasta 1971. Esta fecha tentativa deriva de la existencia del boletín *Mazorca* hasta ese año. Sin embargo, no hay indicios claros acerca de su desaparición.

Desde sus inicios, Tacuara formó parte de la amplia cultura política del nacionalismo de derecha. En ese marco, moldeó su propia (sub)cultura política, formada por numerosos componentes que se fueron relacionando entre sí de distintas maneras, que dialogaron con otras culturas políticas, y que llegaron a integrarse con algunas características de ellas. La fricción entre estos elementos, y su notable dinamismo, en muchas ocasiones entraron en conflicto. Por ejemplo, el contacto y la parcial imbricación con la cultura política peronista —tanto en su versión de derecha como en aquella más cercana a la izquierda— exigió tomas de posición y terminó por ser un factor que contribuyó, inevitablemente, a abrir profundas grietas.

De hecho, muchas de estas tensiones derivaron en rupturas que fueron insalvables y que dieron lugar al inicio de nuevos caminos militantes. Estos, a su vez, se materializaron en escisiones y en la formación de nuevas agrupaciones. Asimismo, la cultura política de Tacuara sufrió modificaciones significativas en la etapa de reconfiguración y declive, que se manifestaron de dos maneras. Por un lado, en el hartazgo y el abandono del concepto clásico de "nacionalismo". Por otro, en la férrea voluntad de crear una nueva concepción de "revolución", alejada de la vieja revolución nacionalsindicalista, de orden, que había sido predicada y defendida a ultranza por sus "camaradas" durante las etapas anteriores. El fin era reemplazar al orden liberal-burgués por medio de la conquista del poder, a través de la violencia, e instaurar un nuevo orden revolucionario. Esta nueva noción, sin embargo, no llegó a ver la luz.

Pese a los abundantes conflictos, tensiones y rupturas, a lo largo de la historia del MNT hubo un hilo conductor que se consolidó y que perduró hasta el último aliento: el inconformismo, la búsqueda de un cambio radical. La persecución de algún tipo de revolución que cambiara las cosas desde los cimientos constituyó siempre el combustible de la militancia.

CAPÍTULO 2

La violencia política y los enemigos

Corría el mes de junio del año 1961. El miércoles 28 de ese mes, varias agrupaciones estudiantiles de la UBA habían convocado a Celia de la Serna para dar una conferencia acerca de la Revolución cubana en la facultad de Derecho. Además de ser la madre de Ernesto "Che" Guevara, Celia militaba en el Movimiento de Liberación Nacional (MLN), encabezado por Ismael y David Viñas. Gustosa, había aceptado el convite.

El lugar elegido para recibirla había sido el aula magna. Sin lugar a duda, la talla de la invitada ameritaba el uso del espacio más notable de esa casa de estudios. Días antes del evento, frente a la intransigencia de los miembros del Sindicato Universitario de Derecho (SUD), que consideraban que no era digna de tal honor, el acto no se pudo programar en el aula magna ni tampoco en el salón de actos. A raíz de las crecientes protestas, finalmente se le asignó el local del centro de estudiantes, que era utilizado por agrupaciones de izquierda. En la puerta, se dispuso una mesa desde la cual Celia dictaría su conferencia, y el público se ubicaría enfrente, dispuesto en las galerías y en el patio.

Sin embargo, las disputas por la ocupación del espacio que precedieron al evento no fueron nada en comparación con el altercado que se produjo aquel 28 de junio. Centenares de personas se habían juntado en el patio de la facultad, entre militantes de agrupaciones comunistas, socialistas, reformistas y nacionalistas. Incluso habían concurrido estudiantes de colegios secundarios y miembros de la UNES. Por supuesto, la rama universitaria de Tacuara de la facultad de Derecho —y de otras facultades— dio el presente. Entre ellos, se encontraba Rodolfo Cervera. Ágilmente, justo antes de que comenzara el evento, el joven se escabulló entre la multitud hasta alcanzar el palco donde Celia estaba por comenzar a dictar su conferencia. Tras un breve chisporroteo, Cervera hizo estallar una bomba de estruendo que cubrió con un manto de humo todo el lugar.

La explosión fue la chispa que encendió la batalla campal. Rápidamente, los disparos se multiplicaron detrás del humo. Las puertas del local del centro de estudiantes se cerraron intempestivamente para proteger a la oradora. Los militantes nacionalistas arrojaron trapos y papeles encendidos. Se generó un incendio que se esparció velozmente. Desde los pasillos, cantaban el himno nacional para celebrar que habían logrado su cometido, es decir, sabotear el evento. Afortunadamente, en esa ocasión no hubo que lamentar muertos ni heridos.[78]

La irrupción en actos universitarios o escolares era parte del repertorio de acción de las militancias nacionalistas. El MNT no podía pasar por alto la presencia de un símbolo como Celia de la Serna. La figura de su hijo, Ernesto, como ícono de la reciente Revolución cubana y de la izquierda, era más que vívida en aquellos momentos. Además, ella, mujer, era un emblema de las militancias de izquierda.

Desde sus inicios, Tacuara delineó cuidadosamente al enemigo, y sus acciones se direccionaron de lleno a combatirlo. Para ello, la violencia era indispensable.

La violencia política no fue solamente uno de los elementos fundamentales de la praxis política de Tacuara, sino que fue una parte misma de su *ethos* político. La violencia acompañó y se entretejió en la historia del movimiento desde sus orígenes hasta su disolución, y siguió articulando las trayectorias de aquellos integrantes que continuaron militando durante los años 70, tanto en movimientos revolucionarios como en organizaciones paramilitares y como parte del aparato represor del Estado. En otras palabras, la violencia política fue uno de los elementos vertebradores de su cultura política.

Es necesario señalar que la violencia signó el período que se abrió en la Argentina en 1955 con el golpe de Estado que derrocó a Perón. En ese contexto, se dio una progresiva radicalización política de la juventud, tanto entre las izquierdas como entre las derechas (Bartolucci 2017; Manzano 2017).

---

78 Este relato fue reconstruido a partir de las informaciones provistas por Gutman (2017) y el testimonio de Cervera en su autobiografía y en la entrevista que le realicé en la ciudad de Buenos Aires el 15 de noviembre de 2019.

En este capítulo planteo algunas preguntas a modo de brújula para orientar el recorrido. Los militantes de Tacuara, ¿a quiénes reconocieron como "enemigos"? ¿Qué acciones llevaron adelante contra ellos? ¿Cómo reformulan hoy en día el antisemitismo y el anticomunismo? Estos son algunos interrogantes que me permitirán desentrañar un rasgo que vertebra su cultura política, es decir, la violencia política.

1. La construcción del enemigo: la Tercera Posición y el anticomunismo

> Nosotros reivindicábamos la violencia en aquella época. Cito [en mi autobiografía] una frase de José Antonio Primo de Rivera cuando dice que muchas cosas se pueden discutir, se pueden conversar. Cuando se ofende a Dios y a la patria, la única dialéctica posible es la dialéctica de los puños y las pistolas.[79]

Rodolfo Cervera se refería a su autobiografía, que publicó hace pocos años. Según su recuerdo, el uso de la violencia estaba en parte fundado en el pensamiento de José Antonio Primo de Rivera y daba lugar a una asociación esencial entre dos elementos fundamentales de su militancia política: por un lado, la violencia; por el otro, la recepción y apropiación del falangismo.

Mientras tanto, Paredes introdujo una reflexión acerca de la violencia como rasgo compartido entre las izquierdas y las derechas de la época:

> Más allá del signo político, porque derecha, izquierda... pero ¿qué es lo que los une? La violencia. La única continuidad es la violencia, nada más. [...] O sea, te podías quedar en la violencia de derecha o te podías ir a la violencia de izquierda. Eso sí, la violencia, estaba. [...] Porque ya te digo, el hilo conductor era la violencia. Por suerte

---

[79] Entrevista a Cervera, Ciudad Autónoma de Buenos Aires, 15/11/2019.

yo no tuve ningún episodio así de pegar un balazo o de que me pegaran un balazo a mí.[80]

El entrevistado se refería a una cuestión ineludible: la violencia como un fenómeno transversal en la época, que se entrecruzó y se fusionó con la política durante los años 60 y 70; era común y compartida en todos los ámbitos. En un contexto de intensa radicalización política de la juventud, que salió a las calles y se embanderó en la defensa de un amplio abanico de ideales, la violencia política no atravesó exclusivamente a las derechas nacionalistas, sino a todas las experiencias militantes del período, de manera más o menos uniforme. De cualquier forma, la violencia desplegada por las agrupaciones del nacionalismo, a diferencia de aquella ejercida por la izquierda, a menudo contó con el beneplácito de las fuerzas policiales, que frecuentemente hacían la vista gorda frente a la provocación de conflictos o ataques contra la "subversión".

En mi encuentro con Gutiérrez Rivero le pregunté expresamente cómo concebía Tacuara a la violencia. Al elaborar su respuesta, se remitió a la autodenominada "Revolución Libertadora" y ubicó la aparición del movimiento en un "tiempo de violencia":

> Y, la violencia acá arranca con la Revolución Libertadora. Arranca con Aramburu y Rojas. [...] Lo que pasa es que los fusilamientos empezaron en el 56. Una escalada... Y el odio que trajo la Libertadora fue enorme. El odio al peronismo, la universidad que se la entregaron a la FUBA, al Partido Comunista. Todo eso fue, por reacción, donde nace Tacuara. Tacuara nace ya en medio de un tiempo de violencia. Que se fue agudizando. Paró con el gobierno de Onganía, pero a Onganía ya lo derroca prácticamente el Cordobazo. Y el asesinato de Aramburu. Que es ahí donde nace Montoneros. Así que ese fue el clima que desarrolló la generación nuestra, desde el colegio secundario, desde los 14 años.[81]

---

80 Entrevista a Paredes, Ciudad Autónoma de Buenos Aires, 11/12/2019.
81 Entrevista a Gutiérrez Rivero, Ciudad Autónoma de Buenos Aires, 6/1/2019.

Además, Gutiérrez Rivero mencionó a una de las entidades que se constituyeron en uno de los principales antagonistas de Tacuara en el contexto universitario, la Federación Universitaria de Buenos Aires (FUBA), de tendencia de izquierda. Colocó el acento, sin embargo, en el clima de violencia generalizada que imperó en la Argentina en el período pos 1955.

El reemplazo del orden democrático liberal por uno de corte nacionalsindicalista era uno de los principales objetivos que impulsaban las acciones de Tacuara, al menos hasta finales de la década de 1960. Este fin último llevó a sus integrantes a emplear la violencia como estrategia legitimada para defender una serie de ideales y valores enmarcados en el nacionalismo de derecha, que enaltecieron y defendieron a capa y espada durante su militancia.

"Ni whisky ni vodka" era uno de los eslóganes que repetían los tacuaristas, en alusión al rechazo de las potencias estadounidense y soviética en el marco de la Guerra Fría. Otro lema que expresaba la misma idea era "Ni yanquis, ni marxistas: nacionalistas". La separación respecto de ambas potencias frente a la reivindicación del nacionalismo argentino era un rasgo crucial de la cultura política de Tacuara. En esta característica se fundó la defensa a ultranza de la Tercera Posición.

> Porque nosotros nos situábamos por encima de la izquierda y de la derecha, en la teoría de la ideología. Entonces así nacimos, por encima de la izquierda y por encima de la derecha. Y todo medio con aquello de la Tercera Posición de Perón, o sea, lejos del marxismo y lejos del capitalismo.[82]

La percepción del "marxismo internacional" como una amenaza que acechaba al mundo occidental y que avanzaba sobre el continente era una constante que se fue acentuando durante la década de 1960. Desde el nacionalismo argentino, se reiteraba la urgencia de luchar contra estas fuerzas "antinacionales".

---

82   Entrevista a Castillo, Paraná, provincia de Entre Ríos, 3/1/2020.

Tacuara considera positivo:
1) La represión por las armas del avance marxista-comunista en cualquier país del mundo, y en especial, sobre los países de Hispanoamérica.
2) La acción conjunta de los ejércitos hispanoamericanos, en defensa de los valores de la Cristiandad y de nuestras tradiciones comunes.
3) La acción preventiva antimarxista realizada de fronteras hacia dentro, para desarmar la conjura comunista orquestada por Moscú.
Tacuara considera negativo: [...]
Que se arriesgue la vida de argentinos en la defensa de la seguridad de EE.UU. y, al mismo tiempo, se tolere en la política y en la universidad argentina la actuación del marxismo que vulnera la seguridad de nuestra propia Patria. [...]
TACUARA alerta a la opinión pública argentina sobre la falsedad del dilema que se pretende erigir en dogma: o imperialismo yanki o imperialismo soviético.
NI YANQUIS, NI MARXISTAS: NACIONALISTAS![83]

En este fragmento aparece enunciada la Tercera Posición como dicotomía entre el "imperialismo yanki" y el "imperialismo soviético"; la preocupación por ejercer una "acción preventiva antimarxista" y la "represión por las armas del avance marxista-comunista" se presentan como primordiales. También se expresa la alarma por el avance del marxismo en las universidades, lugares donde el MNT desplegaba su militancia y daba pelea contra las izquierdas a través de los sindicatos universitarios. El anticomunismo era, sin lugar a duda, un componente esencial del nacionalismo de derecha.

Es oportuno preguntarse aquí qué se entiende por anticomunismo. En términos generales, según Ernesto Bohoslavsky y Marina Franco (2024), se trata de un conjunto variado de representaciones sociales y prácticas políticas centradas en una idea, aquella de la existencia de una amenaza; esta amenaza, que era más grave en el plano imaginario que en la realidad política, constituía un peligro para el orden nacional y social y se materializaba en un otro, definido como comunista,

---

83 *Ofensiva*, N.º 11, noviembre de 1962. Las mayúsculas y el subrayado son originales de la fuente.

marxista, rojo, bolchevique, subversivo. Se trata de personas y de grupos, en cuyo interior pueden encontrarse proyectos sumamente heterogéneos, que tendrían el objetivo de imponer modelos supuestamente autoritarios, totalitarios, colectivistas, ligados al marxismo. Tal modelo, como he mencionado, cobró una gran fuerza en América Latina a partir de la Revolución cubana, en 1959. Se convirtió en una fuerza decisiva en las luchas políticas del mundo contemporáneo, estimulada por la dinámica de su enemigo, es decir, el comunismo y toda forma de movimiento dentro del campo de las izquierdas (Patto Sá Motta 2019).

En *Ofensiva* reafirman su posición anticomunista, anclada firmemente en el nacionalismo y en el catolicismo:

> Nuestro anticomunismo brota espontáneamente de nuestro Catolicismo, de nuestro estilo de vida, de nuestra concepción económico-social. El Nacionalismo tiene sus propias razones y jamás necesitó de estímulos exteriores que exasperaran su oposición al marxismo.[84]

A estas afirmaciones, se suman otras, en las que los militantes de Tacuara formulan su propio anticomunismo, alineado con la posición antiliberal de la agrupación.

> Una cosa debe quedar clara: el comunismo en cualquiera de sus formas es el enemigo número uno. Si alguien cree que la lucha contra la corrupción del régimen hace lícita una alianza transitoria con el comunismo está equivocado. [...] Las fuerzas nacionales deben batirse sin cuartel contra la iniquidad liberal y contra la perversa conjura del marxismo. Ambos están en las antípodas de la Nación y encarnan dos maneras distintas de esclavizarnos.[85]

La GRN, igualmente, siguió la línea de la Tercera Posición. También sus integrantes consideraban que el comunismo estaba en las antípodas de

---

84 *Ofensiva*, N.º 9, 1962.

85 *Ofensiva*, s/n, s.f. Si bien este número de *Ofensiva* no está fechado, es probable que corresponda a los primeros años de la década de 1960.

la nación, y lo reconocían como "el enemigo número uno". La prevalencia del anticomunismo dentro de esta se hace evidente en su boletín *Mazorca*, donde aparece en términos combativos. Una de las portadas está ocupada enteramente por el siguiente titular —al cual me referí en el capítulo anterior—, escrito en gran tamaño: "HAGA PATRIA, MATE UN BOLCHE". La idea es desarrollada con mayor profundidad en el editorial:

> El credo materialista en que se basan las diversas revueltas rojas, sumado a los cobardes crímenes cometidos contra jóvenes militantes en las filas de la Causa de la Argentinidad (Passaponti, Giardina, Bertoglio, Militello...)[86] representan un descarado desafío al Pueblo Argentino. [...]
> Ya desde la anarquía asesina, ya desde la alianza vergonzante [...] o desde los tugurios intelectualoides intentan implantar el desorden para entronizar el satélite ruso.
> Como parte integrante de ese Pueblo Criollo las Milicias Nacionalistas se aprontan al exterminio total y definitivo de toda la escoria marxista, <u>cualquiera sea su etiqueta o disfraz</u>, que pugnan por aniquilar nuestro SER NACIONAL.
> ¡COMPATRIOTA UNETE [SIC] A LA LUCHA NACIONALISTA! ¡CON LAS TRIPAS DE LOS YANQUIS, COLGAREMOS COMUNISTAS![87]

Con este agresivo llamado, la GRN se posicionaba como defensora del nacionalismo y como baluarte en la lucha contra la "escoria marxista", así como contra el imperialismo estadounidense. Se plasma allí también la preocupación por proteger al "ser nacional", es decir, a la patria, la

---

[86] El 24 de febrero de 1964, miembros del MNT de Rosario irrumpieron en un plenario de la CGT de esa ciudad, que se desarrollaba en el sindicato de Cerveceros. Provocaron un enfrentamiento que terminó con el fallecimiento de dos militantes del MNT, Eduardo Bertoglio y Víctor Oscar Militello, y uno de la JP, Antonio Giardina, además de numerosos heridos (Glück 2012). Estos tres militantes se constituyeron en mártires para las agrupaciones del nacionalismo de derecha.

[87] *Mazorca*, año II, N.° 14, 1968. Las mayúsculas y el subrayado son originales de la fuente.

cultura y la idiosincrasia argentinas ("la Argentina católica y antiliberal"), que estarían en peligro ante el avance del marxismo en la región. Esta lucha no solo se daba en el plano discursivo, es decir, en términos abstractos, sino que tomaba forma en las calles, las universidades y las escuelas secundarias.

Este tono combativo de los militantes de la GRN y del MNT contrasta con la manera de expresarse que utilizan en la actualidad. Al haber pasado varias décadas, los individuos transitaron la mayor parte de sus vidas y elaboraron sus propias memorias acerca de sus pasados. Por ende, hoy en día construyen sus discursos en un escenario radicalmente diferente de aquel en el cual militaron. Esta circunstancia tiene un profundo impacto sobre sus narraciones y la carga subjetiva que conllevan, a la vez que entran en juego la relación establecida con la entrevistadora y las expectativas de los entrevistados acerca de los encuentros y sobre el destino que se les dará a sus palabras.

En la conversación entablada con Pella y Gutiérrez Rivero, la cuestión del rechazo al comunismo no surgió de manera espontánea, sino que, sobre el final del encuentro, la introduje explícitamente. La respuesta de Pella fue la siguiente:

> El comunismo es un gran mal no porque haya quemado a alguien o quemado alguna iglesia, sino por la concepción del hombre y de la historia. Estábamos enfrentados con la concepción marxista, con la interpretación económica de la historia y demás.[88]

Esta escena fue casi una repetición de la entrevista que realizaron para el programa nacionalista on-line que se transmite por YouTube. Allí, con palabras muy similares, Pella explicó por qué el comunismo "es un gran mal". Tal como en el video, mencionó un artículo que había escrito en su adolescencia, en 1959, para el periódico *Ofensiva*. Esta circunstancia es una pauta de que algunos exmilitantes —al menos aquellos más conocidos públicamente, los "avezados"— tienen un discurso formateado y

---

[88] Entrevista a Pella y Gutiérrez Rivero, Ciudad Autónoma de Buenos Aires, 26/11/2018.

elaborado, que suelen reproducir en distintas instancias, cuando son convocados para dar entrevistas (Pasquali, Ríos, y Viano 2006).

Al concluir nuestro encuentro, apenas me retiré del domicilio de Pella, recibí el texto en mi casilla de mail. Bajo el título "Anticomunismo", su autor equipara el capitalismo y el comunismo como dos bloques contrapuestos, en conflicto, que "esclavizan respectivamente a media humanidad".[89] Sin embargo, según Pella, alcanzan un acuerdo "en el punto fundamental del marxismo, el materialismo histórico". Pella presenta el capitalismo —de la mano de la democracia liberal— y el comunismo como imbricados, como dos caras terribles de una misma moneda; la acción de ambos tendría efectos nocivos para el catolicismo y el cristianismo. La receta para combatirlo es compartida por el joven Pella:

> Al Comunismo hay que combatirlo en sus causas últimas que son la injusticia social y la descristianización (o desespiritualización, en algunos países), producto del demoliberal-capitalismo que por su propia estructura deshumanizada nos conduce al desequilibrio, a la desocupación, a la esperanza de un cambio y como consecuencia, la entrega de las masas al Comunismo. [...] Hay que revolucionar en sus raíces una sociedad y, para lograrlo, revolucionar a sus individuos. Hay que lograr el hombre nuevo, capaz de hacer entender a la injusticia y la opresión "que los hombres que han puesto su confianza en las fuerzas del espíritu no les temen, ni pueden temerles porque lo físico es un orden inferior que obedece a los dictados del Espíritu". [...] Hay que preparar el hombre nuevo, el "Escuadrista" que se lanzará al asalto en el día del derrumbe [del régimen]. Éste es el único modo de combatir al Comunismo sin hacerle el juego.[90]

Este exmilitante proviene de una familia sarda ligada a la monarquía italiana. Su padre era admirador del fascismo y le brindó a su hijo una formación acorde. Desde pequeño, asistía junto con él a reuniones de fascistas italianos que se encontraban en Buenos Aires, que se nucleaban

---

89 *Tacuara. Vocero de la Revolución Nacionalista*, N.º 8, 1959.

90 *Ibid.*

en la agrupación 28 Ottobre.[91] Por consiguiente, la solución que propone Pella hunde sus raíces en la influencia que tuvo el fascismo italiano en su formación personal e intelectual. La vía alternativa al comunismo y al capitalismo habría sido para él no tanto una confrontación directa como la formación de un "hombre nuevo", "escuadrista", que sería el encargado de guiar una "revolución nacional" que erigiera una "Argentina nueva". Se trataría, pues, de combatir el comunismo a través de una revolución de base espiritual y cristiana, sin caer en la trampa del capitalismo norteamericano, que sería simplemente una etapa más del materialismo histórico.

Mientras en muchos casos se encuentran disonancias entre los documentos elaborados durante la militancia tacuarista y los discursos producidos en la actualidad, en algunas ocasiones hay notorias continuidades: el hecho de que Pella traiga a colación un texto escrito por él en 1959, al comienzo de la etapa de auge del MNT, para responder a la pregunta acerca del anticomunismo de Tacuara, es un indicio de que algunas concepciones y miradas se modifican solo levemente con el paso del tiempo. No obstante, este discurso que reivindica hoy no está relacionado con los aspectos más controversiales de la agrupación, como el uso de la violencia y el antisemitismo, sino que se trata más bien de un ejercicio intelectual.

Además, Pella comentó que luego de que publicaran el artículo de su autoría, en el ambiente nacionalista "se armó un tole tole"[92]. Según él mismo manifestó, hubo tomas de posición divergentes con respecto a su contenido: mientras que los grupos que se encolumnaban detrás del sacerdote Julio Meinvielle desaprobaron su perspectiva, personalidades reconocidas del nacionalismo católico, como fray Mario Pinto, Renaudière de Paulis y Leonardo Castellani lo habrían felicitado y se habrían mostrado de acuerdo con él.

---

91   El nombre de la agrupación conmemora la fecha de la Marcha sobre Roma, en 1922. Este acontecimiento es considerado el momento inaugural del fascismo italiano. La agrupación 28 Ottobre reunió a nostálgicos del fascismo italiano en la Argentina.

92   Entrevista a Pella y Gutiérrez Rivero, Ciudad Autónoma de Buenos Aires, 26/11/2018.

En la misma línea, en la entrevista publicada en YouTube, Pella y Gutiérrez Rivero rechazaron la etiqueta "anticomunista" para el MNT:

> Pella: El anticomunismo era una consigna de la CIA, ¿no? Nosotros estábamos en la vereda de enfrente del comunismo, y nada más. No era un problema de anti, así por un sellito. Teníamos una posición ideológica diametralmente opuesta.
> Gutiérrez Rivero: Tacuara no se definía como anticomunista. Nunca quisimos definirnos como anticomunistas, porque si los comunistas estaban o no estaban... obviamente estaban... pero podían no estar. Pero nosotros íbamos a estar siempre. Entonces esa era una cosa que teníamos clara. Porque nosotros representábamos a la patria, a la tradición. El lema de Tacuara era "Dios, Patria, Hogar".[93]

A sus oídos, la noción de "anticomunismo" sonaba como una idea muy abstracta y "extranjerizante". Las militancias de izquierda eran las que encarnaban ese comunismo que les provocaba tan sentido rechazo. Esta es otra idea que perdura en la actualidad. De este modo se expresó Gutiérrez Rivero en uno de nuestros encuentros:

> En realidad, el objeto de Tacuara no era el anticomunismo. Esto hay que dejarlo claramente. Porque en el marco de la Guerra Fría está esta cosa anticomunista... Tacuara era anticomunista en los hechos porque los gorilas en la FUBA eran comunistas. Eran nuestros enemigos. Pero Tacuara [...], el objeto de Tacuara era otro. No era un anti, era un pro. ¿Pro qué? La revolución nacional.[94]

Los militantes de la FUBA aparecen en este relato como enemigos predilectos de Tacuara. Según recuerda Gutiérrez Rivero, el anticomunismo de la agrupación estaba estrictamente delimitado por su oposición a esta organización. Por otra parte, una idea que cobra gran relevancia

---

93 Entrevista a Pella y Gutiérrez Rivero, publicada en YouTube, Ciudad Autónoma de Buenos Aires, 14/12/2012.

94 Entrevista a Pella y Gutiérrez Rivero, Ciudad Autónoma de Buenos Aires, 26/11/2018.

en el discurso de los entrevistados es la afirmación de que Tacuara no se definía por ser "anti". Se afirmaban —y se reafirman actualmente— como "pro": pro-revolución nacional, pro-orden. Es decir, realizan un esfuerzo por definirse *por sí mismos* y no como el reflejo de otro. Como parte de la reivindicación de su propia trayectoria militante, no colocan al anticomunismo como el horizonte de su militancia. Las izquierdas podían estar o no, como sostenía Gutiérrez Rivero en el anterior fragmento, pero Tacuara estaba presente de igual manera; el motivo de su existencia excedía esta circunstancia.

> Gutiérrez Rivero: Otra cosa a destacar de Tacuara es que Tacuara no era subversiva. Toda la lucha de Tacuara era por el orden.
> Pella: Por el orden, sí.
> Gutiérrez Rivero: Eso es muy importante. Es decir, el orden de la república, no el orden... que nosotros íbamos a imponer un orden nazi o fascista, no. El orden de la república.[95]

Ambos hablaron del "orden" con convicción y convencimiento. No obstante, rápidamente se preocuparon por aclarar que este no estaba relacionado con el fascismo o el nazismo. Este tipo de salvedades en los discursos de los entrevistados se fundan en las representaciones que, desde la prensa contemporánea a su militancia hasta la historiografía actual, han sido construidas de Tacuara como una organización alineada con los regímenes fascistas europeos, y en la consecuente deslegitimación, desde su punto de vista, de su militancia. Los esfuerzos por reivindicarla a través de la concesión de entrevistas y la construcción de sus discursos con este fin salen a la superficie en los casos de Pella y Gutiérrez Rivero.

La insistencia en el rechazo de la etiqueta "anti" también está presente en algunos boletines del MNT; es decir que se trata de un elemento que emerge en los años de auge de Tacuara y que se reproduce también en la actualidad. En *Mazorca,* militantes de la GRN manifestaban: "no

---

95 *Ibid.*

somos 'ANTI' hemos repetido más de una vez, sino que nuestra posición, siempre positiva, se manifiesta de acuerdo al accionar de aquellos".[96]

Con todo, esta reticencia para definirse como "anti" no es replicada hoy en día por todos los exmilitantes. En la producción de los discursos en la actualidad son determinantes la diversidad de trayectorias personales y las subjetividades de cada individuo. Julio Paredes, por ejemplo, sostuvo una perspectiva contrapuesta: "El antisemitismo no era muy marcado. Más bien no había judíos, pero no era una cosa, una bandera muy... No así el anticomunismo. El anticomunismo sí era beligerante".[97]

Otro entrevistado, Roberto Castillo, se colocó en una posición intermedia: por una parte, rechazó la calificación de "anti"; por la otra, aseveró que "nosotros no somos comunistas":

> Albornoz: Pero ¿se definían como anticomunistas?
> Castillo: Sí, sí, nosotros estábamos... no éramos "anti". Nosotros nunca decíamos, no usábamos la palabra "anti". Éramos... "nosotros no somos comunistas". Que no era ser "anti". Nuestra esencia es distinta al comunismo. Pero ¿por qué? Porque ¿qué era el comunismo? Entonces vos decías, el comunismo es la explotación del hombre por el Estado. ¿Qué es el capitalismo? La explotación del hombre por el capital, por la plata. Entonces nosotros estábamos muy por encima de eso, entonces, estábamos encima de la partidocracia liberal, ¿entendés? Decíamos: "Nosotros somos un movimiento. Movimiento Nacionalista Tacuara".[98]

Los ex-Tacuara se autorrepresentan como un proyecto superador de las clásicas disputas que, desde su perspectiva, ocupaban a las demás militancias en los años de la Guerra Fría. Según ellos, la suya era una propuesta positiva y no una reacción o un espejo de otra cosa. Empero, más allá de las etiquetas empleadas y del modo de enunciar esas autodiscursividades, son insoslayables las acciones violentas contra las izquierdas y la situación

---

96 *Mazorca*, N.º 12, 1967. Las mayúsculas son originales de la fuente.

97 Entrevista a Paredes, Ciudad Autónoma de Buenos Aires, 11/12/2019.

98 Entrevista a Castillo, Paraná, provincia de Entre Ríos, 3/1/2020.

de alerta frente al avance del comunismo a nivel continental y mundial. Oscar Denovi, en esa línea, valoró a Tacuara por haber sido un factor esencial en esa tarea: "Fuimos una contención al desarrollo del comunismo en los colegios y universidades" (Denovi, cit. en Vázquez 2024, 616).

En la etapa más tardía de Tacuara, desde la segunda mitad de los 60, el anticomunismo se mantuvo con firmeza. En el boletín *De pie*, las críticas al marxismo y al comunismo están a la orden del día. Ya en el N.º 1 se transcribe, destacada en un recuadro, una cita extraída de las obras completas del español Onésimo Redondo,[99] que ilustra este punto:

> Lo venimos repitiendo y lo repetiremos hasta conseguirlo. Al marxismo sólo se le vence ahogándole. Queremos decir: ahogando la delincuencia marxista, de la pluma, la palabra y la intriga; suprimiendo a los bandoleros que mangonean las Casas del Pueblo, la libertad de explotar a los trabajadores para imponer su soberbia, de servirse de las masas obreras como de un juguete para conservar sus fuentes de ingreso. Esos seres impúdicos y bien alimentados, que cuando los apartan del comedero braman y cuando le apañan fusilan a los trabajadores maniatados, merecen ser despanzurrados en la plaza pública, porque deshonran al país que los cría y traicionan criminalmente al pueblo.[100]

Sin medias tintas, la elección de las palabras de Onésimo Redondo es una clara muestra de la continuidad de la violencia a nivel discursivo.

Por otro lado, el sentido del artículo "Anticomunismo" de Pella, representativo de la cultura política tacuarista, es reiterado en el mismo boletín. El marxismo y el capitalismo son expuestos nuevamente como dos caras de una misma moneda:

---

99 Onésimo Redondo fue el creador de las Juntas Castellanas de Actuación Hispánica. Tras la fusión con la organización La Conquista del Estado, de Ramiro Ledesma Ramos, en 1931, se crearon las Juntas de Ofensiva Nacional Sindicalista. En 1934, al unirse con la Falange Española de Primo de Rivera, se conformó la Falange Española de las Juntas de Ofensiva Nacional Sindicalista (FE de las JONS).

100 *De pie*, N.º 1, octubre de 1966.

> En efecto, el marxismo, bajo todas sus formas, es fundamentalmente falso e injusto. Por su concepción materialista, negadora de todos los valores trascendentes, humanos, espirituales y nacionales, es esencialmente idéntico al sistema liberal-capitalista que pretende combatir. Esta concepción filosófica funda su doctrina socioeconómica y es inseparable de ella.[101]

La idea según la cual desde el comunismo se intenta instalar un bastión de dominio mundial es reproducida con frecuencia también en *De pie*. Para fines de los 60, los militantes de Tacuara se preocuparon por mantener distancia respecto de aquellos a los que consideraban "marxistas subversivos", que estaban trazando su propia idea de revolución; en visible contraste, se esmeraban en revisar esta noción y en repensar una salida revolucionaria desde el nacionalismo de derecha.

El anticomunismo, inescindible de la Tercera Posición, se confirma entonces como uno de los componentes vertebradores de la cultura política tacuarista, presente durante la totalidad de la historia de la agrupación y que fungía de elemento aglutinador de sus miembros.

¿Cómo se materializaron estos repertorios discursivos en la acción militante de los nacionalistas? Como ya he subrayado, la violencia era el eje de la praxis política de Tacuara. La retórica de los puños y las pistolas era imperante y regía sus operaciones. Dentro del espectro del anticomunismo de Tacuara, sus repertorios de acción se desplegaban principalmente en los espacios escolares y universitarios. El escenario de creciente politización de la juventud era propicio para ello: en estos ámbitos, las agrupaciones de izquierda, cuyos miembros leían a Marx y se nutrían de las ideas frescas de la Revolución cubana, eran cada vez más numerosas. Desde la perspectiva de los nacionalistas, era necesario poner un freno a ese avance, que atentaba contra la idea de "patria", contra la soberanía nacional y contra los valores del catolicismo. El ateísmo del cual hacía gala el comunismo era una gran preocupación para ellos.

Frecuentemente, los jóvenes del MNT y de la GRN provocaban enfrentamientos y atacaban a militantes de izquierda en instituciones educativas

---

101 *De pie*, N.° 9, 1969.

Figura 2. Pintada en una pared de la ciudad de Buenos Aires. *Panorama*, N.° 18, noviembre de 1964. Fuente: Archivo Histórico de Revistas Argentinas.

o en las calles, interrumpían actos y asambleas de otras agrupaciones y vandalizaban diversos edificios e instituciones mediante pintadas, realizadas con tizones fabricados por ellos mismos.[102] Un ejemplo es la figura 2, donde se observa uno de los tantos mensajes que solían dejar en las paredes de las ciudades donde actuaban: "Tacuara no la para nadie".

Durante los primeros años de Tacuara predominaron las peleas callejeras, en las que las armas blancas y la fuerza física eran las herramientas preferidas. A partir de principios de los 60 se incorporaron las armas de fuego y los artefactos explosivos. Tacuara se hizo más "pesada".

---

102 Castillo explicó cómo se realizaban los tizones con los cuales escribían en las paredes: "Nosotros pintábamos las paredes con… hacíamos una mezcla, un 'tizón' se llamaba, que tenía: derretíamos la grasa de las carnicerías, el sebo, le metíamos negro de humo, un colorante, digamos, y un poco de aceite de vehículo. […] Se ponía en el tubo de fluorescentes viejos, entonces eso se dejaba y se secaba. Cuando se enfriaba, lo envolvías y escribías con eso. Pero ¿qué significaba? No sacabas más eso. Todavía hay paredes, 50 años, viejas, porque sigue brotando. La única forma de que saques eso, tenés que picar la pared" (entrevista a Castillo, Paraná, provincia de Entre Ríos, 3/1/2020).

Jorge Grossi aludió a la aparición de las pistolas, pero remarcó que "se tiraba por encima de la cabeza".[103]

La radicalización de la violencia tuvo su corolario en los sangrientos acontecimientos del 8 de junio de 1962 en la facultad de Derecho de la UBA. Para homenajear a los "caídos" en el levantamiento del general Valle, miembros de Tacuara, del Movimiento Sindical Universitario (agrupación de tendencia peronista) y del MNA intentaron improvisar un discurso a modo de acto en el bar del establecimiento. Inmediatamente, se desencadenó un enfrentamiento contra estudiantes militantes de la FUBA. En el altercado, recibió un disparo mortal la estudiante Norma Melena[104] y hubo numerosos heridos.

El asesinato de Melena fue una consecuencia de la creciente conflictividad en el seno de las universidades, que conllevó la radicalización de las posiciones políticas, de la mano de la incorporación de armas de fuego. Lo cierto es que, a pesar de este trágico suceso, los enfrentamientos no cesaron.

Otro claro ejemplo de la conflictividad que se vivía en las instituciones educativas y que enfrentaron a derechas e izquierdas fue aquel que se disparó por la presencia de Celia de la Serna en la facultad de Derecho de la UBA, al cual me referí antes. Pero esa no fue la única ocasión en la cual los militantes derechistas reaccionaron en contra de esta importante figura. Comprometida con la militancia de izquierda y con llevar su palabra a distintos lugares del país, era frecuentemente blanco de los nacionalistas.

En otra ocasión, a principios de los 60, Celia de la Serna fue invitada a participar como oradora en un acto en la ciudad de Santa Fe, organizado por agrupaciones de izquierda locales. Para el acontecimiento, instalaron un escenario en la plaza España, lugar céntrico del casco urbano. Los integrantes del MNT local se habían organizado para boicotear el evento. Apenas la invitada subió al palco y se dispuso a iniciar su discurso, comenzaron a oírse bombas de estruendo y gritos: "¡Fuera los

---

103 Entrevista a Grossi, Ciudad Autónoma de Buenos Aires, 15/4/2019.

104 Por el asesinato fueron condenados Carlos Caride, militante peronista, y Ricardo Polidoro, militante del MNT.

bolches!", "¡Patria sí, comunismo no!", "¡Muera el Che Guevara!", "¡Viva Rosas!", "¡Abajo Fidel Castro!". Aquellas fueron algunas de las consignas que profirieron los detractores, según Efraín Espinoza, testigo que presenció la escena.[105]

Armados de cachiporras y palos, un grupo de aproximadamente veinte militantes nacionalistas, de acuerdo con el mismo testimonio, arremetieron contra el público con el fin de romper el acto. Espinoza relató que Celia continuó con su alocución mientras las militancias se enfrentaban. Los ganadores habrían sido los "Melenas", como eran conocidos los miembros del MLN: "El acto terminó sin problemas y recién entonces Celia, rodeada de sus jóvenes militantes, se bajó del palco".[106] Es decir que, de acuerdo con esta versión, la interrupción del acto, cuidadosamente planificada, no habría llegado a buen puerto.

Diferente es el relato de un exmilitante santafesino del MNT, que también presenció el mismo acontecimiento. Fernando Arredondo recuerda haber observado el hecho desde la terraza de una casa que se encontraba frente a la plaza España, de una familia de conocidos, simpatizantes del nacionalismo. Es decir que Arredondo se colocó a sí mismo en la escena, pero en una posición relativamente marginal. Según él, esa familia

> nos había facilitado la terraza para nosotros y cuando la madre del Che Guevara intentó comenzar su discurso empezaron a lloverle palos, restos de andamios, cascotes, ladrillos, y uno de nuestros camaradas tuvo que salir corriendo y perdió un mocasín. [...] Y no pudo dar el discurso la madre del Che Guevara, y se tuvo que ir.[107]

---

105 Efraín Espinoza era un militante de izquierda que, en aquel momento, estaba comenzando su vida universitaria en la facultad de Derecho de la Universidad Nacional del Litoral. Su testimonio del 4 de diciembre de 2008 acerca de este acontecimiento se encuentra en el siguiente enlace: https://artepolitica.com/comunidad/celia-guevara-la-mama-del-che-in-memoriam/ (fecha de consulta: 26/11/2024).

106 *Ibid.*

107 Entrevista a Arredondo, Ciudad Autónoma de Buenos Aires-Santa Fe, 4/11/2019.

Sin embargo, el recuerdo del "camarada" que perdió un mocasín al escapar del lugar da cuenta de que la participación tacuarista no se limitó a arrojar objetos desde una terraza vecina, sino que, por el contrario, estuvo seguramente entre los protagonistas de la trifulca que tuvo lugar en la plaza. En la versión de Arredondo, los ganadores fueron ellos: habrían conseguido impedir que se realizara el acto y Celia de la Serna se habría retirado, derrotada a manos de los militantes nacionalistas.

Cabe señalar que no es posible saber cuál de estas dos versiones es la que más se ajusta a la realidad, dado que no hay disponibles otros relatos sobre el hecho.[108] Más allá de cómo se hayan desencadenado los acontecimientos y cuál haya sido la conclusión, dos elementos resultan particularmente útiles a los fines de esta investigación: por una parte, los relatos nos hablan acerca de los repertorios de acción de Tacuara (en este caso, en un núcleo urbano de menor tamaño y relevancia respecto de Buenos Aires, la ciudad de Santa Fe) y de su activismo frente a las agrupaciones y los símbolos de las izquierdas; por otra parte —y esto surge a partir de las contradicciones en las dos versiones—, se ponen de manifiesto los universos emotivos de las personas, que recuerdan los hechos desde su propia subjetividad y les imprimen su propia huella, guiados por sus deseos y experiencias.

2. La construcción del enemigo: el judaísmo

El mes de agosto de 1960 había sido escenario de recurrentes enfrentamientos fuera del Colegio Nacional Sarmiento de la ciudad de Buenos Aires entre jóvenes estudiantes judíos y de izquierda, por un lado, y nacionalistas, por el otro. A los grupos de la UNES, a menudo se sumaban militantes de Tacuara que ya hacía tiempo habían terminado el secundario. Edgardo Manuel Trilnick, un muchacho de 15 años, era alumno de ese establecimiento. Tanto él como otros estudiantes de la colectividad judía eran frecuentemente el objetivo de todo tipo de agresiones.

---

108 Desafortunadamente, la prensa local no registró el acontecimiento.

El 17 de agosto de ese año, al finalizar un acto para homenajear al general José de San Martín, en conmemoración de la fecha de su muerte, se generó una pelea que se trasladó a la calle y continuó en una plaza cercana. A los gritos de "¡Viva Eichmann!", "¡Mueran los judíos!", "¡Judíos a Israel!" y "¡Viva el Movimiento Tacuara!"[109] comenzaron los disturbios. Trilnick se vio envuelto en la reyerta y fue gravemente herido de un disparo en el tórax. Afortunadamente, no fue letal. Ante esta situación, la FEMES organizó una campaña contra el antisemitismo y llamó a un paro estudiantil, que tuvo un alto nivel de acatamiento (Manzano 2017).

El ataque a Trilnick estuvo lejos de ser un hecho aislado. El antisemitismo recalcitrante de las agrupaciones nacionalistas, con Tacuara y la GRN como protagonistas en estos años, fue una constante que marcó su militancia, uno de los rasgos centrales de su cultura política. Tal como se lo propusieron, los tacuaristas se convirtieron en una verdadera pesadilla para la colectividad judía.

En la Argentina, el antisemitismo no era una novedad; no era tampoco la primera vez que salía a la superficie estruendosamente. Sus raíces se pueden rastrear hacia principios del siglo XX. Para ese entonces, el mito de la conspiración judía mundial ya se había instalado. La asociación "natural" entre judíos y socialismo, aliados en contra de la Iglesia católica con el fin de establecer su predominio en la Argentina y el resto del mundo ya formaba parte del sentido común de una gran parte de la opinión católica (Lvovich 2003). Sin embargo, fue durante el período de mayor auge del nacionalismo argentino, en la década de 1930, cuando el antisemitismo como aspecto fundamental de su repertorio ideológico cobró mayor fuerza y presencia en el país. De allí se nutrieron en gran medida los militantes de las agrupaciones nacionalistas previas, así como el MNT y la GRN. Por otro lado, la importante recepción del fascismo español, que abordaré detalladamente en el capítulo 4, contribuyó en gran medida a delinear el antisemitismo tacuarista.

En esta radicalización del antisemitismo, las influencias del padre Meinvielle —representante del catolicismo integrista y autor de obras como *El judío* (reeditado años más tarde como *El judío en el misterio*

---

109 Biblioteca Nacional Mariano Moreno, Archivos y colecciones, Fondo Centro de Estudios Nacionales, caja 1424.

de la Historia) y *El poder destructivo de la dialéctica comunista*— son fundamentales. Meinvielle había sido uno de los referentes del MNT y, como expliqué anteriormente, en 1960 había propiciado la escisión que dio lugar al nacimiento de la GRN, de tendencia más conservadora y aún más orientada a la extrema derecha.

En un reportaje para *Mazorca*, Meinvielle afirmó: "Los judíos son enemigos naturales, lo dice San Pablo: 'han matado al Señor Jesús, a nosotros nos persiguen y nos perseguirán, están contra el hombre e impiden su salvación'".[110] Tanto el MNT como la GRN, bajo la impronta de Meinvielle, fueron virulentamente antisemitas.

Una acusación frecuente a la comunidad judía era la de "doble lealtad", que iba de la mano con su incapacidad de ser "asimilados" a la tradición argentina (Senkman 1986; Rein 2001; López de la Torre 2015; Besoky 2018). Según esta mirada, eran "servidores de Israel" y rechazaban integrarse a las naciones donde eran recibidos, es decir que cultivaban exclusivamente los intereses sionistas. Al respecto, una frase citada en el boletín *Ofensiva*, de Ernest Renan, exclama: "Como extranjeros en todas partes donde se encuentran, sin más intereses que los de su secta, los judíos talmudistas siempre han sido una plaga para el país que la suerte les ha deparado".[111]

En línea con estas acusaciones, desde la GRN también se propiciaba que los judíos fueran rechazados en las naciones donde se encontraran:

> … en tanto los judíos sigan obstinados en ser antes judíos que españoles, franceses o ingleses, no puede haber otra solución que apartarles de la comunidad nacional. Es pues necesario convencerse de que el judío, es ante todo judío y extraño a la comunidad en que se encuentra.[112]

En un artículo de tono extremadamente xenófobo, titulado "Qué son, raza o comunidad religiosa?", que fue publicado por el Comando Sur

---

110 *Mazorca*, año V, S/N, 1970.

111 Ernest Renan en *Ofensiva*, N.º 11, noviembre de 1962.

112 *Mazorca*, S/N, 1970.

de Tacuara,[113] se incluye una cita de Schopenhauer y otra de Hitler[114] —extraída de *Mi lucha*— y se acusa al pueblo judío de racismo. El punto es el siguiente: "Si los judíos fueron siempre quienes tomaron medidas destinadas a preservar la raza, por qué se le reprocha a Alemania que haya seguido una política racial y que haya pretendido defenderse contra la mestización?".[115] El texto concluye de esta manera: "Nosotros creemos que la religión de los judíos es una: la usura y su mesías: el oro".[116]

La usura y el interés por el dinero es una caracterización frecuente que se realiza de las personas judías desde las formulaciones antisemitas. También lo es la acusación de uno de los peores crímenes concebibles desde la perspectiva del catolicismo: el deicidio, es decir, el asesinato de Jesucristo.

Con frecuencia, además, corrían entre los círculos nacionalistas versiones negacionistas o tergiversadoras del Holocausto. En otro número de *Ofensiva* se lo califica como "patrañas" y se añade una acusación al judaísmo de haber tramado un plan para "la eliminación total de la raza germánica".[117] Según esta formulación, el nazismo habría actuado a modo defensivo ante la amenaza de un supuesto proyecto de eliminación del pueblo germánico y de su "raza".

---

113 El Comando Sur, probablemente de una localidad meridional de la provincia de Buenos Aires, da pruebas de la existencia de Tacuara en 1968, cuando la militancia en la ciudad de Buenos Aires y sus alrededores había decaído. No hay más datos acerca de este comando, de sus integrantes ni de sus actividades, excepto este número de *Mazorca*. Resulta llamativo que hubiera sido editado con este nombre, coincidente con el de la GRN y usando una idéntica tipografía. Se puede hipotetizar que, en algunas localidades pequeñas, haya habido alguna fusión entre grupos de Tacuara y de la GRN.

114 Como puede observarse, desde el punto de vista ideológico, hubo puntos de contacto entre el nacionalismo argentino y el nazismo. No obstante, en el caso de Tacuara, fueron predominantes las diferencias con respecto al régimen de Hitler, principalmente a causa de su paganismo.

115 *Mazorca*, año II, N.° 1, 1968.

116 *Ibid*.

117 *Ofensiva*, s/n, s.f.

Eran también numerosas las teorías complotistas[118] acerca del judaísmo que absorbían y reproducían los militantes de Tacuara y la GRN, según las cuales existía un plan "judeo-marxista" para controlar las finanzas mundiales. El mito de la conspiración judía mundial, que se había instalado en sectores nacionalistas argentinos ya en la década de 1930 (Buchrucker 1987), sigue teniendo presencia aún en la actualidad y se replica no solamente en los ámbitos del nacionalismo.

Por otra parte, el nacionalismo de derecha, desde su posición fervientemente católica, asociaba al judaísmo con el diablo. El prejuicio y la demonización del "enemigo judío" se encuentran en la base del antisemitismo (Roniger y Senkman 2023).[119] En el N.º 13 de *Mazorca*, de la GRN, aparece una imagen donde una mano cubierta de pelos y con uñas largas y puntiagudas —simulando ser la mano del demonio— con una cruz de David tatuada aprieta y exprime un globo terráqueo (figura 3). Una frase de tono irónico acompaña a la ilustración: "No somos antisemitas sino antisionistas… ¿Cuándo encontraremos un judío que no sea sionista?".[120]

Los militantes nacionalistas tenían la intención de hacer "humor" con sus propios dichos; las imágenes que producían, y que estaban destinadas principalmente a sus "camaradas", por estar incluidas en sus boletines, sugerían que, a fin de cuentas, su supuesto antisionismo no los apartaba del antisemitismo, a pesar de que públicamente declararan lo contrario.

---

118 Acerca de la formulación y propagación de teorías conspiracionistas, véase Senkman y Roniger 2019.

119 Como señalan Roniger y Senkman (2023), la demonización de un cierto grupo como un "extraño malvado" desplaza el mal del interior de la comunidad hacia fuera de sus fronteras morales.

120 *Mazorca*, año II, N.º 13.

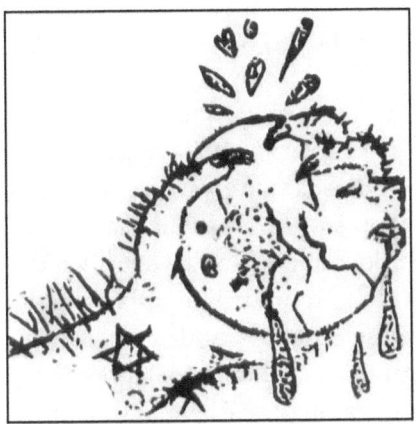 

Figura 3. *Mazorca*, año II, N.º 13, 1968. Fuente: archivo personal.

Figura 4. *Mazorca*, año II, N.º 1, 1968. Fuente: archivo personal.

También el MNT utilizó la estrategia del humor en algunas ocasiones. La figura 4[121] es una viñeta extraída de un número de *Mazorca*.[122] Se observa la satirización de una persona caracterizada como judío, con la barba, la nariz y la vestimenta con la cual se los suele caricaturizar despectivamente. La palabra "DAIA"[123] dibujada en el sombrero no deja dudas al respecto. El personaje está pintando una esvástica sobre un muro. En la nube de pensamiento vemos titulares de prensa: "NUEVO ATENTADO. En el Cementerio Israelita Manos Anónimas Pintaron Cruces

---

121 La viñeta recuerda a aquellas que llenaban las páginas de la revista *Clarinada* en los años 30 y 40, de tendencia pronazi y virulentamente antisemita. En el caso de *Clarinada,* el caricaturista firmaba como "Matajacoibos", y es probable que sea también el autor de la presente imagen. El nombre constituye una conjunción de los vocablos "matar" y "jacoibo", imitación de la pronunciación ídish del nombre Jacobo, muy común entre la comunidad judía de la Argentina (López de la Torre 2017). De esta manera, el caricaturista se identificó como "asesino de judíos".

122 Este número de *Mazorca* fue editado por el Comando Sur de Tacuara. A diferencia de los demás, no correspondía a la GRN.

123 DAIA son las siglas de la Delegación de Asociaciones Israelitas Argentinas, una de las principales instituciones del judaísmo en la Argentina.

Esvásticas el Domingo"; "EN LA CALLE ISRAEL DE BAHÍA BLANCA SE PINTARON CRUCES NAZIS EN LOS EDIFICIOS".[124]

En medio de una coyuntura que se repetía con frecuencia, marcada por los reclamos constantes de la DAIA al gobierno nacional por la proliferación de atentados antisemitas en el país, desde el MNT se ironizaba con la situación, de la cual eran protagonistas: se trasladaba la responsabilidad a la propia comunidad judía por la ejecución de actos vandálicos en la oscuridad de la noche con el mero fin de llamar la atención de los medios de comunicación y, de ese modo, perjudicar a los grupos nacionalistas. Debajo, se encuentran las siguientes palabras: "¡¡NO A LOS FANTASMAS!! La única "víctima" es nuestra Patria...!! La única raza perseguida es la Criolla!! Basta de farsas! A llorar al 'Muro de los Lamentos'!!".[125]

Más allá de todas estas irrefutables evidencias acerca del posicionamiento de las agrupaciones nacionalistas, los militantes del MNT y la GRN, ¿se asumían como antisemitas ante la sociedad? La manera en que se mostraban al exterior y los contenidos de sus boletines y sus militancias puertas adentro muchas veces diferían. Ezcurra, en una entrevista a principios de 1963, sostenía:

> Nosotros no somos antisemitas por razones raciales, pero somos enemigos del judaísmo. En la Argentina, los judíos son sirvientes del imperialismo israelí [que violó] nuestra soberanía nacional cuando secuestraron a Adolfo Eichmann. (Alberto Ezcurra, cit. en Rock 1993, 211)

La negación del racismo era muy frecuente. Aducían que su rechazo al judaísmo era "más complejo", que no se sostenía en fundamentos raciales. En este caso, surge el conflicto provocado por el secuestro de Eichmann, que abordaré más adelante e, implícitamente, la mencionada cuestión de la doble lealtad ("los judíos son sirvientes del imperialismo

---

124 *Mazorca*, año II, N.° 1, 1968 (Tacuara). Las mayúsculas son originales de la fuente.

125 *Ibid*. Las mayúsculas y el subrayado son originales de la fuente.

israelí"). De modo similar, en una entrevista realizada en 1962 por Arie Zafran, periodista del periódico de la comunidad judeo-argentina *Mundo Israelita,* ante la pregunta "¿Los judíos argentinos son para usted argentinos?", Ezcurra y Baxter, como principales representantes del MNT en ese momento, formularon la siguiente respuesta:

> No tenemos ningún problema con el judío asimilado a la comunidad nacional, ni siquiera en cuanto a la afiliación al movimiento. No concebimos a la Nación como una unidad racial. Consideramos que la mayoría de la comunidad judía de la Argentina, y principalmente sus agrupaciones representativas, no están adaptadas. No hacemos discriminación en ese sentido. Combatimos igualmente al ciudadano que, siendo argentino, está al servicio de un estado extranjero, ya sea Rusia, Inglaterra, Estados Unidos o Israel. No admitimos la doble nacionalidad y el sionismo es una especie de doble nacionalidad.[126]

Años más tarde, en 1966, en una entrevista con *Panorama,* Gutiérrez Rivero volvía a esgrimir el argumento de la doble lealtad: "No somos antijudíos… Esto sí, entendemos que muchos judíos sirven al Estado de Israel y que en esa función son tan imperialistas como los yanquis, ingleses o rusos".[127] La periodista María Cristina Verrier,[128] allí mismo, añade que se trata de un patente intento de esconder la larga y consecuente actividad antisemita de la agrupación.

En los tiempos de su militancia, el antisemitismo era encubierto, pues, bajo la fachada del antisionismo, supuestamente exento de motivos raciales (Senkman 1986). Para ellos era importante desprenderse del componente racista, fuertemente reprobado socialmente tras la

---

126 *Mundo Israelita,* 5/5/1962.

127 "Ellos quieren salvarnos", *Panorama,* febrero de 1966, en Biblioteca Nacional Mariano Moreno, Archivos y colecciones, Fondo Olegario Becerra, caja 103.

128 Cristina Verrier, reconocida periodista de *Panorama,* estableció una relación con Dardo Cabo, exmilitante del MNT que protagonizó la escisión del MNA. Junto con él y su grupo, planificó el Operativo Cóndor y estuvo a bordo del vuelo que fue desviado hacia las islas Malvinas.

conclusión de la Segunda Guerra Mundial y el descubrimiento de las atrocidades perpetradas por el nazismo. A ello se sumaba la ola de antisemitismo que sacudía a la comunidad judía en el país, que cosechó numerosas solidaridades por parte de la sociedad argentina. En otras palabras, Tacuara desplegó una lógica discursiva que negaba su antisemitismo hacia el exterior, mientras que alegaba un firme rechazo exclusivamente hacia el Estado de Israel. En ese entonces, los esfuerzos se dirigieron a refutar el carácter antisemita del movimiento.

Al analizar las memorias de los exmilitantes pude extraer una conclusión similar. En años recientes, los ex-Tacuara tienden a elaborar narrativas que los separan explícitamente del antisemitismo en términos racistas. Hoy en día, tanto la discriminación por motivos raciales como la asociación con el régimen nazi o su sistema ideológico son, en general, socialmente repudiados.[129] En términos de Marc Angenot (2012), no se encuentran en el universo de lo decible. Es por ello que, al observar y hablar acerca de sus pasados militantes, construyen sus propios juicios y relatos justificatorios. Roberto Bardini, ex-MNT que luego transitó hacia una militancia de izquierda, formula un relato que sirve para ilustrar esta idea:

> ¿Fue Tacuara una organización antisemita?: sí, pero en el transcurso del tiempo la mayor parte de sus militantes abandonó esa postura y solo un núcleo muy reducido se mantuvo irreductible. [...] El racismo no es patrimonio de los nacionalistas. (Bardini 2002, 158)

El antisemitismo también es negado explícitamente en otra ocasión, en la entrevista a Rodolfo Cervera:

---

129 Como señalan Emmanuel Kahan y Daniel Lvovich (2016), el Holocausto ingresó con fuerza al debate público tanto político como intelectual recién a partir de 1960, con el secuestro de Eichmann. En esos momentos, se relacionó con la identificación entre el nazismo y las acciones antisemitas llevadas adelante por los grupos nacionalistas, y el repudio de ellas. Antes de eso, en la segunda posguerra, había sido objeto de conmemoración sobre todo entre la comunidad judía en la Argentina. Acerca de la memoria del Holocausto en la Argentina en este último período, véase Chinski 2017.

> Nunca fue el antisemitismo la motivación de nuestra acción. Nunca lo fue. Sí te puedo decir que, cuando nosotros tenemos la opinión que tenemos sobre la plutocracia mundial, el capital financiero manejando los recursos del universo, desde la Reserva Federal hasta los grandes sistemas bancarios de Wall Street, de los Estados Unidos, de Londres, la pertenencia de muchos de esos banqueros a una comunidad es notoria. Pero esto no hace nada respecto de mi relación con cada uno de los judíos con los que me he topado en la vida como compañeros de colegio, vecinos, amigos, lo que fuera. Son cosas distintas. Es la lucha contra una idea de dominación mundial por el dinero y nada más.[130]

Allí, Cervera destacó la fuerza que conserva hoy en día el mito de conspiración judía y su asociación con el capital y los intereses económicos. Para alejarse de la cuestión racial, agregó que la situación que denuncia en su discurso no está relacionada con los individuos de religión judía, las personas "comunes" con las que tiene contacto y se relaciona en su vida cotidiana. Planteó la existencia de dos planos separados, que no llegarían a tocarse.

En conclusión, también en las memorias surge el antisionismo como fachada del antisemitismo para referirse a las militancias del pasado. Este, sin embargo, a menudo aparece difuminado. En general, se eluden los relatos violentos[131] en relación con las acciones del nacionalismo contra la comunidad judía, de la mano con la reivindicación y el intento de "limpiar" sus militancias y el nombre del MNT.

En 1960, el accionar antisemita del nacionalismo tocó niveles sin precedentes. Las exclamaciones que proferían los atacantes en el Colegio Nacional Sarmiento son reveladoras: se hicieron eco del reclamo de devolución del ex-Obersturmbannführer de las SS, Adolf Eichmann, uno de los criminales de guerra más buscados. Más allá de su cargo, era

---

130 Entrevista a Rodolfo Cervera, Ciudad Autónoma de Buenos Aires, 15/11/2019.

131 Trataré en profundidad los silencios en cuanto al ejercicio de la violencia junto con los códigos de masculinidad y de caballerosidad en el capítulo 3.

conocido como el "arquitecto de la 'solución final'", por haber proyectado el sistema de exterminio que se implementó en los campos de concentración nazis en Europa.

Desde hacía ya un tiempo, los servicios de inteligencia de Israel estaban tras su pista, que se había perdido luego de la finalización de la Segunda Guerra Mundial, y poco antes del inicio de la década del 60 había sido localizado en las afueras de Buenos Aires, en la localidad de San Fernando, donde vivía con su familia. Había sido empleado por la fábrica Mercedes Benz bajo el falso nombre "Ricardo Klement", con el cual había ingresado al país.

En Israel, pronto iniciaron las discusiones acerca de cómo hacer para llevarlo a la justicia. Se planteó la posibilidad de solicitar formalmente la extradición, pero rápidamente se descartó esa opción. La Argentina tenía un largo historial en negativas de extradición, que incluyó al líder del fascismo croata, Ante Pavelic, al piloto nazi Hans-Ulrich Rudel y a Josef Mengele, el médico de Auschwitz que realizaba crueles experimentos médicos con los prisioneros del campo y seleccionaba a quienes se dirigirían a la muerte en las cámaras de gas. Ante este escenario, se optó por organizar un operativo secreto con el fin de secuestrar a Eichmann en la Argentina.

Así, el 11 de mayo de 1960, después de un período de cuidadosa observación de la rutina del exoficial nazi y una minuciosa planificación, un comando del Mossad, servicio de inteligencia israelí, concretó la operación: por la noche, después de que Eichmann finalizara su turno en la fábrica, lo esperaron en la parada de autobús cercana a su hogar y allí lo secuestraron. Posteriormente, lo llevaron en forma clandestina a Israel para ser sometido a juicio por los crímenes cometidos durante la guerra.

Apenas se conoció la noticia de la presencia de Adolf Eichmann en Israel, en la Argentina se generó un gran revuelo. Además de crearse un conflicto diplomático entre ambos países, el secuestro trajo como corolario la multiplicación de las hostilidades contra la colectividad judía por parte de los militantes nacionalistas (Rein 2001). Estos últimos fundamentaron su accionar en la acusación de violación de la soberanía argentina por parte de Israel.

Además del conflicto en el Colegio Nacional Sarmiento que dejó al joven Trilnick herido de bala, en Buenos Aires se organizaron actividades variadas, como charlas y protestas, mientras que abundaron los ataques antisemitas y las pintadas, con expresiones como: "Mueran los judíos", "Judíos a la cámara de gas", "Queremos a Eichmann". Los jóvenes del MNT y de la GRN se encontraban entre los principales perpetradores de esas acciones.

Luego de un largo juicio, que fue transmitido por televisión y seguido en todo el mundo, en 1962 el tribunal israelí que juzgó a Eichmann lo encontró culpable por crímenes contra la humanidad, crímenes de guerra y crímenes contra el pueblo judío. En consecuencia, fue condenado a muerte. La sentencia se ejecutó en la madrugada del 1.º de junio de ese mismo año. Aquel día, el exoficial nazi fue ajusticiado en la horca, en la prisión de Ramla, en Israel.

Las últimas palabras de Eichmann fueron las siguientes: "Larga vida a Alemania. Larga vida a Austria. Larga vida a Argentina. Estos son los países con los que más me identifico y nunca los voy a olvidar. Tuve que obedecer las reglas de la guerra y las de mi bandera. Estoy listo". Hasta su último respiro sostuvo el argumento de la obediencia debida para justificar sus acciones, y recordó a la Argentina, país que le había dado refugio luego de su fuga.

Al igual que en la coyuntura del secuestro, la muerte de Eichmann por decisión del tribunal israelí produjo una gran conmoción en el mundo nacionalista argentino. Una nueva ola de antisemitismo —o bien podríamos decir, un nuevo pico de una ola de más larga duración— se desató en el país.

El 21 de junio de 1962, una estudiante universitaria de 19 años, de origen judío, llamada Graciela Sirota esperaba cerca de su casa el autobús para ir a la facultad. De repente, paró un coche frente a ella y fue obligada a subir por la fuerza. La torturaron y le marcaron una cruz esvástica en el pecho utilizando un instrumento cortante, además de infligirle varias quemaduras con cigarrillos.[132] La joven denunció que

---

132 Un mes después del atentado, Sirota fue agredida nuevamente, mientras caminaba con su madre por las calles de Buenos Aires. Las dos mujeres fueron golpeadas y los agresores robaron la cartera de la hija (Rein 2023).

los responsables habían sido un grupo de hombres, entre los cuales dijo haber reconocido a dos integrantes de Tacuara.[133]

Este acto, vivamente denunciado por la Delegación de Asociaciones Israelitas Argentinas (DAIA), recibió un repudio masivo. Las reacciones involucraron a todo el arco político argentino y el atentado se convirtió en un serio problema para el gobierno de José María Guido —jefe del Senado durante el gobierno de Frondizi, que asumió la presidencia luego de su derrocamiento, en marzo de 1962—, producto de las constantes denuncias acerca de la libertad con la cual actuaban los grupos antisemitas, cuyas acciones solían quedar impunes. El gobierno contestó a través de un comunicado de "enérgico repudio a este hecho contrario a la tradición argentina" (Gutman 2012, 176). No obstante, la connivencia policial respecto de este tipo de atentados siguió prevaleciendo en el país.

Días después del ataque a Sirota, varias voces se alzaron para cuestionar la veracidad del atentado, como resultado de algunas dudas surgidas a partir del informe médico policial (Gutman 2012). A raíz de esto, parte de la opinión pública —aunque minoritaria— se inclinó a sostener que se había tratado de una operación de grupos de izquierda para desprestigiar a Tacuara, cuyos miembros negaron rotundamente haber sido los autores del hecho.

Esas voces, que se hacían oír cada vez más, generaron gran indignación en la colectividad judía local. En consecuencia, la DAIA convocó a un paro de actividades, dirigido a la comunidad judía, pero extendido al resto de la sociedad. El acatamiento fue muy alto, tanto en los barrios de la ciudad de Buenos Aires donde tradicionalmente vivían muchas personas judías, como Once y Villa Crespo, como en otras zonas. El

---

133 Poco después del caso Sirota, en Montevideo fue secuestrada una joven exiliada paraguaya de origen judío, Soledad Barrett, integrante del frente opositor al dictador Alfredo Stroessner, el Frente Unido de Liberación Nacional. Como expone Broquetas (2010, 2014), la joven fue introducida en un auto, donde fue obligada a repetir consignas como "¡Viva Hitler!", "¡Abajo Fidel!", "Abajo el comunismo cubano!" y fue golpeada y marcada en los muslos con cruces esvásticas. Ambos casos muestran evidentes similitudes en cuanto al accionar de los agresores. Al igual que en la Argentina, en el país vecino este fue solo el inicio de una escalada de la violencia antisemita.

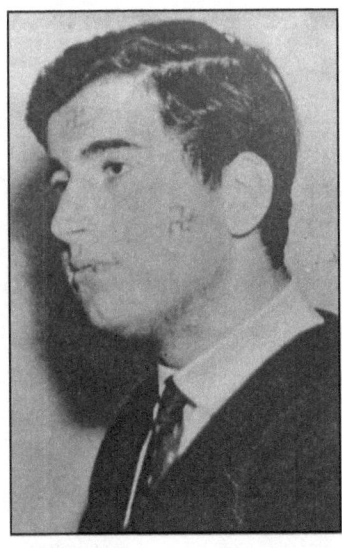

Figura 5. Ricardo D'Alessandro luego de ser atacado. *Así*, N.° 336, 5 de julio de 1962. Fuente: Hemeroteca de la Biblioteca Nacional Mariano Moreno (foto de la autora).

paisaje general en la tarde del jueves 28 de junio exhibía comercios con persianas bajas. Muchos de ellos lucían afiches que habían sido repartidos por la DAIA, con la siguiente inscripción: "Cerrado como protesta contra las agresiones nazis en la Argentina" (Gutman 2012).

En el día del paro hubo dos incidentes en la capital del país. Por una parte, un grupo de jóvenes arrojó piedras y bombas molotov a una mercería de propietarios judíos que había adherido a la convocatoria;[134] por otro lado, un estudiante de 18 años, Ricardo D'Alessandro, hijo de madre judía, fue atacado al salir de su casa. Además de golpearlo, le marcaron tres esvásticas en la cara con un elemento cortante (figura 5).

Envuelta en la polémica y viendo aumentar radicalmente el desprestigio de su agrupación, la militancia de Tacuara quedó bajo la lupa de la opinión pública. Tal fue la presión social que algunos militantes dieron entrevistas para defenderse y separarse del caso. El mismo día

---

134 Por el hecho fue detenido un joven que llevaba consigo otra bomba molotov y un recipiente que contenía alquitrán, uno de los elementos preferidos por los nacionalistas para realizar actos vandálicos. El muchacho, de apenas 17 años, se llamaba Daniel Zverko —más adelante fue miembro de Montoneros— y declaró que pertenecía a la GRN (Gutman 2012).

del paro, en el local de Tacuara, situado en Tucumán 415, en el centro porteño, la cúpula del movimiento brindó una conferencia de prensa. A la vez, redoblaron la apuesta, por medio de la acusación a la comunidad judía de haber pergeñado el suceso para su propio beneficio y con el fin de utilizarlo como excusa para vapulear y difamar a la militancia nacionalista.

En septiembre de 1962, el MNT publicó e hizo circular un opúsculo de treinta y dos páginas titulado *El caso Sirota y el problema judío en la Argentina*. Allí se desligaban del hecho y sintetizaban las posiciones de la agrupación.[135] Además de atacar con fuerza a la colectividad judía argentina,[136] el documento dejaba manifiesto el antisemitismo del movimiento y la propagación de teorías conspirativas. Por ejemplo, para referirse a las acciones del nazismo contra la población judía, se planteaba la existencia de un enfrentamiento entre la "doctrina racista nazi" y la "doctrina racista judía", ambas colocadas en planos iguales.[137] A la misma vez, renegaban de la etiqueta de "nazis", que rechazaban con insistencia.

---

135 Respecto de la agresión a Sirota, el ex-Tacuara Oscar Denovi afirmó: "Eso fue un invento de los bolches, de los comunistas, para desprestigiarnos. En 1962 se dijo que unos camaradas habían secuestrado a una estudiante judía y la habían atacado, marcándole una cruz esvástica en el pecho. Tacuara hizo una conferencia de prensa y publicó un folleto, 'El caso Sirota y el problema judío', donde yo participé en su redacción, desmintiendo a la DAIA y al resto de los medios, acusándonos de nazis. [Por] Ese y otros hechos nos persiguieron sin causa…" (Denovi cit. en Vázquez 2024).

136 En el texto, se sostiene: "La nacionalidad tiene grandes pilares cuya solidez garantiza la unidad, soberanía y libertad de la patria y su pueblo. Esos pilares de la nacionalidad argentina son socavados por la acción de núcleos mayoritarios de la Colectividad Israelita en la Argentina". *El caso Sirota y el problema judío en la Argentina*, p. 23.

137 "Adolfo Hitler y la Colectividad Israelita Mundial estaban en guerra. Material y espiritualmente. […] Y analizando la doctrina racial hitlerista, nos encontramos con que es ni más ni menos que la contrapartida de la doctrina racial judía. Solamente que una tuvo poco menos de 25 años de duración y la otra lleva más de 4.000 años […] La doctrina hitlerista buscaba una coincidencia supranacional basada en la diferencia de la raza aria. La doctrina israelita busca lo mismo, con las diferencias raciales lógicas". *El caso Sirota y el problema judío en la Argentina*, pp. 18-19.

Ante la creciente presión social, que aumentaba con los frecuentes ataques de los grupos nacionalistas —y tras el hallazgo de un campamento del núcleo santafesino a orillas de la laguna Setúbal, que resonó fuertemente en la prensa nacional—, el presidente Guido se vio obligado a pronunciarse: el 29 de abril de 1963 emitió un decreto de prohibición de las actividades del MNT y la GRN. A pesar de ello, la prohibición no tuvo el éxito esperado, es decir que no tuvo su correlato en la práctica y los grupos nacionalistas pudieron seguir operando con relativa libertad, dada la complicidad de las fuerzas de seguridad.

Poco tiempo después, durante la presidencia de Arturo Illia, de la Unión Cívica Radical del Pueblo (UCRP), que asumió el cargo en octubre de 1963, tuvo lugar otro de los atentados antisemitas más importantes del período.

El 29 de febrero de 1964, un grupo de miembros del MNT se dirigió al domicilio de Raúl Alterman, en la ciudad de Buenos Aires. Alterman era judío y había militado en el Partido Comunista, aunque se había alejado de la política a partir de la caída de Frondizi (Gutman 2012). Luego de una cuidadosa planificación, un grupo de miembros del MNT pasó a la acción. Wenceslao Benítez Araujo —quien se había vestido de cartero— y Fernando Vicario tocaron el timbre del departamento de la familia Alterman, con la excusa de llevar un telegrama a nombre de Raúl. El primero en acercarse a la puerta al oír el timbre fue el padre, Noeh Alterman; luego, se aproximó su hijo para recibir la misiva. Apenas abrió la puerta, recibió un disparo a sangre fría. El telegrama en cuestión contenía los nombres de los militantes asesinados en Rosario días antes, en un altercado que se había producido en el plenario del sindicato de Cerveceros, cuando un grupo de tacuaristas irrumpió violentamente en la reunión sindical y comenzaron un tiroteo que culminó con la muerte de dos miembros del MNT, Eduardo Bertoglio y Víctor Oscar Militello, y uno de la JP, Antonio Giardina. Se trataba, pues, de una suerte de venganza por aquellas muertes, aunque Alterman no había estado involucrado en el suceso.[138]

---

138 Según Denovi, quien no estuvo involucrado en el suceso, los responsables del asesinato de Alterman "fueron camaradas descarriados, creo, o tipos

Posteriormente, el padre de la víctima recibió una nota que contenía el siguiente mensaje, que despejó toda duda acerca del carácter antisemita del asesinato: "Nadie mata porque sí nomás; a su hijo lo han matado porque era un perro judío comunista… Si no están conformes, que se retiren todos los perros y los explotadores judíos a su Judea natal" (Senkman 1986, 48). Benítez Araujo y Vicario fueron detenidos junto con el resto de los integrantes del grupo que orquestaron y llevaron adelante el operativo que terminó con la vida del joven Alterman.

Posteriormente, el doctor Carlos Albolsky fue señalado como la próxima víctima para vengar a los muertos durante el plenario en Rosario. En la puerta de su domicilio, apareció una carta donde se responsabilizaba a los judíos comunistas por esas muertes (Senkman 1986; Rein 2023).

Cabe mencionar que, frente a la ola de antisemitismo que azotó al país a principios de los 60, la comunidad judía no se quedó de brazos cruzados. Como ilustra Raanan Rein (2023), también ellos se organizaron en grupos de autodefensa que tenían como finalidad resguardarse ante la multiplicación de los ataques que sufrían por aquellos años. Los núcleos que se formaron a principios de los años 60 se llamaron a sí mismos "Irgún" (la organización).

Resulta más que llamativa la ausencia de referencias a estas organizaciones de autodefensa en las fuentes relativas a Tacuara y la GRN, tanto en los boletines como en las entrevistas. El silencio es resonante e invita a preguntarse por sus razones. ¿Por qué, en aquellos años, no mencionaron al Irgún o Misgueret (nombre que se generalizó en los años 70) en sus boletines? ¿Por cuáles motivos también lo omiten en las entrevistas? Los porqués pueden ser múltiples y variados. Puedo hipotetizar que, a través del silencio, de no nombrarlos, hayan buscado o busquen

---

utilizados por los servicios de inteligencia, para vengar a los tres camaradas muertos en Rosario en manos de los comunistas. Jamás Ezcurra ni ninguno de la vieja conducción ni los nuevos dieron la orden para asesinar o atentar contra nadie de la colectividad judía" (Denovi, cit. en Vázquez 2024). Se habría tratado, de acuerdo con Denovi, de una acción planificada y ejecutada por un pequeño grupo dentro del MNT, que habrían actuado por cuenta propia, sin seguir instrucciones y por fuera de la organicidad del movimiento.

restarles importancia, no reconocerlos como enemigos "dignos", en el marco de una lógica regida por los códigos de masculinidad.

Como mencioné anteriormente, la violencia antisemita desatada en los primeros años de la década de 1960 fue escasamente aludida en las entrevistas que realicé durante mi trabajo de campo. El ataque a Graciela Sirota no fue citado, así como tampoco el atentado contra Raúl Alterman.

El *affaire* Eichmann, sin embargo, sí emergió en algunas ocasiones. En la mayor parte de los casos, los entrevistados colocaron el foco en la violación de la soberanía argentina por parte de Israel, hecho que encontraron aberrante y que habría justificado todo tipo de reacción. Al igual que el nacionalismo contemporáneo a los hechos, hoy en día los exmilitantes hacen flamear las banderas de la soberanía nacional. Esta se constituye en un velo que cubre la violencia antisemita ejercida por sectores reaccionarios. El relato de Bardini es un ejemplo de ello:

> Independientemente de los sentimientos que pueda provocar un personaje tan detestable como Eichmann, el hecho constituyó una flagrante violación a la soberanía argentina. Y, desde luego, provocó la ira de los nacionalistas. (Bardini 2002, 50)

Tras separarse de la figura de Eichmann —condenada no solo en un juicio de dimensiones globales sino también por la opinión mundial—, Bardini coloca a la violación de la soberanía nacional como la causa que, inevitablemente ("desde luego"), habría provocado como consecuencia lógica "la ira de los nacionalistas". De ese modo, construye un relato que justifica las acciones del MNT y la GRN, los nacionalistas a los cuales hace alusión.

En resumidas cuentas, el antisemitismo fue uno de los principales ejes de la violencia política ejercida por Tacuara y la GRN, y uno de los elementos nodales de su cultura política, que mantuvo su fuerza hasta los últimos años de existencia de las agrupaciones. El judaísmo y las personas judías se constituyeron en enemigos predilectos de su militancia, y fueron representados como demonios. Judaísmo y comunismo aparecían a menudo como categorías imbricadas, que se entrecruzaban de manera confusa y se convertían en objeto de extravagantes teorías conspirativas, donde abundaban coloridas acusaciones al "judeo-marxismo" y al "judeo-bolchevismo".

3. La construcción del enemigo: el imperialismo y el capitalismo

> El miércoles en las primeras horas de la noche, grupos de jóvenes que enarbolaban banderas argentinas, recorrieron la calle Florida en grupos de cincuenta, profiriendo gritos contra los judíos, en apoyo del nazismo y de Eichmann, sin lograr ser dispersados por la policía. Al llegar frente a la Cancillería, en la plaza San Martín, se congregaron y pidieron a viva voz la ruptura de relaciones con Israel, a la vez que reclamaban el reintegro de Eichmann al país.[139]

La soberanía nacional sirvió como manto tras el cual las militancias nacionalistas dieron rienda suelta al antisemitismo, ejercido sobre la comunidad judeo-argentina. El secuestro de Adolf Eichmann fue el momento propicio para salir a enarbolar estas banderas.

Aquí salta a la vista otra cuestión que se desprende de la manifestación de la que se hizo eco el semanario *Así*. Continuando con el objetivo de desentrañar la compleja maraña que es la cultura política de Tacuara, es necesario colocar a la defensa de la soberanía nacional, es decir, el rechazo del imperialismo, como uno de sus pilares. Esta característica fue heredada de los nacionalismos de los años 30 y 40, y fue reproducida en un nuevo contexto, signado por las repetidas intervenciones de los Estados Unidos en la política de los países de América Latina. La constitución de una nación soberana, autónoma y libre de las ataduras de los imperialismos de las grandes potencias del momento era clave para el nacionalismo. Ya en el PBR se enuncia esta cuestión:

---

139 *Así*, N.º 230, 22 junio de 1960.

El resurgimiento nacionalista de Europa, el despertar de Asia y África y la liberación integral de Hispanoamérica darán empuje a un nuevo bloque de Estados Nacionales que enfrentarán las ambiciones de los imperialismos. Nuestra Patria adoptará una política rectora tendiente a agrupar y conducir a los pueblos de Hispanoamérica.[140]

El contexto de las descolonizaciones de África y Asia, junto con el surgimiento de los neofascismos europeos, parecía un escenario propicio para impulsar la unidad de "Hispanoamérica".[141] La Argentina nacionalista —luego de supuestamente haber pasado por la "revolución nacionalsindicalista" que proponía Tacuara— sería la conductora indiscutida de este proceso; sería la guía indicada para enfrentar a las grandes potencias imperialistas que acuciaban al territorio.

Estos preceptos fueron mantenidos por todas las agrupaciones que se desprendieron del núcleo principal y salieron a la superficie particularmente en numerosas acciones. El ápice fue alcanzado con el Operativo Cóndor, perpetrado por el MNA. Mientras tanto, un grupo conformado por militantes del MNT-CAR —comando rosarino que se había escindido por estar en desacuerdo con la jefatura de Collins— tomó el consulado británico en la ciudad de Rosario, en señal de apoyo a la acción. En un acto con una fuerte carga simbólica, destruyeron los cuadros de la reina Isabel II del Reino Unido y de su esposo, el príncipe Felipe, un mapa y varias banderas británicas.

Rubén Manfredi militó tanto en Santa Fe como en Rosario. No obstante, no fue parte del MNT-CAR, sino que permaneció con el núcleo orgánico del MNT. Por este motivo no estuvo involucrado en la toma del consulado británico de Rosario, pero recordó el hecho y manifestó que estuvieron detrás de otros tantos del mismo tinte.

Nosotros hacíamos otras cosas. Por ejemplo, tirábamos bombas de alquitrán a la Cultural Inglesa [risas]. Eran cosas infantiles. En

---

140 Programa Básico Revolucionario, *Tacuara. Vocero de la revolución nacionalista*, N.° 10, septiembre de 1961.

141 En el capítulo 4 abordaré la noción de Hispanoamérica y su utilización por parte de Tacuara.

realidad, eran infantiles, pero que causaban daños, como si alguien viene y te pinta la pared de tu casa. Lo más podía ser eso. Eran acciones para hacerse notar.[142]

Frecuentemente llevaban a cabo acciones demostrativas como la que menciona Manfredi, dirigidas hacia símbolos británicos y estadounidenses. Este testimonio, al igual que muchos otros, es un caso en el cual la violencia ejercida es minimizada; aquí, es incluso infantilizada. Al ser representada casi como un juego o una aventura juvenil, contribuye a justificarla desde la actualidad y a relativizar el impacto que aquellos mensajes exponían en el espacio público y el daño que generaban.

También en la coyuntura de la acción del MNA, el reclamo por las islas Malvinas se volvió habitual en los boletines tacuaristas. En el número 1 de *De pie*, que fue publicado inmediatamente después del Operativo Cóndor, en octubre de 1966, apareció una reflexión al respecto. Los militantes santafesinos[143] apoyaron vivamente la hazaña del MNA y destacaron la importancia y la necesidad de reivindicar la soberanía como potestad para afirmar a la nación. El reclamo por la soberanía de Malvinas estaba muy presente en todas estas agrupaciones del nacionalismo de derecha, y también atravesó —y atraviesa aún en el día de hoy— a numerosas corrientes dentro del amplio campo de las izquierdas.

Es importante señalar que, al igual que en el caso del anticomunismo y el antisemitismo, la centralidad de la defensa de la soberanía y el antiimperialismo fueron rasgos que perduraron con una alta intensidad durante toda la existencia del MNT y la GRN. En su etapa más tardía, es decir, desde la segunda mitad de los 60, hay numerosas manifestaciones que son una clara muestra de esta preocupación. En *De pie*, por ejemplo, se expone a los Estados Unidos como enemigo, como "extractor de la economía nacional", que debe ser expulsado y frente al cual era urgente declarar la independencia:

---

142 Entrevista a Manfredi, Rosario, provincia de Santa Fe, 16/12/2019.

143 En ese momento, el boletín *De pie* era aún el órgano del núcleo de Tacuara de la ciudad de Santa Fe.

> El enemigo es el yanki, con sus sicarios de subversiones de bolsillo, y sus empresas succionadoras de la economía nacional. Y es el enemigo, porque ha llegado el momento para nuestra América Católica, de definirse como último bastión sobre la tierra con entidad de tal, o sucumbir bajo los planes de "integración". Ha llegado la hora de proclamar una nueva guerra de la independencia. En alto las banderas, ericemos un horizonte de tacuaras en ésto [sic] que puede ser el comienzo de una nueva historia. Enfrentemos la empresa de expulsar a los yankis de América para que se cumpla así, el último párrafo de la declaración de nuestra independencia: "...y de toda otra dominación extranjera".[144]

Un año más tarde, también en el boletín *De pie*, se sostenía que "'Yankilandia' es un imperio", y que se trataba de un "imperio de la tecnocracia, del capitalismo, del dólar y la explotación".[145] Frente al imperialismo y el capitalismo, la soberanía es exaltada nuevamente.

Cada 20 de noviembre en la Argentina se conmemora el Día de la Soberanía Nacional, para recordar la batalla de la Vuelta de Obligado, que tuvo lugar en 1845. En aquella empresa, las tropas de la Confederación Argentina, bajo el liderazgo de Juan Manuel de Rosas, resistieron el avance del ejército anglo-francés, que marchaba por el río Paraná. Este evento fue recuperado como uno de los símbolos más relevantes dentro del imaginario de Tacuara. Yendo aún más lejos, Gutiérrez Rivero, en la entrevista publicada en YouTube, afirma:

> El Día de la Soberanía, el 20 de noviembre, es producto de Tacuara. Hubo un jefe de prensa y propaganda de Tacuara que se llamaba Luis Ángel Barbieri —que murió— que inventó en el año 62: "El 20 de Noviembre es Tacuara". Y empezamos a hacer pegatinas: "El 20 de Noviembre es Tacuara". Nadie sabía qué pasaba el 20 de noviembre. Pensaban que venía una masacre, o que no sé qué, algo malo. El 20 de noviembre fue el combate de la Vuelta de Obligado,

---

144 *De pie*, N.° 6, junio de 1968.

145 *De pie*, N.° 9, 1969.

Figura 6. Portada de *Mazorca*, año II, N.° 1, 1968. Fuente: archivo personal.

que todos sabemos. Eso lo inventó Tacuara. A tal punto que hace 2 o 3 años en una comida que hicimos, a la viuda de Barbieri le regalé una medalla, una placa conmemorativa por "El 20 de Noviembre es Tacuara", Día de la Soberanía, creación de su marido fallecido.[146]

Tacuara se arroga la autoría de la fiesta nacional y la puesta en relieve de la batalla de la Vuelta de Obligado. En un boletín de 1968, correspondiente al Comando Sur de Tacuara, se conmemora la fecha con un artículo, y la portada del número evoca el hecho. Junto a las palabras "NO PASARÁN!!", se representan los barcos ingleses y franceses, detenidos por una enorme cadena; una mano sostiene una caña, probablemente una tacuara (figura 6).

Empero, esta estuvo lejos de ser la única ocasión en que Tacuara y la GRN recordaron el 20 de noviembre, bautizado como Día de la Soberanía Nacional. Otro evento icónico en la historia de Tacuara fue la toma del Cabildo de Buenos Aires, el 20 de noviembre de 1964. En una operación que planificaron minuciosamente, un grupo de militantes lograron

---

146 Entrevista a Pella y Gutiérrez Rivero, publicada en YouTube, Buenos Aires, 14/12/2012.

Figuras 7 y 8. Fotografías de la toma del Cabildo realizada por miembros del MNT el 20 de noviembre de 1964. *Así*, N.° 463, 1.° de diciembre de 1964. Fuente: Hemeroteca de la Biblioteca Nacional Mariano Moreno (foto de la autora).

ingresar al balcón del histórico edificio y colgar de él tres banderas, cada una con una de estas leyendas: "Tacuara", "UNES" y "20 de Noviembre - Día de la Soberanía Nacional" (figura 7); las banderas quedaron expuestas allí durante poco más de una hora. Según relata Gutman (2012), cuando la policía logró ingresar los tacuaristas los estaban esperando con sus brazos derechos en alto, en posición militar y mirando hacia la Plaza de Mayo (figura 8). Desde allí, eran vitoreados por otros militantes, que coreaban "San Martín, Rosas y Perón". Todos fueron puestos en libertad rápidamente, ya que se trataba de menores de edad (este factor había sido crucial en la planificación de la acción).

Bellino compartió un recuerdo muy vívido de este hecho, ya que participó en la primera parte como fuerza de choque; fue uno de los encargados de reducir a los guardias de seguridad que estaban apostados en el ingreso. De ese modo, facilitó el acceso a quienes colgaron las banderas en el balcón.

> Bellino: Ahora justamente el 20 se cumplieron 55 años que tomamos el Cabildo. Un operativo en el que estuve, pero que no me podía quedar.
> Albornoz: ¿Cómo? ¿Por qué?
> Bellino: Y, porque yo ya tenía pensado en aquella época ingresar a la [Policía] Federal, y si me quedaba iba a quedar fichado. Entonces,

en ese momento, dejamos cuatro camaradas nuestros, que eran de la UNES, y ellos quedaron. Y dos que no nos podíamos quedar nos fuimos. […] Bueno, y el operativo, la parte de fuerza la hacemos entre otro camarada y yo. Él se agarra al más grandote, porque él era grandote también. Es grandote, vive todavía. Era el campeón sudamericano de judo. Y yo practicaba con él. […] Bueno, entonces él agarró al más grandote, yo agarré al otro, un par de llaves, los sacamos. Fuera. […] Y adentro quedaban los chicos, que ya habían entrado, con sus pancartas, todo eso. Y bueno, y nosotros nos fuimos, como siempre damos la novedad de que ya estaba realizado. […] A las 5 de la tarde, plena Buenos Aires, sabés lo que era eso, ¿no? Tirando panfletos, tocando la campana.
Albornoz: ¿Se juntó gente?
Bellino: Sí, un montón de gente. Un quilombo… Más que ahí es el centro de la *city*, ¿viste? Y a esa hora circula mucha gente. Bueno, y así fue que se inició eso. Y quedaron cuatro chicos que creo que, aparentemente, están vivos todavía. […]
Albornoz: ¿Y cómo terminó?
Bellino: Bueno, con un montón de gente.
Albornoz: ¿Se los llevaron después?
Bellino: Sí… vienen: "Policía". Lógico, no les iban a abrir. No podían romper la puerta, uno de los detalles. Estaba todo bien pensado. […] Y tuvo que venir un camión de bomberos, con la escalera, subieron, bajan a los chicos, abren la puerta por dentro y bueno, ahí terminó.[147]

En la versión de Bellino, el operativo concluyó positivamente para ellos. Todo habría marchado como lo habían planificado. La policía no habría logrado su cometido, por lo cual se habría requerido también la intervención de los bomberos. Es decir que el esfuerzo para contrarrestar su acción habría sido mucho mayor. La anécdota, escogida por el entrevistado al inicio de nuestro encuentro en razón de la fecha (22 de noviembre) es de suma relevancia para comprender el importante lugar que

---

147 Entrevista a Bellino, Mar del Plata, provincia de Buenos Aires, 22/11/2019.

ocupa la cuestión de la soberanía para una agrupación del nacionalismo de derecha como Tacuara.

Además de este evento, representativo del repertorio de acción de Tacuara, cada año sus militantes realizaban pintadas en las ciudades en que tenían presencia y organizaban actos conmemorativos y misas para recordar a los muertos en la batalla de Vuelta de Obligado, caídos —justamente— en defensa de la soberanía argentina. Tanto Manfredi como Castillo[148] relataron que se realizaban estas actividades en las ciudades en las que militaron, es decir, en Rosario y Paraná, respectivamente. Cervera también recordó las pintadas, esta vez en Buenos Aires:

> Y… las pintadas. Por ejemplo, para el 20 de Noviembre, nosotros pintábamos toda la ciudad de Buenos Aires con una leyenda que decía: "El 20 de Noviembre es Tacuara". Y ahora estamos organizando para el miércoles 20, acá arriba del restaurant El Imparcial, unas empanadas, vinos, un conjunto folklórico y algunos discursos. Para rememorar la fecha y para plantear también qué cosa significa la defensa de la soberanía hoy en el mundo de la globalización, del poder financiero mundial que es el que ordena todo lo que está ocurriendo, todo lo que pasa sale de esas mentes brillantes que manejan el orden mundial, ¿no? Y son los que sufren, los pueblos en todo el mundo.[149]

Este relato remite a la actualidad y deja en evidencia que tanto el antiimperialismo como el enaltecimiento de la noción de soberanía son componentes de la cultura política de Tacuara que, en un contexto tan distinto como el actual, sobreviven en muchos de sus "excamaradas" y que los sigue reuniendo. Asimismo, hasta el día de hoy se perpetúan en sus discursos las teorías conspirativas acerca del "nuevo orden mundial" y del rol del judaísmo en ese entramado.

---

148 Castillo afirmó que el 20 de Noviembre "era nuestra fecha máxima, la defensa de la soberanía. [...] Nosotros reivindicábamos algo que, en la historia, en la gente, en la sociedad no se hablaba" (entrevista a Castillo, Paraná, provincia de Entre Ríos, 3/1/2020).

149 Entrevista a Cervera, Ciudad Autónoma de Buenos Aires, 15/11/2019.

El 20 de Noviembre como fecha de referencia y de celebración dentro del calendario militante había sido apropiado también por la GRN. En *Mazorca* proclamaban que la "GUARDIA RESTAURADORA NACIONALISTA NO PERMITIRÁ LA PRESENCIA EN NUESTRA TIERRA DE LA REINA PIRATA!".[150] La metáfora "reina pirata" para referirse a Inglaterra está cargada de una valoración negativa, que se une al tono combativo del mensaje, expresado a través del uso del signo de admiración y de la letra de imprenta mayúscula.

La celebración del 20 de Noviembre del año 1966 de la GRN fue documentada por un fotógrafo del diario *Crónica*. Un grupo de militantes guardistas fue retratado (figura 9) en el cementerio de la Recoleta en la ciudad de Buenos Aires, de rodillas frente a la tumba del general Lucio Mansilla, quien estuvo al mando de las tropas rosistas en la batalla de la Vuelta de Obligado. El semanario *Así* registró el acto, que fue interrumpido por el accionar policial:

> [Los militantes de la GRN] Dejaron las flores frente al mausoleo de Mansilla y allí se hincaron, luego se pararon e hicieron el saludo nazi. Enseguida fue despejado el lugar.
> Cuando llegaron más jóvenes el oficial ordenó, avanzando por el angosto pasillo: ¡Aquí nadie deja flores!
> Los jóvenes fueron de nuevo hasta el principio de la avenida y desde allí se dirigieron a la tumba de Facundo Quiroga, donde volvieron a repetir el saludo hitleriano. Enseguida fue despejado el lugar no antes [de] que el grupo arrojara todas sus flores por encima de la verja que rodea el monumento.[151]

Si bien el acto no había sido autorizado por la policía y fue rápidamente dispersado, los militantes de la GRN no dejaron pasar la oportunidad para rendir un breve homenaje a otro miembro de su panteón, el caudillo rosista Facundo Quiroga. Tanto la tumba de Quiroga como la de

---

150 *Mazorca*, año II, N.º 14, 1968. Las mayúsculas son originales de la fuente.

151 *Así*, 29 noviembre de 1966. Biblioteca Nacional Mariano Moreno, Archivos y colecciones, Fondo *Crónica*. Guardia Restauradora Nacionalista.

Figura 9. Homenaje frente al mausoleo del general Lucio Mansilla. Fuente: Biblioteca Nacional Mariano Moreno, Archivos y colecciones, Fondo *Crónica*. Guardia Restauradora Nacionalista (foto de la autora).

Figura 10. Saludo romano frente a la tumba de Facundo Quiroga. Fuente: Biblioteca Nacional Mariano Moreno, Archivos y colecciones, Fondo *Crónica*. Guardia Restauradora Nacionalista (foto de la autora).

Passaponti fueron lugares a los cuales el MNT y la GRN imprimieron una fuerte impronta mística y una notable carga simbólica. Estos fueron los espacios elegidos para realizar los juramentos de iniciación y para celebrar diferentes fechas caras al nacionalismo. En la figura 10 se observa a un grupo de jóvenes vestidos de traje, de pie frente a la tumba de Quiroga. Con sus brazos derechos en alto, realizan el saludo romano[152] al prócer.

La defensa de la soberanía se erigía, de este modo, en una cruzada fundamental, también en términos discursivos. Como tal, se convirtió en uno de los principales ejes de la cultura política tanto del MNT como de la GRN, aunque igualmente atravesó a sectores de las izquierdas. El resguardo de la soberanía nacional, que aparecía imbricado con la retórica antiimperialista y anticapitalista, era exacerbado discursivamente

---

152 La adopción del saludo romano, que consistía en alzar el brazo derecho, se relaciona con las influencias fascistas. Se trata de una simbología que utilizaron nazis alemanes, fascistas italianos y falangistas y franquistas españoles. Trataré esta cuestión con mayor profundidad en el capítulo 4.

y llevado a la práctica en términos simbólicos a través de actos como la celebración anual de cada 20 de Noviembre y la visita obligada a la tumba de Lucio Mansilla.

Pero los nacionalistas no se quedaron exclusivamente en el terreno de lo simbólico ni en aquel de las acciones demostrativas. Por el contrario, este "enemigo" que parecía escurrirse en el plano de lo abstracto cristalizó en las instituciones que materializaban la presencia de las potencias imperiales en el país. De allí que parte del ejercicio de la violencia política haya tenido como blanco a embajadas, consulados y a elementos que consideraban símbolos del imperialismo y de la "presencia injustificada" de los Estados Unidos e Inglaterra en la Argentina.

Aquellos a quienes Tacuara identificó y apuntó como "enemigos" coincidieron a grandes rasgos con los enemigos del nacionalismo de derecha argentino de las décadas anteriores. Sin embargo, fueron resignificados y delineados con precisión en el contexto de los años 60: la reciente Revolución cubana y la "amenaza comunista" que crecía y se extendía como una "mancha" imparable por el continente americano como nunca antes fueron piezas primordiales dentro del escenario político. Junto con ello, se urdían complejísimas tramas que implicaban tanto al judaísmo como al Estado de Israel, en una ambiciosa empresa con pretensiones de conquista a nivel global, que contenían una nota de creatividad y fantasía que no se puede soslayar.

A este cuadro se sumó la creciente presencia de los Estados Unidos como potencia mundial, en puja con la Unión Soviética. El "vecino del norte" penetraba en América Latina no solamente en términos económico-financieros, sino también en cuanto a las modas y los consumos culturales, principalmente entre las juventudes. Dichas modas resultaban inaceptables para los militantes del MNT, que no solamente no escuchaban música en inglés, sino que optaban por un *look* sobrio pero llamativo que los identificaba: vestían camisas y pantalones grises, borceguíes con punta de metal y el pelo peinado a la gomina. Lucían, además, una cruz en la cintura (figura 11).

Tacuara y los grupos que orbitaban a su alrededor como fuerzas de choque decidieron tomar cartas en el asunto. El despliegue de un amplio repertorio de acción que echó mano de la violencia política que atravesó al período y que, por supuesto, no excluyó al nacionalismo, fue

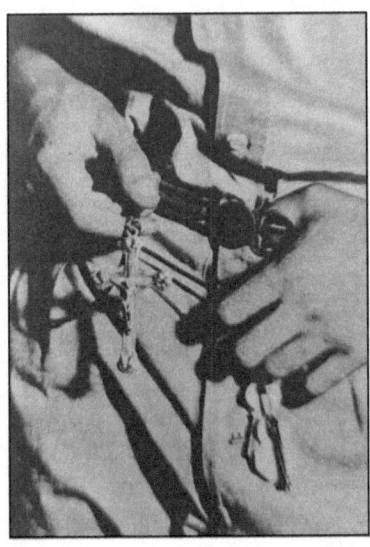

Figura 11. Imagen de una cruz en la cintura de un militante de Tacuara. *Así*, N.° 336, 5 de julio de 1962. Fuente: Hemeroteca de la Biblioteca Nacional Mariano Moreno (foto de la autora).

la herramienta a la cual recurrieron para hacer frente a sus enemigos o, según ellos, los enemigos de la patria, cuyos valores decían defender.

Para los militantes de Tacuara, el fin justificaba los medios; el horizonte revolucionario, la construcción de un Estado nacionalsindicalista, de una nación católica, el resguardo de la soberanía nacional, eran los objetivos en nombre de los cuales, al menos hasta mediados de la década de 1960, llevaban adelante su militancia cotidiana. La persecución de estos fines —desde su perspectiva, nobles y patrióticos— daba rienda suelta a la violencia. En nombre de la patria, valía todo.

CAPÍTULO 3

El género y la construcción de la masculinidad en la militancia de Tacuara

En el Clark's, un restaurante histórico que se encuentra en una zona señorial de la ciudad de Buenos Aires, frente al cementerio de la Recoleta, una tarde primaveral de fines de noviembre de 2018 Eduardo Pella se dio cita con un viejo conocido. Moisés Ikonicoff había sido un enemigo en el pasado, como militante de la izquierda trotskista y dirigente de la FUBA en los años 60, cuando ambos eran jóvenes.

En aquella ocasión, Ikonicoff, cuya salud estaba bastante deteriorada, llegó a la cita en silla de ruedas, llevado por una acompañante. Al arribar al restaurante, le pidió a la mujer que se sentara en otra mesa, para poder conversar a solas con Pella, como acostumbraban en sus encuentros. Aquella tarde, apenas dos semanas antes del fallecimiento de Ikonicoff, quienes se habían encontrado en grupos enfrentados en los años 60 compartieron un café y conversaron acerca de sus años de militancia y de la actualidad política del país. Eran, en palabras de Pella, "amigotes".

Incluso, tras la muerte de Ikonicoff, en diciembre de 2018, Pella le dedicó un sentido posteo en su blog personal, a modo de homenaje. Allí relata que se conocieron durante sus años de militancia en los 60, cuando estaban en movimientos opuestos y que, a pesar de ello, decidieron establecer un espacio de encuentro y diálogo. Sin importar las disidencias, Pella hacía hincapié en las coincidencias y en el amor a la patria que los había unido.

Entre los recuerdos que revisitaron aquella tarde de noviembre estaba aquel espacio de conversación que habían construido a principios de los 60, a pesar de estar ubicados en los extremos opuestos políticamente. Como líderes del MNT, José Baxter y Alberto Ezcurra habían participado de este acuerdo, que se materializó en varias reuniones en el bar El Blasón, de la Recoleta porteña. "Ahí discutíamos a muerte, nos peleábamos todos los días",[153] sostuvo Pella, quien solía concurrir a esas tertulias.

Según el relato de este exmilitante, en los años 90, ya alejados de la convulsionada militancia sesentista, Ikonicoff volvió a encontrarse con Ezcurra, ya sacerdote. Cuando lo vio, Ezcurra exclamó: "¡Rusito!", a lo cual este respondió, amistosamente: "¡Oh, ahora vos sos cura!". Luego, ambos se fundieron en un abrazo fraternal.

Estos relatos que involucran a Moisés Ikonicoff fueron compartidos por Pella en una de las entrevistas que mantuve con él. Al igual que otros de mis entrevistados, este exmilitante, abogado de prestigio de la ciudad de Buenos Aires, privilegia en su discurso una faceta conciliadora, "civilizada", y elige dejar de lado el conflicto y la violencia. De tal manera, estos elementos quedan relegados a un segundo plano; son prácticamente invisibilizados.

En este capítulo cobrará protagonismo nuevamente la violencia política, esta vez en relación con la masculinidad, el género, la heteronormatividad y las memorias: ¿cómo se conjugaron estos elementos y cómo se configuraron en la historia de Tacuara? ¿Cómo concebían las relaciones de género? Estas son algunas de las preguntas que me permitirán desandar este sinuoso camino.

1. La violencia invisibilizada

El lugar de paz que habían alcanzado entre militantes de izquierda y derecha es el eje del relato de Pella. El diálogo y la concordancia se reiteran en el discurso de este exmilitante del MNT. El conflicto y la violencia, elementos cruciales para la militancia de la época, se ven en gran medida diluidos y son también en gran medida reemplazados por la caballerosidad y el "trato cordial" con el enemigo.

---

153 Entrevista a Pella, Ciudad Autónoma de Buenos Aires, 8/1/2019.

Y bueno, estábamos convencidos de que la violencia era el camino, ese era el problema. Pero había una cierta actitud caballeresca en la violencia, ¿no? Después ya con el montonerismo y después con el 70 cambió muchísimo. Incluso había una actitud distinta en todo sentido. Con la gente de la izquierda y demás. No, no, no, una actitud totalmente distinta. En los 70 sí, ya se pudre todo. Había muchos que eran tacuaras que se incorporaron... unos en una banda, otros en otra... de la violencia de los 70 muchos de nosotros nos apartamos bastante. [...] En la época nuestra lo hubieran agarrado a Aramburu[154] y lo hubieran fusilado públicamente... no lo hubieran guardado así. Hubieran hecho un desastre mucho mayor, pero con otra actitud totalmente distinta. Ellos buscaron la venganza baja... una actitud totalmente distinta. Por eso fue que yo nunca compartí las actitudes de Montoneros y demás, ¿no? Tuve amigos que ya no están, que fallecieron, que en su momento coquetearon con Montoneros y yo dije "No, déjense de joder"... *Es una actitud totalmente distinta.*[155]

Inmediatamente, Pella introdujo una temática central, la caballerosidad como parte del ejercicio de la violencia. Se repite aquí un contraste entre una violencia aceptable, caballeresca, y una repudiable, sin códigos, representada por Montoneros y por la operación del secuestro del expresidente Aramburu. La expresión reiterada "una actitud totalmente distinta", refuerza el contraste que Pella coloca sobre la mesa, y que forma parte también de la cultura política de Tacuara.

En términos similares se expresó otro ex-MNT, Alexander Radic, quien criticó a Montoneros y, por extensión, a la militancia de izquierda en los 70, por no compartir los mismos códigos de caballeros:

---

[154] Pedro Eugenio Aramburu fue presidente de la "Revolución Libertadora" que derrocó a Perón, entre el 13 de noviembre de 1955 y el 1.º de mayo de 1958, y fue el principal impulsor de la proscripción del peronismo. Fue secuestrado y muerto por miembros de Montoneros el 1.º de junio de 1970. Dicha acción fue el acto inaugural de la agrupación.

[155] Entrevista a Pella, Ciudad Autónoma de Buenos Aires, 8/1/2019. Las cursivas son propias.

> A ver, si yo tengo un enemigo, voy, busco al enemigo, si quiero lo pongo de rodillas y le pego acá arriba... pero a mi enemigo. No, no, no. Uno no puede hacer como hacía Montoneros y tirar y matar hasta a la hija. No me gusta, no me gustaron nunca. Yo siempre directo al grano.[156]

Los códigos masculinos, de caballeros, el coraje y el "ir de frente" —como componentes de un código de honor—[157] son clave en estos recuerdos. La violencia que reivindican los exmilitantes de Tacuara está marcada por códigos compartidos que habrían regido para todas las militancias, aunque solo entre las personas "respetables". Según manifiestan, estos códigos excedían las diferencias políticas que los enfrentaban. En la conversación que mantuvieron con su par nacionalista en su canal de YouTube, Pella y Gutiérrez Rivero narraron un conflicto que ilustra esta idea:

> Gutiérrez Rivero: El enemigo total era la FUBA [...]. Había una cantidad de muchachos de origen judío que estaban en la FUBA, que eran comunistas. Nosotros éramos el enemigo. Y ellos, también. Pero nos respetábamos, porque estaban bien marcadas las diferencias. No había un tango *Cambalache* ahí. Entonces, cuando estábamos en alguna situación apretada, en un acto, en alguna cosa, que nos iban a matar a palos, nunca faltaba alguno de los enemigos que decía: "No, no, no, no, estos son enemigos, pero son otra clase de gente. Son respetables". Y nosotros hacíamos lo mismo. Nunca, nunca nos gustó que le pegaran entre varios a uno. Eso no nos gustó nunca.
> Pella: No, no. Eso es una cobardía.
> Gutiérrez Rivero: Es una cobardía. [...]
> Pella: De la caballerosidad que se imponía sobre todo, hubo un hecho en la facultad de Derecho. En una de esas tantas peleas se invade el local de la galería El Quetzal, que era la del MUR [Movimiento Universitario Reformista], donde exponía una chica que era

---

156 Entrevista a Radic, Caseros, Tres de Febrero, provincia de Buenos Aires, 20/10/2018.

157 El "código de honor" está compuesto por actitudes e imágenes ligadas al coraje, la responsabilidad y la fidelidad. Véanse Pitt-Rivers 1999; Gayol 2004; 2008.

la novia de un dirigente del MUR. Y este había llevado una vieja pistola que tenía en la casa para defender ante cualquier ataque la exposición de su novia. Bueno, en el entrevero, tira un tiro y le pega en la pata a un compañero nuestro [risas]. Bueno, por supuesto, la policía lo interroga a él, lo interroga a nuestro compañero y ninguno de los dos dice el nombre del otro. A pesar de todo, como estaba identificado el que tiró el tiro, lo expulsaron por cinco años de la universidad. Después completó su carrera, se recibió y estaba en la oficina de al lado de la mía. Y viene a trabajar conmigo el herido. Dice: "Pero está Fulano acá al lado". "Sí. Andá a verlo". Entonces lo va a ver y le deja dicho a la secretaria: "Dígale que estuvo Fulanito de Tal" [risas].

Gutiérrez Rivero: El que recibió el tiro... [risas]. Recibió un tiro de 45 debajo de la rodilla, no era chacota el tiro de 45.

Pella: Al día siguiente aparece el otro: "Está Fulano". "Sí, te fue a buscar". Llega en 10 minutos, se encuentran y se dan un abrazo [gesto de abrazo y risas]. "Ninguno de los dos fue alcahuete", dice. "Nos quedamos calladitos la boca". Ninguno se acusó. Uno se comió la expulsión, el otro se comió el balazo, pero no... Había una caballerosidad que era... y de los dos lados. Incluso de gente que estaba en la izquierda, había mucha gente con principios y con caballerosidad.[158]

La caballerosidad, asociada a la valentía y radicalmente opuesta a la cobardía, era una virtud que caracterizaba a los militantes del nacionalismo, e "incluso a alguna gente que estaba en la izquierda". Gutiérrez Rivero y Pella coincidieron en retratar una época en la que se habría impuesto un código de caballeros, supuestamente superador de las diferencias ideológicas y políticas. La violencia de los 60 era una cuestión "de señores" y era aceptada como parte de este lenguaje compartido.

Un símbolo de esta cordialidad que habría primado por sobre la violencia es el gesto del abrazo, que denota también el respeto por el enemigo. El abrazo que habrían intercambiado en su presencia Ikonicoff y Ezcurra habría sellado ese pacto de caballeros. El abrazo entre quien

---

158 Entrevista a Pella y Gutiérrez Rivero, publicada en YouTube, Ciudad Autónoma de Buenos Aires, 14/12/2012.

disparó el tiro en el local del MUR y quien lo recibió, celebra el hecho de que ninguno de los dos había sido "alcahuete", sino que se mantuvieron fieles a los dictados de los códigos de la masculinidad.

Mediante sus relatos, estos entrevistados reivindican sus pasados militantes y realizan el intento de mitigar, esconder o incluso —quizás— olvidar los actos violentos de los cuales participaron o que avalaron con su pertenencia a las organizaciones de extrema derecha. Los códigos masculinos a los que aluden son preponderantes, y se fueron consolidando sobre la base de pactos transversales entre varones. La masculinidad, la virilidad, la hombría y la valentía se construían y se reforzaban a diario a través de la militancia.

2. La camaradería y la masculinidad

Para el MNT había una serie de valores irrenunciables; la agrupación enaltecía la valentía, el sacrificio, la violencia y la lucha, además de que sus integrantes demostraban una gran afición hacia la acción directa (Gillespie 1987). Estos valores —eminentemente masculinos— eran permanentemente inculcados a la militancia.

> Entonces los campamentos, nosotros acá hacíamos en la isla [cerca de la ciudad de Paraná, Entre Ríos]. [...] Entonces nosotros nos internábamos en la isla y hacíamos campamentos de sobrevivencia. Entonces los campamentos de sobrevivencia significaban también todo el tema de disciplina, qué sé yo, hacer el campamento con palos, tipo *boy scouts*. [...] Entonces vos convivías, se racionaba la comida, entonces era como que tenía que ver con esa disciplina que se quería imponer. La autoridad de los jefes sobre la soldadesca. [...] Y nosotros hacíamos campamentos nacionales en Córdoba, en las altas montañas, donde vos ibas y te cagabas de frío durante la noche, durante el día muertos de calor.
> Albornoz: Había que sufrir, digamos.
> Castillo: Había que sufrir. Entonces se hacían caminatas y qué sé yo... Entonces bajaban línea...
> Albornoz: ¿E iban de todo el país?

Castillo: De todo el país.

Albornoz: Ah, mucha gente entonces.

Castillo: Y, ponele que sean 50, 30. Entre 30 y 50. Yo fui a dos. Me acuerdo que era de… allá en Calamuchita, no, Villa General Belgrano, pero ahí para arriba, en las Altas Cumbres [en la provincia de Córdoba]. Y bueno, iban de todo el país, y ahí se hacían esos campamentos de sobrevivencia donde se bajaba línea política, digamos. Muy religiosos, rezabas el rosario.[159]

La trayectoria de un militante de Tacuara se forjaba en distintas instancias: cotidianamente, en las reuniones semanales, mediante la sugerencia y la discusión de lecturas y de temas de actualidad, en sus acciones demostrativas y violentas y en los campamentos de formación.[160] Estas jornadas, organizadas en conjunto por la Secretaría de Organización y el Departamento de Formación (Padrón 2017), eran dedicadas también a la formación intelectual y espiritual. Además de rezar el rosario, muchas veces recibían la visita de sacerdotes nacionalistas, que incluso en algunas ocasiones daban misa.[161]

Otro de los elementos centrales de los campamentos era el entrenamiento físico: llevaban a cabo duras pruebas y realizaban ejercicios militares. En ese marco, las prácticas de tiro eran una constante: "Se marchaba, se tiraba con alguna arma que hubiera… Se tiraba tiro";[162] "alguna vez se llevaba algún rifle, alguna pistola, qué sé yo, para tirar al blanco".[163]

---

159 Entrevista a Castillo, Paraná, provincia de Entre Ríos, 3/1/2020.

160 Cabe señalar que se trataba de una metodología compartida por numerosas organizaciones en los 60 y 70, no era exclusiva del nacionalismo argentino. Ciertas prácticas allí vividas pueden asociarse con el servicio militar obligatorio.

161 Según Castillo, "a veces iban curas, o excuras, o seminaristas, entonces guiaban tipo retiros espirituales" (Entrevista a Castillo, Paraná, provincia de Entre Ríos, 3/1/2020).

162 Entrevista a Pella y Gutiérrez Rivero, Ciudad Autónoma de Buenos Aires, 26/11/2018.

163 Entrevista a Castillo, Paraná, provincia de Entre Ríos, 3/1/2020.

En los campamentos se entrenaban también el temple, la resistencia y la valentía, valores considerados exclusivamente masculinos. La finalidad era concretar una formación completa, que incluyera la preparación del carácter y el cuerpo para la revolución. En esas instancias, se cultivaba la disciplina como valor primordial. Cuando esta no era respetada correspondía un castigo. Los castigos eran variados, y eran determinados por los superiores en función de la gravedad de la falta cometida.

> Castillo: Los campamentos tenían que ver con la disciplina, ¿me entendés? Nosotros teníamos un régimen interno militarizado, donde había una escala, una verticalidad, obviamente de mayor a menor. Y vos tenías un error, te mandabas alguna macana o un algo, entonces te sancionaban. ¿Cómo? Te daban aceite de ricino. Entonces tenías que tomar una botellita de 50 gramos de aceite de ricino que tenías que comprar en la farmacia y tenías que tomarlo.
> Albornoz: Ah, ¿tenían que comprarlo?
> Castillo: Vos lo comprabas, lo tomabas delante de todos. Una afrenta… claro. Pero era, suponete, en las reuniones, había tipos de todas las edades. Entonces los más pendejos siempre hacíamos macanas. Entonces vos veías que te castigaban. Entonces: hacer flexiones de cuello. Entonces a los 10 minutos te caías. Flexiones de dedo. Mientras estaban, seguía la conversación, vos tenías que estar con los dedos así [movimientos de flexiones de los dedos pulgares], suponete. A los diez minutos te acalambrás los dedos. Todo era para disciplinarte, ¿me entendés? Eso tenía que ver con la disciplina y con la escala jerárquica que era una conformación, no te digo militar, pero tenía un contenido vertical.[164]

La disciplina como rectora de la militancia, entonces, tenía como contraposición el castigo cuando no era respetada. El uso del aceite de ricino[165] y los ejercicios físicos excesivos, entre otros, eran las sanciones previstas

---

164 *Ibid.*

165 El aceite de ricino usado como punición por sus propiedades laxantes fue utilizado originalmente por el fascismo italiano, y luego por la Falange Española, contra los enemigos políticos de estos regímenes. Tacuara retomó la

Figura 12. Grupo de militantes del MNT efectuando el saludo romano durante un campamento en la localidad de Ezeiza. *El Mundo,* 17 de octubre de 1962. Fuente: Biblioteca Nacional Mariano Moreno, Archivos y colecciones, Fondo Olegario Becerra, caja 103 (foto de la autora).

para quienes desafiaran o no siguieran al pie de la letra las reglas impuestas desde la cúspide, o quienes decidieran actuar autónomamente, sin contemplar la estructura jerárquica de la agrupación.

En la figura 12 se observa a un grupo de militantes de Tacuara frente a José Baxter, en un campamento realizado en la localidad de Ezeiza, situada a aproximadamente 40 km de la ciudad de Buenos Aires, en octubre de 1962. Están en formación militar, alineados como soldados, con el brazo derecho en alto a modo de salutación. El saludo romano, tomado del fascismo italiano, fue una de las apropiaciones en el terreno de lo simbólico por parte del MNT.[166]

En estas instancias, los mismos participantes generaban intencionalmente condiciones de incomodidad y se imponían difíciles pruebas de supervivencia. A propósito —y de modo ilustrativo—, Bianchi recordó que "una vez trajeron lentejas, había que estar soplando las lentejas para que se fueran los gorgojos".[167]

Comida básica, escasa y, con muchas probabilidades, en mal estado, temperaturas extremas, largas caminatas y otras pruebas físicas eran parte

---

estrategia y la modificó, para que sirviera a los fines del disciplinamiento de los cuerpos al interior del movimiento.

166 Trataré esta cuestión en el capítulo 4.

167 Entrevista a Bianchi, Ciudad Autónoma de Buenos Aires, 22/11/2019.

de las duras experiencias que debían vivir para entrenarse como *verdaderos hombres*. El sacrificio y el sufrimiento eran deseables e ineludibles, y se conjugaban con la importancia de la resistencia física, la temeridad, el coraje y la virilidad. Estos valores cimentaban la cohesión y fortalecían también las relaciones personales.

> En esos campamentos de convivencia se forjaban amistades, ¿me entendés? Amistades que te duraban toda la vida. Era el tipo que pensaba como vos, que actuaba como vos y [en el] que en cierta medida podías respaldarte en algún momento. Y bueno, hubo en general grandes relaciones en esos años. Esos eran los campamentos.[168]

Amistad, solidaridad, fidelidad constituían la base de las relaciones que se forjaban en la militancia, que muchas veces nacían y se reforzaban en los campamentos. La hermandad en la lucha, en la unidad política eran componentes centrales de la camaradería.[169]

> Y había también, como éramos peleadores, la idea de que un campamento generaba lo que genera cualquier fuerza armada en cualquier lugar del mundo: una solidaridad con el que uno tiene al lado, es decir que uno sepa que si los que vienen son muchos, el de al lado no se va a ir a tomar un café en ese momento, que se va a quedar. Esa cosa que produce la confianza y la *hermandad en la unidad política* y un estilo frente a la conducta que se debe asumir.[170]

---

168 Entrevista a Castillo, Paraná, provincia de Entre Ríos, 3/1/2020.

169 En el marco de su investigación acerca del Operativo Independencia, campaña militar contrainsurgente que se desarrolló en Tucumán entre 1975 y 1977, Santiago Garaño (2023) resalta la centralidad de la camaradería y la lealtad masculinas, junto con las nociones de sacrificio, valentía, hombría, coraje y heroísmo, como "cosas de hombres", entre los militares que fueron parte del operativo y que llevaron adelante una dura represión de la "subversión".

170 Entrevista a Cervera, Ciudad Autónoma de Buenos Aires, 15/11/2019. Las cursivas son propias.

Los lazos de camaradería constituían una densa red que formaba la base de la militancia tanto de Tacuara como de la GRN. Los campamentos estaban pensados como espacios para alimentar estos vínculos de solidaridad, que se regían por los principios de fidelidad y masculinidad. Se trataba de un código de caballeros, de un pacto inquebrantable entre varones que compartían una visión del mundo y del pasado, una serie de valores y una idea acerca del destino de la Argentina e Hispanoamérica. Formaban parte, en síntesis, de una misma cultura política.

En *Ofensiva* se define a la camaradería "como la piedra de toque, el índice seguro de la marcha interna de la organización".[171] Señalan que impone algunos deberes. En primer lugar, la lealtad —vertical—, clave para el MNT. Esta "comienza desde la lealtad al 'Camarada Cristo' y pasando por todos los escalones jerárquicos de la organización, termina en el último camarada".[172] En segundo lugar, el sacrificio:

> No resulta difícil sentirse unido al resto de los camaradas cuando las circunstancias exteriores se vuelven más adversas de lo común. El sentimiento de supervivencia que como seres humanos llevamos dentro, hace que instintivamente estrechemos filas cuando se nos ataca. El camarada que tenemos a nuestro lado se vuelve entonces no solamente el amigo y el hermano que podría unir su sangre a la nuestra, si nos toca caer juntos: se convierte también en la única defensa que nos queda, además de nuestro coraje personal.[173]

El sacrificio, la entrega y la sinceridad eran características sobresalientes de la camaradería; eran parte de un compromiso ineludible entre compañeros de militancia. La camaradería era tan relevante para los nacionalistas que hablar mal de un "camarada" que no estuviera presente era considerado una "falta de estilo" que podía ser severamente castigada.[174]

---

171 *Ofensiva*, N.° 11, noviembre de 1962.

172 *Ibid.*

173 *Ibid.*

174 Así lo manifestó un testimonio recogido por Padrón (2017).

Figura 13. Pintada en un muro de la ciudad de Buenos Aires, en la calle Agüero entre Av. Santa Fe y Güemes. *Así,* N.° 336, 5 de julio de 1962. Fuente: Hemeroteca de la Biblioteca Nacional Mariano Moreno (foto de la autora).

El enaltecimiento de la camaradería —en vinculación con los códigos de honor entre caballeros—, planteada ya en 1962 en *Ofensiva,* es decir en el momento de mayor auge de Tacuara, como piedra angular, perdura en los discursos de los exmilitantes. Muchos de ellos siguen unidos por estos lazos, que se perpetúan en el tiempo. En varios de los intercambios públicos observados entre algunos de ellos en la red social Facebook, utilizan aún hoy con frecuencia la palabra "camarada" para referirse unos a otros.

No está de más señalar que estos mutuos reconocimientos y solidaridades se daban estrictamente entre varones. La virilidad era una particularidad del nacionalismo, y los militantes de Tacuara se autorrepresentaban como "machos" (figura 13). Frente a ello, a sus adversarios solían atribuirles adjetivos relacionados con la femineidad, a modo de descrédito. Es decir que la adjudicación de características femeninas tenía una función de descalificación en términos discursivos (Campos, 2019c).[175] La caballerosidad y la valentía se entrelazan permanentemente

---

[175] A menudo, se utilizó la feminización como estrategia discursiva para denigrar a las izquierdas, la democracia y el liberalismo. Por ejemplo, en un boletín de 1960, Ezcurra escribía: "nuestra pobre Patria, nacida para grandes destinos en frustración constante, corcovea para sacarse de encima a esta gorda caduca, que con las riendas en la mano le está haciendo hacer piruetas de locura.

con la masculinidad y con una concepción fuertemente conservadora de las relaciones y los roles de género.

3. Don Quijote al rescate de Dulcinea

> En una oportunidad, comiendo solo mientras ojeaba una revista, sentí el ruido de una sonora bofetada: en la barra una señora tenía la cara dada vuelta por un golpe y de una mesa cercana a la mía, en la que había visto cuatro comensales, faltaba el autor de la agresión. En un segundo estuve al lado suyo y tomándolo del cuello del saco lo tiré diez metros para atrás; un conocido que también estaba en la barra me dijo, como aconsejándome, que no me metiera; lo miré con un cierto desprecio y le dije que si él no se metía por lo menos no estorbara. Ya se habían levantado los tres acompañantes del protagonista y venían hacia mí formando una cuadrilla; coloqué las mesas vecinas de modo que los obligaran a avanzar de a uno, por lo que ninguno daba un paso, mientras hacían visajes y amenazaban a la distancia.[176]

Cervera (2019) comparte en su autobiografía este relato que lo ubica en la Argentina democrática pos 1983. Según él mismo narra, en un restaurante del centro porteño intervino para acudir en ayuda de una "damisela en peligro", que había sido golpeada por su pareja. Sus códigos morales, masculinos, caballerescos, no le permitieron no intervenir, como había sugerido el otro personaje que entró en escena; como él mismo destaca, decidió involucrarse.

Porque esto que estamos presenciando, que son los estertores de un régimen decadente, la democracia liberal, de instituciones, hombres, parlamentos y partidos de un régimen de supervivientes, tiene todas las características de un circo y un sainete" (en *Tacuara. Vocero de la revolución nacionalista*, N.° 8, 1960).

176 Autobiografía de Cervera, autopublicación, Buenos Aires, 2019.

Seguidamente, los mozos lograron calmar a los contendientes y cada uno regresó a su mesa. De acuerdo con el relato de Cervera, los cuatro hombres no habían tenido el valor de enfrentarse a él, ya que tenía un físico imponente. Según las reglas de los códigos masculinos, estos aparecen retratados como cobardes frente a un Cervera fuerte, valiente y justiciero.

La anécdota prosigue con el agresor de la mujer acercándose a su mesa y preguntándole: "¿Por qué te metés? Es mi mujer", a lo cual él respondió: "Delante de mí ningún hombre le pega a una mujer". Con esa frase refuerza su propia masculinidad y se erige en defensor del honor de la víctima. Como corolario, no se le habría permitido pagar la cuenta en reconocimiento a su noble actitud, autocelebrada en el relato. La conclusión es aún más triunfalista:

> Dejé una propina compensatoria y, pudiendo salir por una puerta más cercana, me dirigí a la que estaba ubicada en la ochava, para lo que tenía que pasar frente a la barra; al hacerlo Dulcinea se colgó de mi brazo y me dijo sonriente: "No me dejes aquí porque me mata"; después de asegurarme de que no vivía en Villa Lugano sino a una cuadra del escenario de la disputa, salí con ella del brazo.[177]

Dulcinea,[178] agradecida con Cervera, héroe de esa noche, lo eligió como acompañante en esa ocasión. Se retiraron juntos, con ella aferrada a su brazo, en gesto de agradecimiento y de reconocimiento de su noble actitud. Su masculinidad y su virilidad son exaltadas al máximo: como defensor de la mujer agredida frente a quienes le aconsejaban que no se involucrara y como triunfante frente a cuatro hombres que se acobardaron ante su presencia; a ello se añade el reconocimiento por parte de los dueños del restaurante, que no permitieron que pagara la cuenta y, por

---

177 *Ibid.*

178 La elección del nombre refiere a Dulcinea del Toboso, personaje ficticio de la obra de Miguel de Cervantes. Dulcinea es representada como una mujer bella y perfecta, inspiración de Don Quijote de la Mancha. Tal como en la anécdota de Cervera, Dulcinea despierta en los varones sentimientos de deseo y protección.

supuesto, el gran premio final por su coraje y compromiso, *summum* del ensalzamiento de la masculinidad: irse acompañado por Dulcinea frente a la mirada de su pareja.

Volviendo atrás unas cuatro décadas, me referiré a otra anécdota extraída de la autobiografía de Cervera que también resulta sintomática de la centralidad de la construcción de la masculinidad en las biografías de los militantes del nacionalismo de derecha. En los años 40, cuando era apenas un niño que ingresaba a primer año inferior[179] en un nuevo colegio, Cervera comenzó a forjar su espíritu de pelea y la concepción de que las mujeres, débiles, deben ser defendidas, como parte del honor masculino.

> Tenía pocos días cursando el primer grado inferior, cuando un chico más grande que yo me insultó con un insulto que nunca en mi vida he dejado pasar impunemente porque se refería a mi madre. Le salté al cuello y cuando estuvo en el suelo le golpeé la cabeza contra el piso, sin tener en cuenta que no estábamos en el jardín sino en la parte embaldosada del patio, hasta que su cabeza se convirtió en un surtidor purpúreo. Por supuesto, no había, de mi parte, ninguna forma de odio. Era simplemente la intención de dejar aclarado que a mi madre había que mencionarla con respeto. […] Le conté [a mi padre] el episodio en su totalidad y entonces agregó: "Está bien, nunca dejes que se le falte el respeto a tu madre".[180]

La autobiografía de Cervera tiene una particular apertura: "Nací bajo el signo de la violencia". La violencia es uno de los principales hilos conductores que atraviesan el relato de su vida, ya desde la infancia. En esta anécdota, resalta su autorrepresentación y autoconstrucción como valiente, justiciero, honrado e implacable; exhibe el coraje de un niño de apenas siete años que se enfrentó —y le ganó— a un muchacho mayor por defender el honor de su madre. A diferencia de las mujeres, el honor

---

179 En el antiguo sistema educativo argentino, primer año inferior correspondía a la edad de 6-7 años.

180 Autobiografía de Cervera, autopublicación, Buenos Aires, 2019.

del varón exige coraje, y esto implica una "obligación" ineludible por parte de todo "caballero" de defender a las mujeres (Pitt-Rivers 1999). Según esta concepción, las mujeres son seres débiles y frágiles que necesitan la protección masculina. En otras palabras, el honor de la mujer solo puede ser conservado mediante la custodia de un varón.

La construcción de la masculinidad de Cervera empieza desde una temprana edad: era un niño que, desde muy pequeño, se destacaba por su fuerza y sus habilidades para la pelea. Su padre, militar y miembro del Grupo de Oficiales Unidos (GOU),[181] celebró la acción de defensa del honor de su madre; la inculcación de este tipo de ideas a una edad tan temprana proviene con seguridad del seno familiar.

Si bien estas anécdotas no corresponden al período de militancia de Cervera en Tacuara, resultan útiles para explicar cómo se construye un militante de extrema derecha. Además, ofrecen elementos para dilucidar cómo se forjan la masculinidad y la caballerosidad, componentes centrales de la cultura política de Tacuara.

Creo oportuno señalar, asimismo, que los indicios acerca de la concepción de las relaciones de género y de la violencia por parte del MNT y la GRN que emergen de estos relatos no son para nada atípicos. Por el contrario, coinciden con visiones tradicionalistas que prevalecían y que se han ido paulatinamente superando, pero que perviven —marginalmente— hasta la actualidad en sectores que propugnan la recuperación de valores vetustos, añejos.

---

181 El GOU fue una logia secreta conformada por coroneles y tenientes del Ejército Argentino de tendencia nacionalista, que desempeñó un papel clave en el golpe de Estado de 1943 que derrocó a Ramón Castillo. Sus miembros ocuparon posiciones clave en el régimen instalado posteriormente. De los conflictos internos en el seno del GOU surgió como figura relevante Juan Domingo Perón (Torre 2002).

4. "¡Basta de maricones afeminados y reblandecidos!"

Una tarde de primavera, a fines de 1968, se congregó un amplio grupo de militantes de Tacuara en un barrio céntrico de la ciudad de Santa Fe. El encuentro se llevó a cabo en una casa que alquilaba Pedro Cinarelli. Sin embargo, no se trataba de una reunión como las que solían mantener, en las cuales primaba la formación militante, intelectual y religiosa, así como la discusión acerca de temas de la actualidad política del país y del mundo.

En primer lugar, la concurrencia fue mucho más tupida de lo habitual: los militantes santafesinos, que por entonces ostentaban la dirección de la agrupación a nivel nacional, recibieron a sus "camaradas" de otros "fortines", ubicados en Rosario, Esperanza (una pequeña localidad de la provincia de Santa Fe, cercana a su capital), Paraná y Córdoba. En esos centros urbanos Tacuara todavía tenía una presencia considerable, y sus miembros mantenían un importante grado de participación en las decisiones.

En segundo lugar, la razón que los convocó aquel día era muy poco habitual: su jefe nacional, Juan Mario Collins, sería sometido a un peculiar proceso judicial diseñado por ellos mismos. Los militantes de Tacuara ya no querían continuar bajo su mando por varios motivos. Se trató a todas luces de un golpe interno. Por una parte, juzgaban su estilo como demasiado conservador, atado a un pasado que ya consideraban lejano. La "revolución nacionalsindicalista" en términos primoderriveristas, recuperada y entronizada por Collins, ya no era tan atractiva para ellos a finales de los años 60. En otras palabras, la vieja revolución falangista, horizonte de la militancia del MNT desde fines de los años 50, estaba siendo duramente cuestionada.

> Manfredi: Cuando se va Ezcurra, queda Juan Mario Collins. [...] Y le hacen un planteo. Copello y García. García era muy metódico. Escribió una lista enorme de todo lo que hacía mal. Y ahí Collins renunció y quedó muy afectado. Pero fue una cosa grande, fui yo, de Rosario, gente de Buenos Aires... Era una especie de rebelión.
> Albornoz: ¿Cuál era el planteo que le hicieron?

> Manfredi: Se planteó que Tacuara no podía seguir en la misma tónica del nacionalismo clásico. Un planteo de lo que era la mentalidad… decíamos que había que hacer una revolución. Pero era una concepción nueva de una revolución. A los viejos nacionalistas les cayó como una patada al hígado.[182]

La conducción de Collins, que apuntaba a volver a los orígenes y a restaurar en la agrupación los principios fundantes del PBR, resultaba anacrónica y difícil de sostener. En contraste con esta visión, se estaban formulando nuevas ideas, que implicaron dejar atrás el nacionalismo tal como lo habían predicado hasta ese momento; cuestionaban el viejo concepto de revolución y comenzaban a pensar uno nuevo, con vistas a la proximidad de la toma de las armas. Tal como expliqué en el capítulo 1, el santafesino Manuel "Bicho" García, quien asumió la jefatura tras la destitución de Collins, fue el líder de esta redefinición del movimiento. También fue quien tomó las riendas del juicio interno.

Otro factor fundamental a la hora de elegir el cambio de jefatura en Tacuara tuvo que ver con la heteronormatividad que regía tanto en el movimiento como en el nacionalismo en general.

> Cinarelli: A Collins… llegó un momento que ya era… muy cariñoso, era un poco cariñoso, cosa que a mí… yo lo tenía ahí… [gesto con la mano que indica la marcación de una distancia física]. Entonces un día se juntan… Yo alquilaba una casa […]. Ahí se le hizo el juicio. Vino gente de Buenos Aires, de Rosario, de Paraná, que era un comando bastante interesante, de Esperanza creo que vino uno y de Córdoba. Y ahí lo juzgaron. Y pusieron dos o tres testigos.
> Albornoz: ¿Y por qué?
> Cinarelli: Por cariñoso.
> Albornoz: Ah, ¿sí? ¿Por eso lo juzgaron?
> Cinarelli: Claro… ¿Cómo vamos a tener un jefe…? Porque ¿qué es lo que pasa? Cuando Ezcurra se mete de cura el que asume como jefe nacional es Juan Mario Collins. Que lo pone Ezcurra. […] Y ahí

---

182 Entrevista a Manfredi, Rosario, provincia de Santa Fe, 16/12/2019.

lo juzgan. Y bueno, y presentan testigos, y qué sé yo, lo destituyen y lo eligen de jefe a Manuel Eduardo García, alias "el Bicho".[183]

En los años 60, la homosexualidad era todavía un tabú. Más aún en un centro urbano de dimensiones relativamente pequeñas como era la ciudad de Santa Fe en ese entonces. De hecho, es un tabú aún hoy para Cinarelli, quien no logra ponerlo en palabras, sino que se limita a decir que Collins era "cariñoso". Si la orientación sexual era un problema para importantes sectores de la sociedad, lo era más aún para Tacuara, donde la masculinidad, la virilidad, la exaltación de la familia y el tradicionalismo católico eran mandatos imperiosos e inviolables. La condena a la homosexualidad era preponderante en una agrupación eminentemente masculina.

En la memoria de Cinarelli el acento está colocado en la homosexualidad de Collins, que resultaba "indigna" para un movimiento nacionalista. Pero en otros casos, este aspecto aparece silenciado. Un ejemplo es el relato de Manfredi, que lo omite plenamente. Otro ocurre durante la entrevista con Pella y Gutiérrez Rivero publicada en YouTube; este último menciona que Collins "fue asesinado vilmente en Santa Fe".[184] Gutiérrez Rivero omitió que, en enero del 2000, fue estrangulado con una corbata, tras lo cual fue hallado atado de pies y manos (Bardini 2002).

Como se evidencia a partir del trato recibido por Collins, depuesto por sus propios "camaradas", la heteronormatividad era una regla severa en el marco de la organización. Así era también en el caso de la GRN. A título de ejemplo, en uno de los boletines de esta organización, figura la siguiente proclama:

POR LA RESTAURACIÓN PLENA DE LOS VALORES ETERNOS DE LA PATRIA...
POR LA VUELTA A LAS ESENCIAS DE LA NACIONALIDAD ARGENTINA...

---

183 Entrevista a Cinarelli, Santa Fe, provincia de Santa Fe, 10/11/2019.

184 Entrevista a Pella y Gutiérrez Rivero, publicada en YouTube, Buenos Aires, 14/12/2012.

> POR UNA JUVENTUD SANA Y COMBATIENTE AL SERVICIO DE DIOS Y LA PATRIA.
> ¡BASTA DE MARICONES AFEMINADOS Y REBLANDECIDOS!
> ¡CONSCRIPCIÓN OBLIGATORIA![185]

El uso despectivo del vocablo "maricones", contrapuesto a la disciplina militar en el marco del reclamo por la conscripción obligatoria, no deja dudas acerca del posicionamiento de esta agrupación.

La discursividad de Tacuara demostraba una fuerte aversión hacia lo que ellos concebían como "desviaciones" o como "desbordes sexuales". Su retórica estaba cargada de elementos homofóbicos y misóginos. Más allá del ámbito meramente discursivo, el apartamiento de Collins de la jefatura —y su expulsión como militante de Tacuara— fue prueba de que el discurso homofóbico y heteronormativo tenía su correlato en las acciones de la agrupación.

La homosexualidad no solamente era mal vista, sino que estaba prohibida en el marco del nacionalismo, por ir en contra de los mandatos de exaltación de la virilidad y la masculinidad. Por otra parte, no se ajustaba a los estrechos marcos del ideal de familia católica tradicional defendido a ultranza por el nacionalismo de derecha. Dentro de la camaradería tacuarista no había lugar para quienes no demostraran ser "auténticos varones".

5. "Las mujeres en esa época se dedicaban a otra cosa"

Considerando el recorrido realizado hasta aquí, se impone un interrogante: ¿es posible que algunas mujeres de derecha se hayan colado por los intersticios de la densa malla constituida por los mandatos masculinos del nacionalismo, y que hayan conseguido el carnet de militantes de Tacuara? Movimientos de izquierda y del peronismo, hacia fines de

---

185 *Mazorca*, año II, N.º 14, 1968. El subrayado es original de la fuente.

los 60 y durante los 70, tuvieron amplia participación femenina.[186] En cambio, el MNT estaba integrado sustancialmente por hombres. Se trataba de una "fraternidad de varones", aunque no fue una organización exclusivamente masculina (Campos 2019c).

Hay elementos que permiten abrir interrogantes y recoger algunos indicios acerca de la participación femenina en estos movimientos predominantemente masculinos, aunque esta haya sido notoriamente minoritaria y, en definitiva, poco significativa. Esto no es de extrañar, dadas las características mencionadas de estas organizaciones.

El primer indicio se encuentra en un testimonio recogido por Juan Manuel Padrón (2017). El ex-Tacuara Oscar Denovi manifestó que su esposa no solamente lo acompañaba a todos los actos públicos realizados por el MNT (aunque no era miembro oficial ni participaba de las reuniones internas), sino que también fue parte de la Unión Cívica Nacionalista (UCN)[187] como candidata a concejala en 1962.

Este mismo ex-Tacuara brindó un segundo indicio de participación femenina, aunque allí colocaba a las mujeres en una posición marginal:

> Nosotros cuando nos enfrentábamos a los comunistas, que tuvimos dos en la calle Lavalle, que los comunistas venían en manifestación, entonces salimos nosotros: "Viva Tacuara" y qué sé yo, y había mujeres, y me acuerdo que Horacio Bonfanti dijo: "Las mujeres afuera", y ahí empezamos a las piñas con los tipos... (Denovi, cit. en Padrón 2017, 240)

A pesar de que hubieran sido apartadas, relegadas en el enfrentamiento cuerpo a cuerpo, el testimonio da cuenta de la presencia de mujeres, probablemente en ambos grupos. En la entrevista que este mismo exmilitante concedió a Pablo Vázquez, ante la pregunta por la participación femenina en el MNT respondió lo siguiente: "Tuvimos dos, [a] una le

---

186 A propósito de la militancia femenina en los 70, véanse Andújar *et al.* 2005; Oberti 2013; Cosse 2019.

187 Este partido, creado en 1942, se ubicaba en el marco del nacionalismo argentino. Mantuvo estrechos vínculos con Tacuara, e incluso constituyó una vía electoral para su militancia.

decíamos Cascote, con eso te lo digo todo, y otra no me acuerdo. No recuerdo quién las trajo o si vinieron solas…" (Denovi, cit. en Vázquez 2024, 619). El seudónimo aplicado a una de estas mujeres, "Cascote" (es decir, un pedazo de escombro o de piedra), acompañado de la expresión de complicidad ("con eso te lo digo todo"), introduce una insinuación acerca de la atribución de características socialmente conocidas como "masculinas", probablemente relacionadas con determinados rasgos físicos o con un carácter fuerte o agresivo.

Por otro lado, Campos (2019c) identificó una mención a las "Brigadas Femeninas del MNRT" en ocasión de un acto de conmemoración de José de San Martín en Goya, Corrientes, el 17 de agosto de 1964. Sin embargo, se trata de una fuente correspondiente a la escisión izquierdista de Tacuara y de un comando secundario, además de ser una referencia aislada.

En los documentos producidos por Tacuara y la GRN que he podido recoger, no aparecieron señales que puedan indicar la inclusión femenina en el seno de estas agrupaciones nacionalistas. No obstante, hubo algunas menciones a esta cuestión en las entrevistas a sus exmilitantes.

> Bellino: Teníamos chicas que ya estaban adiestradas, que agarraban a las zurdas de los pelos por las escaleras.
> Albornoz: ¿Chicas? ¿En serio? ¿Había mujeres también?
> Bellino: Sí, sí. Sí, teníamos mujeres.
> Albornoz: ¿En las Brigadas Sindicales?
> Bellino: Sí.
> Albornoz: ¿Y entrenaban también?
> Bellino: Entrenaban también. Sí, sí, sí. Ciertas cosas que se mantenían así. Ahora pasa el tiempo y ya es irrelevante.
> Albornoz: ¿Y eran pocas?
> Bellino: Eh, sí, pocas.
> Albornoz: ¿Y participaban también de las reuniones?
> Bellino: Pero sí, sí, sí, sí. Eran muy "milicos" ellas, muy verticalistas. Lo que decía el jefe, se hacía. Nosotros también nos habíamos acostumbrado a eso. Era raro que se discutiera alguna orden.[188]

---

188 Entrevista a Bellino, Mar del Plata, provincia de Buenos Aires, 22/11/2019.

Del testimonio de Bellino se desprende la posibilidad de que haya habido un número reducido de mujeres en las Brigadas Sindicales. Resulta llamativo que las coloque en una posición de lucha física, como parte de la fuerza de choque tacuarista. Su rol en la pelea, empero, habría estado orientado a enfrentarse a otras mujeres, a "las zurdas". También afirma que participaban de las reuniones generales, lo cual resulta menos probable, o al menos no he encontrado ninguna referencia que respalde tal afirmación. Es posible que se trate de un recuerdo equivocado (Portelli 2007) o, tal vez, exagerado por parte del entrevistado.

Asimismo, Cinarelli hizo una mención a la posible participación —secundaria— de mujeres en el núcleo de Tacuara de la ciudad de Santa Fe, al deslizar que la bandera —que conservaba como recuerdo en su casa— había sido confeccionada por "unas chicas camaradas de ese entonces". Cuando indagué explícitamente acerca de esta referencia, expresó:

> Cinarelli: No sé si… en Buenos Aires puede ser [que hubiera mujeres en el MNT], pero de acá [en Santa Fe]… Sé que hicieron —pero a lo mejor eran novias de los camaradas— la famosa bandera, pero yo no las conocí.
> Albornoz: Claro, no eran parte del núcleo, digamos.
> Cinarelli: No, no, porque *las mujeres en esa época se dedicaban a otra cosa*. Ahora creo que si tuviera vigencia Tacuara, creo que el 80% serían mujeres. Claro, porque estarían armadas para combatir al pañuelito verde[189] y a las feministas. Así que te imaginás…[190]

En síntesis, si bien estos testimonios abren una ventana de posibilidad a la presencia femenina —con roles menores—, reproducen la lógica según la cual la militancia en Tacuara era eminentemente masculina. Las mujeres, cuando aparecen, lo hacen en posiciones subalternas, o con atributos "masculinos".

---

189 El pañuelo verde simboliza la adhesión a la Campaña Nacional por el Derecho al Aborto Legal, Seguro y Gratuito.

190 Entrevista a Cinarelli, Santa Fe, provincia de Santa Fe, 10/11/2019. Las cursivas son propias.

La frase pronunciada por Cinarelli "las mujeres en esa época se dedicaban a otra cosa" sintetiza su concepción de los roles de género. En un contexto en el cual la liberación de la mujer y de la sexualidad cobraba fuerza, junto con la difusión de la anticoncepción y el quiebre generacional que estos cambios trajeron aparejados (Manzano 2017), se multiplicó la resistencia de los sectores conservadores y reaccionarios (aunque no solo de parte de ellos). Estos se rebelaron contra la expansión de las corrientes feministas y buscaron, como contrapartida, sostener valores tradicionalistas, como aquellos que defendía Tacuara. Estas premisas retrógradas, que confinaban a la mujer en el hogar y la maternidad, se manifiestan con claridad en un poema escrito por un "camarada", Héctor Pedro Soulé Tonelli,[191] publicado en el boletín *Ofensiva*, bajo el título "Salutación de una esperanza madre".

> Oh, mujer de la siembra y el rebaño
> que por las azoteas del insomnio
> ovillas en la cuenca de tus horas
> nueve lunas de albricias y de miedo!
> Salve los siete días de tu espera!
> Salve las cinco aristas de la estrella
> que te desgarrará en alumbramiento!
> Loada sea madre que proyectas
> un cálido destino en tus entrañas!
> Loada seas porque aunque eches tu hijo
> al círculo de fuego de la tierra
> —su finca temporal— habrás de atarlo
> al amor de otro reino sin mudanza!
> Loada sea la voz que en la semilla
> promueve la erupción del hombre nuevo!...[192]

---

191 Soulé Tonelli fue un escritor y poeta nacionalista que formó parte del MNT en su juventud.

192 *Ofensiva*, s/n, s.f.

En esos versos queda plasmada la función deseable para las mujeres desde la perspectiva tacuarista, es decir, dar a luz y ser madres. Más tardíamente, en un artículo publicado por Federico Mihura Seeber[193] en *De pie* en 1967, se vuelven a reproducir estas concepciones y se añaden nuevos elementos ligados a los roles de género:

> … debe considerarse como aberrante y antinatural la tendencia, hoy generalizada, que pretende hacer de la mujer un igual del hombre en la actividad social, promoviéndose así la desnaturalización, no sólo de lo femenino con los valores sociales que le son anejos, sino también de lo social mismo, en cuanto que su riqueza de formas distintas proviene, en gran medida de la diferencia de sexos. […]
> La mujer, forma humana destinada a la recepción de la virtud generativa y a la gestación y crianza del nuevo individuo, encuentra en la familia el centro de referencia de sus relaciones sociales […] manifestándose en la familia un predominio de la formalidad femenina de la relación social, mientras que la política aparece signada por la predominancia del modo masculino. […]
> Estando todo el conjunto de relaciones sociales extrafamiliares: profesionales, jurídicas, etc., subsumidas bajo la formalidad suprema de lo político, la aprehensión de los valores políticos en sí mismos es propia de una mentalidad y de un corazón masculinos.[194]

De modo similar al poema citado más arriba, en este fragmento Mihura Seeber se explaya acerca de la propensión "natural" de las mujeres hacia la esfera doméstica, la gestación, la crianza y la familia. Esta perspectiva convertía al género femenino en incapaz de lidiar con "lo político", campo reservado estrictamente a las masculinidades, en una particular

---

[193] Federico Mihura Seeber colaboró asiduamente con numerosas publicaciones en el ámbito del nacionalismo argentino, como *Verbo, Cabildo* y *Mikael*. Esta última era la revista del seminario de Paraná, dirigida por el monseñor Adolfo Tortolo. Alberto Ezcurra formaba parte de su consejo de redacción (Rodríguez 2012).

[194] Federico Mihura Seeber. "Vocación social de la mujer". *De pie*, N.° 3, septiembre de 1967.

división del trabajo.¹⁹⁵ Más adelante, el autor amplía su discurso acerca de los efectos perniciosos que supuestamente podía acarrear el involucramiento de las mujeres en la política:

> Trasladada la mujer al campo de la relación social exterior, indefectiblemente ha de aplicar los mismos criterios y modos de conducta social que utiliza actuando en el medio familiar; lo cual conduce a la desorientación esterilizante de la mujer y, correlativamente, a una "femenización" [sic] también desnaturalizadora de la política. Porque la mujer no puede concebir la adhesión, estrictamente masculina, a las "causas generales"; el amor patrio como "afecto racional", y aun la adhesión a una persona en cuanto representación del Bien Común, no encuentran adecuado eco en el corazón femenino [...]
> Es porque valoramos a lo femenino en toda su excelencia por lo que deseamos para la mujer su ubicación social insustituible como esposa y como madre; en ella solamente puede alcanzar su verdadera dimensión y el cumplimiento de su vocación humana. Repudiamos por lo mismo todas las "promociones": sociales, culturales, económicas o profesionales, que bajo la máscara de la liberación de la mujer logran solamente rebajarla, haciendo de ella un mal substituto del hombre en sus actividades propias y privándola de todo lo que, auténticamente femenino, puede conducirla a su realización total.¹⁹⁶

Por lo tanto, de acuerdo con las ideas de Mihura Seeber, el "corazón femenino" no solamente no sería apto para participar en política, sino

---

195 Esta concepción acerca de los roles femeninos fue reforzada desde principios del siglo XIX. George Mosse (1996) afirma que, en aquel entonces, las mujeres estaban confinadas a una esfera que se distinguía claramente de aquella que era asignada a los varones. Debían dedicarse al hogar y a la educación de sus hijos e hijas, y no tenían lugar en la vida pública. Mosse agrega que la división del trabajo no implicaba que las mujeres eran necesariamente inferiores a los varones, sino que tenían diferentes funciones, que se suponían complementarias.

196 Federico Mihura Seeber. "Vocación social de la mujer". *De pie*, N.° 3, septiembre de 1967.

que tampoco estaría preparado para relacionarse por fuera del ámbito doméstico ni para generar "amor patrio". Este último, eminentemente racional, iba más allá de las "limitadas" posibilidades de las mujeres. El cumplimiento de sus roles biológicos, es decir, desempeñar su papel de esposa, gestar y maternar, sería la única y exclusiva vía hacia la realización personal femenina.[197]

Los episodios de agresión hacia Celia de la Serna, a los que aludí en el capítulo 2, también pueden observarse con una lente de género: era una figura femenina de gran relevancia política, dirigente del MLN y madre de un personaje político fundamental en la lucha de las izquierdas como lo fue Ernesto "Che" Guevara; ella no seguía esos rígidos patrones en los cuales la militancia nacionalista pretendía encasillar a las mujeres: por el contrario, Celia abandonaba la esfera de lo privado, el espacio doméstico, y se subía a escenarios para hablar a multitudes. Todo este cúmulo de elementos no podía más que provocar la ira de la militancia tacuarista, que se dedicaba a impugnarla y a boicotear sus apariciones en público.

Todas estas referencias ponen de relieve el rol que desde el nacionalismo se confería a las mujeres. Aun habiendo tenido algún grado mínimo de participación en el MNT, no se las consideraba militantes propiamente dichas. Su lugar, su función y su misión estaban anclados al hogar y a la crianza. Esta concepción de los roles de género, exteriorizada por Mihura Seeber y por Soulé Tonelli, es un elemento de continuidad dentro de la cultura política del nacionalismo en general, y de Tacuara en particular. Ante este panorama, un escenario militante con integrantes mujeres en igualdad de condiciones respecto de los varones se presenta como altamente improbable.

La credencial de militante, esa prueba de pertenencia a un universo masculino, a una fraternidad regida por la camaradería y los códigos de caballeros, era un privilegio que no correspondía a las mujeres. No obstante, es conveniente no descartar la posibilidad de que haya habido

---

[197] Estas ideas se corresponden con el modelo de mujer falangista defendido por el régimen de José Antonio Primo de Rivera. Este último, aferrado a la tradición, sostuvo un ideal de mujer que se dedicaba enteramente a la esfera doméstica y que, por lo tanto, se alejaba de la esfera pública (Lavail 2009).

participaciones femeninas fugaces en algunos momentos y en algunos comandos particulares, como se desprende de los testimonios recogidos y de las demás fuentes analizadas.

La masculinidad, inescindible de la violencia, fue uno de los cimientos de las militancias del MNT y la GRN. Del análisis de las memorias, como he explicado, surge una tendencia a matizar, a relativizar, a esconder e incluso a invisibilizar la violencia política.

En otro lugar (Albornoz 2022), afirmé que una razón que podría explicar al menos parcialmente esta circunstancia es la peculiaridad de las entrevistas, de los sujetos entrevistados y de los encuentros. Un factor que juega un papel en esta particular elaboración y transmisión de sus memorias tiene que ver con los prejuicios y las ideas que los entrevistados se van formando acerca de quien conduce la entrevista y la expectativa sobre el destino se les dará a sus palabras. No se pueden eludir las consecuencias que conlleva que las entrevistas hayan sido realizadas por una mujer, joven, historiadora que está en proceso de producción de su tesis doctoral.[198] Es preciso señalar que mi condición de mujer probablemente haya atemperado la formulación de relatos violentos, a la vez que agregó diversas notas de condescendencia en algunos de los relatos.

Por otro lado, se trata de exmilitantes de derecha que en algunos casos pasaron a integrar las filas de formaciones de izquierda o que abandonaron la militancia, pero que comparten la dura condena que cae en el presente sobre sus acciones pasadas. En muchos casos, aquellos que dan entrevistas pretenden reivindicar sus trayectorias y contar su propia versión de los hechos.

Tanto en los relatos de los ex-Tacuara como en los variados documentos recolectados surgen con firmeza la noción de caballerosidad y los códigos militantes de la época, que se entrecruzan con la masculinidad,

---

[198] Una experiencia similar fue la de Analía Goldentul, quien entrevistó a exmilitares condenados por delitos de lesa humanidad durante la última dictadura cívico-militar para su trabajo de tesis doctoral. Goldentul (2023) expresa que, en muchos de los encuentros que mantuvo, su género tendió a prevalecer por sobre su estatus como investigadora. Según aduce, este factor influyó para colocarla, por momentos, en una posición de inferioridad.

la virilidad, la heteronormatividad y con una concepción altamente conservadora de las relaciones de género. La figura de Cervera, que se autorrepresenta como Don Quijote al rescate de Dulcinea, y el apartamiento de Collins de la jefatura de Tacuara mediante un golpe interno son claros indicios de la prevalencia de estos elementos.

La reivindicación de una masculinidad tradicional se fundaba y se sostenía en la camaradería. Esta, a su vez, era exaltada como eje de la militancia. Era, además, una herramienta para conformar y fortalecer una identidad colectiva, plasmada en la posesión del carnet de militante, prerrogativa que estaba reservada para los varones. Las mujeres, si bien evidentemente tuvieron algún limitado grado de participación, no fueron dignas de este privilegio. Tacuara era "cosa de machos".

CAPÍTULO 4

Tacuara mira hacia Europa

JOSÉ ANTONIO cierra los ojos, fatigados de advertir vilezas y de atisbar un porvenir despiadado si no se le refrena: el final de una excelsa nación eternamente virginal para el que la ama. Él no tiene, por armas, más que su pluma y su razonamiento. Desde la celda se escucha la alerta de los centinelas y algún disparo por el Madrid del suburbio [...] A los pocos instantes se eleva un frío cantar: el cara al sol en el frío de las galerías de la cárcel. Alguien que pudo mirar por el chivato gritó: "¡Atención! ¡El Jefe Nacional!". Y desde dentro de las celdas, los falangistas saludan el paso de JOSÉ ANTONIO, esposado, entre uniformes negros y fusiles.

Un automóvil le lleva, y a su hermano Miguel, con tres policías apretándose a su cuerpo —otro coche cuajado de guardias de Asalto vigila y escolta—, a recorrer Madrid,[199] ¿por última vez...? ¡Sí, por última vez!

Era el 20 de noviembre de 1936.[200]

Este relato ficticio fue publicado en noviembre de 1962 en el boletín *Ofensiva*, a modo de homenaje en el aniversario de la muerte de José Antonio Primo de Rivera, líder de la Falange Española. Su autor, que firma como "Camarada Tomás Borrás", imagina un escenario heroico en el cual el condenado se encuentra en camino a cumplir con la pena

---

[199] En realidad, José Antonio Primo de Rivera estuvo preso en la cárcel de la ciudad de Alicante. Condenado a muerte por conspiración y rebelión militar contra el Gobierno de la Segunda República, el 20 de noviembre de 1936 fue fusilado en un patio de esa misma prisión.

[200] *Ofensiva*, N.° 11, noviembre de 1962.

capital, se retira de su celda con la frente en alto, rodeado por el sonido del himno falangista, *Cara al sol*, y los saludos respetuosos del resto de los presos. En esta narración, Primo de Rivera realiza un último recorrido en automóvil, a modo de despedida, y se dirige a afrontar la muerte dignamente, de acuerdo con los dictados de los códigos de honor.

Este es solamente un ejemplo de una presencia que se multiplica en todos los boletines del MNT y de la GRN, así como en las memorias. José Antonio Primo de Rivera se erigió como el principal referente político y como mártir del nacionalismo para los militantes argentinos.

A pesar de que Primo de Rivera cubrió seguramente un rol protagónico, otros representantes de los fascismos europeos[201] de entreguerras tuvieron también su cuota de participación en la historia de Tacuara. Como se verá, tanto Benito Mussolini como Adolf Hitler, principalmente, en varias ocasiones aparecen de distintas maneras en las fuentes históricas. Del programa de la Falange Española y de los regímenes fascista y nacionalsocialista, Tacuara y la GRN tomaron varios elementos y los resignificaron a la luz de su propia cruzada nacionalista.

Expongo aquí algunos interrogantes, que intentaré responder en las siguientes páginas: ¿cómo fue la recepción, integración y resignificación de las ideas de los fascismos europeos por parte de Tacuara? ¿Qué elementos tomaron del falangismo español, del fascismo italiano y del nazismo alemán? En la actualidad, sus exmilitantes, ¿se perciben como fascistas, nazis o falangistas? Para prestar atención a estas cuestiones, la perspectiva transnacional estará en el centro de la escena. Esta me permitirá colocar el acento sobre la dinámica circulación de ideas entre Europa y la Argentina, en particular aquellas formuladas por los fascismos del período de entreguerras.

Numerosas ideas provenientes de las derechas europeas circularon en el espacio atlántico desde la década de 1920. Así como los nacionalistas de las décadas anteriores admiraron a los fascismos europeos,

---

201 Giulia Albanese (2009) realiza un recorrido historiográfico en el cual toma en consideración diversas posturas respecto de los extensos debates en torno a la noción de fascismo y de su aplicabilidad como herramienta conceptual a diversos regímenes ubicados en diferentes latitudes y en distintos momentos de la historia.

pero no los copiaron, sino que se apropiaron de ellos y los reinventaron (Finchelstein 2010), los militantes de Tacuara realizaron sus apropiaciones y los integraron con elementos locales. Realizaron sus lecturas de manera activa, a modo de una reelaboración, y generaron una gran hibridez entre conceptos producidos fuera de la Argentina e ideas que ya circulaban en el país, especialmente en el marco del nacionalismo y del revisionismo histórico.

También, durante la primera mitad de la década de 1960 se fueron incorporando elementos provenientes del peronismo. De tal modo, conjugaron diversas culturas políticas, en un proceso que no estuvo exento de tensiones y conflictos.

1. Tacuara y el fascismo español

Corría el año 1962. Rubén Manfredi era un estudiante de la Escuela Industrial de la ciudad de Santa Fe. Tenía apenas 14 años cuando escuchó, por un compañero poco mayor que él, de un grupo de varones "nacionalistas" que se reunían periódicamente para debatir, estudiar y organizar distintas actividades. Había oído hablar del nacionalismo y muchas de sus ideas le resultaban atractivas. Enaltecer la patria, defender la soberanía nacional, luchar contra la "amenaza comunista" y resguardar la familia, en el marco del catolicismo, son algunas de las nociones con las que estaba más que de acuerdo. Así, el joven Manfredi decidió explorar de qué se trataba esa agrupación llamada Tacuara.

La primera reunión a la que asistió tuvo lugar en la parroquia Nuestra Señora de Lourdes, en el barrio de Barranquitas, a escasos metros del cementerio municipal. En Santa Fe, los curas de distintas iglesias frecuentemente prestaban espacios para que los miembros del comando local pudieran reunirse. Casi de inmediato, Manfredi percibió que estaba en el lugar correcto, donde quería estar, y que comenzaría allí un largo camino militante. Al finalizar aquel encuentro, como carta de presentación y, quizá, como señal de sumisión, se quedó a barrer el local; no lo hizo por obligación, sino porque sentía que tenía que hacerlo. Como novato y aspirante a ingresar a esa cofradía de varones, era su modo de colaborar y de hacer buena letra desde el principio con las jerarquías del movimiento.

En esa primera reunión, a Manfredi le dio la impresión de que se trataba más bien de un grupo de estudio, ya que se enredaban en largas discusiones acerca de distintas obras que los militantes debían leer: "Nos daban muchísimas cosas para leer, yo me acuerdo de que no leía nada [risas], eran pilas de libros. [...] Y a veces nos tomaban examen".[202] A Manfredi lo aburría la parte doctrinaria, intelectual; era uno de los que preferían la acción en vez de los libros.

Manfredi continuó en el MNT santafesino hasta que, en el año 1964, se mudó con su familia a la vecina ciudad de Rosario. Apenas llegaron a destino, el joven tacuarista buscó a los referentes locales e inmediatamente se integró al comando rosarino. Algunos meses más tarde se formó el MNT-CAR, integrado por los disidentes que reprobaban el estilo de conducción de Collins. Manfredi, cercano al jefe santafesino, decidió quedarse con el grupo original.

En las reuniones se hablaba de doctrina, de la grandeza de la patria y de la Falange Española, expresó cuando lo entrevisté. La Falange estaba siempre en el centro del repertorio ideológico de Tacuara. Muchos otros exmilitantes recordaron que, como parte de la formación, se leían las *Obras Completas de José Antonio Primo de Rivera*. Por ejemplo, Julio Paredes sostuvo que "era un poco la Biblia, era nuestro libro de cabecera".[203] Cinarelli, también militante santafesino, coincidió con el relato de Manfredi:

> Lo primero que te daban, por lo menos en el caso mío, eran cosas para leer, libros para leer. José Antonio Primo de Rivera, Onésimo Redondo, cosas de la Falange, cosas del fachismo [fascismo] italiano, libros del cura Meinvielle, del padre Castellani.[204]

---

202 Entrevista a Manfredi, Rosario, provincia de Santa Fe, 26/4/2019.

203 Entrevista a Paredes, Ciudad Autónoma de Buenos Aires, 11/12/2019.

204 Entrevista a Cinarelli, Santa Fe, provincia de Santa Fe, 10/11/2019.

"La derecha aspira a conservarlo todo, hasta lo injusto, y la izquierda a destruirlo todo, hasta lo bueno."

–José Antonio Primo de Rivera

José Antonio Primo de Rivera.
El fascismo no es una táctica de violencia. Es una idea de unidad. Frente al marxismo, que afirma como dogma la lucha de clases, y frente al liberalismo, que exige como mecánica la lucha de partidos, el fascismo sostiene que hay algo sobre los partidos y sobre las clases, algo de naturaleza permanente, trascendente, suprema: la unidad histórica llamada Patria.

Figuras 14 y 15. Posteos compartidos por Cinarelli en su biografía de Facebook.

Al analizar las fuentes orales, he observado que, ante la pregunta acerca de posibles lazos con los fascismos europeos, las respuestas se dirigían hacia la Falange Española y su líder en la mayoría de los casos. Se trata, pues, de una figura omnipresente en la memoria de los entrevistados, cuya centralidad en su cultura política está profundamente arraigada incluso en la actualidad.

Además, Primo de Rivera aparece con frecuencia en la biografía de Facebook de Cinarelli. Algunos exmilitantes de Tacuara encontraron en las redes sociales una plataforma apropiada para continuar rindiendo homenajes de carácter público. En este caso, el homenaje en cuestión está estrechamente ligado a su militancia juvenil en el MNT.

El 4 de marzo de 2020, Cinarelli compartió una publicación (figura 14) proveniente de la página "Portal de José Antonio". Sobre una foto en la cual Primo de Rivera se encontraba brindando un discurso, aparece la siguiente cita: 'La derecha aspira a conservarlo todo, hasta lo injusto, y la izquierda a destruirlo todo, hasta lo bueno.' —José Antonio Primo de Rivera".²⁰⁵ Ese mismo día, compartió otra imagen del líder falangista (figura 15), donde aparece representado casi como un santo, rodeado de una sutil aura, iluminado, con el brazo derecho levantado, vistiendo el uniforme de la Falange y acompañado por la bandera.

En la prensa de Tacuara y de la GRN es muy notoria la preponderancia de la presencia de Primo de Rivera y de personajes ligados a la Falange Española. En el N.º 8 de *Tacuara. Vocero de la revolución nacionalista*, un poema titulado "José Antonio" ocupa un lugar central dentro del boletín. El texto concluye de la siguiente manera:

> … yo cruzaría el océano, para
> levantar mi brazo y gritar: Arriba!
> junto a ti, en el nuevo amanecer.
> España se muere sin tu palabra.
> Aún vive tu idea,
> vive en nosotros, tus nuevos camaradas,
> pero debe volver tu voz.
> Testimonio.²⁰⁶

Aquí, los militantes de Tacuara se identifican directamente con la Falange, al declararse los nuevos "camaradas" de Primo de Rivera, los continuadores de su obra, los depositarios de un legado. Este poema fue reproducido nuevamente en 1962, apenas dos años después, en el N.º 11 de *Ofensiva*. En esa ocasión, el autor firmó con su nombre: "Camarada J. Baxter".

También la GRN realizaba homenajes al mártir Primo de Rivera. A título de ejemplo: en octubre de 1968, en *Mazorca*, bajo el título "¡¡GLORIA ETERNA A JOSÉ ANTONIO PRIMO DE RIVERA!!",²⁰⁷ celebran su nacionalismo e incluyen una serie de citas de su autoría. Asimismo, se comunica que, en el siguiente número, correspondiente al mes de noviembre y, por tanto, al aniversario de su fusilamiento, se realizaría un recordatorio de

---

205 Posteo en Facebook, 4/3/2019.

206 *Tacuara. Vocero de la revolución nacionalista*, N.º 8, 1959.

207 *Mazorca*, año II, N.º 16, 1968. Las mayúsculas son originarias de la fuente.

esta importante fecha para la agrupación. En otras ocasiones, desde esta misma publicación, se hace referencia a él como el "genio rector".

El enaltecimiento de la figura de Primo de Rivera tuvo continuidad en la fase de reconfiguración y declive de Tacuara. En el N.º 4 de *De pie*, en la sección "Efemérides", se incluye un homenaje por el aniversario de su nacimiento, ubicado inmediatamente después del editorial. Un breve texto biográfico y una foto son acompañados por algunas apreciaciones de la revista:

> Claro, valiente y brillante conductor, alza su figura en medio de la destrucción de su país para ejemplo de Occidente. Desgraciadamente, la muerte "de sus mejores" en los campos de batalla de la guerra civil, desquició los cuadros que tanto le había costado formar, negando a España grandes valores. Sus discursos y escritos son una magnífica conjunción de profunda doctrina, poesía política y mística patriótica cuya lectura diaria aconsejamos.[208]

Finalmente, además de los mencionados homenajes y adhesiones varias hacia Primo de Rivera, en todos los boletines consultados del MNT y la GRN abundan las citas tanto de él como de otros políticos e intelectuales españoles que el falangismo tomaba como referentes, como José Ortega y Gasset, Ramiro de Maeztu, Ramiro Ledesma Ramos, Onésimo Redondo, entre otros.

Más allá de la mitificación de la figura de Primo de Rivera, dos nociones impulsadas por la Falange Española que hicieron mella en los militantes de Tacuara fueron el corporativismo y el nacionalsindicalismo. La centralidad de estos conceptos se puede observar en el PBR. Como expliqué, allí se establecían las pautas de la "revolución nacional" que llevaría a instaurar un Estado nacionalsindicalista regido por cámaras sindicales. Estas estaban destinadas a sustituir al Parlamento, considerado caduco e inoperante.

Dicha "revolución nacional", intrínsecamente híbrida, estaba conformada por la unión de elementos locales con ideas provenientes de Europa. Estas últimas entraron en diálogo y se fundieron con culturas políticas

---

208 *De pie*, N.º 4, abril de 1968.

del nacionalismo de derecha y peronistas, para dar lugar a un conjunto híbrido. En otras palabras, en manos de Tacuara el corporativismo falangista se integró con diversas nociones, como la de justicia social, las ideas comunitarias de Jacques Marie de Mahieu (en el caso del MNT, no así de la GRN), con un recalcitrante antiimperialismo y con la propugnación de una Tercera Posición. Todos estos elementos se movieron siempre dentro de los límites de la ortodoxia del catolicismo integrista, uno de los principales componentes del nacionalismo argentino (Lvovich 2006; Finchelstein 2010) y de la cultura política del MNT y la GRN.

Al igual que en el programa falangista, el proyecto de Estado nacionalsindicalista elaborado por el MNT se construía sobre la base del trinomio conformado por las familias, los municipios y los sindicatos.[209] Además, la propugnación de la noción de Estado nacionalsindicalista está casi siempre acompañada por el ataque a la democracia liberal, al parlamentarismo y al sistema de partidos.

En *Tacuara. Vocero de la revolución nacionalista*, Adolfo Pérez Portillo, autor del texto "Nacionalsindicalismo", se pregunta: "¿PARA QUÉ SIRVE EL CONGRESO? ¿Alguna vez sirvió?", y reclama "¡SINDICATOS AL PODER!".[210] Seguidamente, imbricada con la Tercera Posición, introduce la dimensión religiosa, nodal tanto dentro del MNT como del falangismo:[211]

> Pero además de revolucionaria la nueva época será católica. Por nuestra Fe y porque representa lo esencial de la vida argentina.

---

209 De acuerdo con los dictados de la Falange, tomados como guía por Tacuara: "Nuestro Estado será un instrumento totalitario al servicio de la integridad patria. Todos los españoles participarán en él al través de su función familiar, municipal y sindical. Nadie participará a través de los partidos políticos. Se abolirá implacablemente el sistema de los partidos políticos, con todas sus consecuencias: sufragio inorgánico, representación por bandos en lucha y parlamento del tipo conocido". Los 27 Puntos de la Falange. Punto VI.

210 *Tacuara. Vocero de la revolución nacionalista*, N.º 9, octubre de 1959. Las mayúsculas son originales de la fuente.

211 Acerca de la relación de Falange Española con el catolicismo, véase Morente 2013.

Porque es, por otra parte, la única valla que podemos oponer al materialismo de los servidores del Kremlin y Wall Street.[212]

Por el lado de la GRN, en su etapa tardía, la noción de nacionalsindicalismo aparece difuminada. Si bien la reivindicación de Primo de Rivera se intensificó en *Mazorca*, el proyecto falangista de Estado perdió fuerza progresivamente.

Similar es el caso de la Tacuara de la última etapa. En el boletín *De pie,* también se mantiene firmemente el culto a Primo de Rivera; esto representa una continuidad que abarcó la entera existencia de Tacuara. No obstante, desaparece el nacionalsindicalismo. Ese proyecto de Estado se difumina durante la fase de reconfiguración y declive del MNT.

En un contexto en el cual los actores sociales y políticos estaban asistiendo al surgimiento de nuevas formas de organizaciones revolucionarias, que comenzarían a tomar fuerza y a generar nuevos programas y formas de lucha, la concepción de "revolución" fue objeto de profundas reflexiones y modificaciones. Para fines de los 60, ya no se apuntaba a la instauración de un Estado nacionalsindicalista, sino a la sustitución del orden liberal-burgués vigente a través de la conquista violenta del poder y la consecuente instauración de un nuevo orden revolucionario, que no terminó de concretarse como proyecto.

En las memorias, además de aparecer con fuerza la admiración a Primo de Rivera, el nacionalsindicalismo conserva un peso considerable. A modo de ejemplo, Pella y Gutiérrez Rivero, ante la pregunta acerca de qué era lo que recuperaban de Primo de Rivera y del falangismo, formularon las siguientes respuestas:

> Gutiérrez Rivero: Casi todo.
> Pella: Una concepción del Estado. El Estado como…
> Gutiérrez Rivero: El Estado nacionalsindicalista.

---

212 *Tacuara. Vocero de la revolución nacionalista*, N.° 9, octubre de 1959.

> Pella: El nacionalsindicalismo. Pero aparte él tenía una visión de todo, este… era muy interesante Primo de Rivera, ¿no? Muy interesante.[213]

La Falange Española y sus nociones fundamentales, así como la figura mítica de Primo de Rivera, tienen —como se dijo— una fuerte presencia en las memorias de los exmilitantes. Estos reivindican abiertamente los vínculos que los unen con la derecha española tanto en las entrevistas como a través de sus redes sociales.

Sin embargo, es más controvertida la relación con el franquismo. En general, los ex-Tacuara no miran al dictador Francisco Franco con los mismos ojos que a Primo de Rivera. De las entrevistas surge un patente contraste. Algunos de los entrevistados explicaron que, desde el MNT, prestaban especial atención al desarrollo de la Guerra Civil Española. Por supuesto, en el marco de ese conflicto, sus simpatías estaban del lado del "bando nacional". No obstante, el comportamiento posterior de Franco, quien privilegió a los tecnócratas del Opus Dei en detrimento de la Falange Española, fue vivamente criticado por los nacionalistas argentinos y generó fisuras respecto de los apoyos a su régimen. Así lo explicó Cervera:

> Bueno, ahí hay dos actitudes muy diferentes. En general, casi todos los que participábamos del mismo pensamiento nos alegrábamos de la derrota de la República, por la inmensa cantidad de barbaridades, de bestialidades que habían cometido, por la injerencia que tenía la Unión Soviética, que se llevó todo el oro que había en España. Primo de Rivera, que nunca tuvo poder, que fue fusilado a los 33 años, que era un gran orador y que es un hombre que va cambiando su discurso, afortunadamente, desde una posición más conservadora a una posición más revolucionaria. […] Todos están contra la República en aquel momento. Y Franco instaura después un gobierno de orden contra el mundo contemporáneo en los términos que no compartimos.[214]

---

213 Entrevista a Pella y Gutiérrez Rivero, Ciudad Autónoma de Buenos Aires, 26/11/2018.

214 Entrevista a Cervera, Ciudad Autónoma de Buenos Aires, 15/11/2019.

Figuras 16 y 17. Posteos compartidos por Bellino en su biografía de Facebook.

El apoyo al franquismo era muy relativo. La lealtad de Tacuara estaba con la Falange y su líder. El sostenimiento del "caudillo" era meramente circunstancial. Algunos exmilitantes, incluso, lo retrataron, sin tapujos, como un traidor.[215] Otros —aunque una minoría—, lo admiraban y reivindicaban, tanto a él como a su régimen.

El testimonio de Bellino se inserta en esta última postura y contrasta con las memorias de los demás entrevistados. A diferencia del resto, él se reconoce manifiestamente como admirador de Franco. El 24 de octubre de 2019, compartió en su biografía de Facebook un video de YouTube titulado "Fascistas cantan el 'Cara al sol' a la salida de la misa por la muerte de Franco"[216] (figura 16); luego, el 10 de febrero de 2020 publicó un artículo de un portal, que llevaba el siguiente título: "El gobierno social-comunista de España quiere que sea delito opinar y hablar bien de Franco"[217] (figura 17). En este posteo agregó como comentario personal a la publicación: "Viva el Generalísimo Francisco Franco Caudillo de España por obra y gracia de Dios Presente!!".[218]

---

215 Si bien esta visión no aparece entre la documentación consultada producida por Tacuara en sus años de auge, es expuesta en algunos boletines en su última etapa, por lo cual es posible que se trate de una reflexión tardía.

216 Posteo en Facebook, 24/10/2019.

217 Posteo en Facebook, 10/2/2019.

218 *Ibid.*

Otro caso en el cual encontré un patente apoyo hacia Franco fue el de Gutiérrez Rivero. Este ex-Tacuara, como se verá más adelante, tuvo estrechos contactos con las extremas derechas españolas. En uno de nuestros encuentros se mostró en desacuerdo con el proceso de traslado del cadáver de Franco que en ese momento se estaba discutiendo, y manifestó que celebra aún el "triunfo nacional" en la Guerra Civil Española.

Estas posturas son ejemplos del abanico de posicionamientos que se podían encontrar dentro del movimiento. Muchas veces hubo opiniones disímiles que colisionaron unas con otras. En varias ocasiones, las diferencias fueron insalvables y se tradujeron en escisiones o en deserciones. En este caso, se trataba de una disidencia que no generó grandes convulsiones dentro de la agrupación.

2. "Una Hispanoamérica libre y unificada"

> 3. La Revolución asume la responsabilidad histórica de liberar a Hispanoamérica de la opresión imperialista. Una Hispanoamérica libre y unificada desde el Río Bravo hasta la Antártida es la única garantía de paz y progreso para los pueblos explotados del continente.
> 4. El resurgimiento nacionalista de Europa. El despertar de Asia y África y la liberación integral de Hispanoamérica darán empuje a un nuevo bloque de Estados Nacionales que enfrentarán las ambiciones de los imperialismos. Nuestra Patria adoptará una política rectora tendiente a agrupar y conducir a los pueblos de Hispanoamérica.[219]

Estos puntos del PBR ilustran en parte la visión de Tacuara más allá de su país. Excediendo los límites nacionales, veían a la Argentina —a una Argentina nacionalista— como portadora de una misión providencial, de carácter antiimperialista, como liberadora de "los pueblos explotados del continente". Dichos pueblos, desde su perspectiva, conformaban

---

219 Programa Básico Revolucionario, en *Tacuara. Vocero de la revolución nacionalista*, N.º 10, septiembre de 1961.

un bloque de países hispanoamericanos, unidos con España, su antigua metrópoli, por una lengua y una cultura comunes. Tal como afirman en *Ofensiva*: "Una vez ordenada nuestra casa veríamos de ayudar a los miembros de la familia hispanoamericana".[220]

Desde la GRN se reitera la necesidad de llevar a cabo una "revolución nacional" basada en la familia, las corporaciones y los municipios, en coincidencia con las máximas falangistas y con aquellas del MNT. El "nuevo orden" debía "restaurar el sentido católico de la vida" como primera meta, para luego alcanzar las condiciones para afrontar el segundo objetivo,

> que es el cumplimiento de su Misión en lo Universal; encabezar y dirigir el resurgimiento de Hispanoamérica y hacer frente a la Subversión. Para lograrlo se impone el cambio de las actuales estructuras políticas, económicas y sociales y su reemplazo por otras que hagan de nuestra Patria una Nación Fuerte, Justa y Soberana.[221]

El término "Hispanoamérica" se utiliza de modo similar en *Mazorca*, para designar a "un bloque de Naciones comunes en la Fe, lengua, raza y costumbres, cuya unidad procuraremos conseguir. Esta Unidad Hispanoamericana será factor decisivo en la lucha contra el marxismo...".[222] La necesidad de crear —y de dirigir su creación— una unidad para combatir al comunismo, para "hacer frente a la subversión", justifica la urgencia de conformar un bloque de países afines, con valores compartidos, listos para hacer frente a la "amenaza" que veían avecinarse.

La noción de "Hispanoamérica" se funda en la hispanidad. Los militantes del MNT colocaron a la hispanidad en el centro de su repertorio ideológico, en consonancia con la importancia que el nacionalismo argentino le había otorgado a partir de la Guerra Civil Española. Desde ese momento, la hispanofilia pasó a unirse a un ataque sin precedentes a la democracia liberal (Finchelstein 2010).

---

220 *Ofensiva*, N.° 9, agosto de 1962.

221 *Mazorca*, N.° 12, 1967.

222 *Ibid.*

El principal impulsor de la idea de "hispanidad" en el seno del nacionalismo argentino fue Ramiro de Maeztu, embajador español en la Argentina entre 1928 y 1930.[223] De hecho, en 1934 publicó *Defensa de la hispanidad,* libro que fue muy bien recibido en los círculos del nacionalismo argentino de los años 30. Pero su recepción no se agotó en los años de entreguerras. De hecho, estaba entre los principales textos de formación para los militantes de Tacuara.

Como señalan Botti y Lvovich (2020), según Maeztu la hispanidad ligaba el espíritu de la nación española con el catolicismo. Esta unión se había concretado con la llegada al continente americano en 1492 y con la evangelización de gran parte de los pueblos que allí habitaban, lo cual llevó a la formación de una comunidad católica que hoy en día podríamos definir como "transnacional". Desde la perspectiva de Maeztu, era necesario restaurar la hispanidad, junto con los valores religiosos que traía aparejados. Estas ideas fueron tomadas, resignificadas y reproducidas tanto por Tacuara como por la GRN. Además de incluir *Defensa de la hispanidad* como parte de sus corpus bibliográficos, a menudo citaban a Maeztu. Sin duda, este se convirtió en un importante referente a nivel intelectual para las militancias nacionalistas argentinas.

3. Tacuara y el fascismo italiano

Hispanidad, Hispanoamérica, Falange Española, Primo de Rivera y nacionalsindicalismo eran vocablos que ocupaban amplios espacios dentro de la discursividad y de la cultura política de Tacuara. En términos de apropiación de ideas provenientes del exterior, los elementos que se tomaban de la Falange eran preponderantes.

No obstante, otros líderes autoritarios del continente europeo fueron también objeto de admiración entre los nacionalistas. Uno de ellos fue Benito Mussolini. Tanto el "duce" en cuanto líder político como el

---

223 Durante el período en el cual cubrió el cargo de embajador, Maeztu estableció relaciones con el mundo del nacionalismo católico local y escribió en revistas como *Criterio, Crisol* y *Dinámica social.*

régimen fascista instaurado en Italia entre las dos guerras mundiales fueron tenidos en gran consideración por las militancias del MNT Y LA GRN.

Las citas de discursos y escritos de Mussolini son frecuentes en los boletines de ambas agrupaciones. Existía una gran admiración hacia su figura y su régimen, que se intensificaba en algunos casos concretos de militantes que estaban más ligados con el mundo italiano, como el de Eduardo Pella. Asimismo, Cinarelli hizo referencia a la lectura de textos fascistas como parte de la formación tacuarista, en ese caso relativa al comando de la ciudad de Santa Fe.

En un artículo de *Ofensiva* se alude al rol de los fascismos como baluartes de la lucha contra el capitalismo, el liberalismo y el comunismo:

> … resulta oportuno recordar que el Fascismo —gigantesca rebelión del espíritu nacionalista y tradicionalista que se adueñó de las mejores juventudes europeas— fue la respuesta más vigorosa que el hombre cristiano vertebró para acabar con las miasmas del liberalismo y para evitar la caída en el pozo negro del judeocomunismo. El Fascismo jerarquizó la Fe. Disciplinó las relaciones sociales. Sometió al capitalismo a los intereses nacionales. Acogotó implacablemente la quinta columna bolchevique. En síntesis, el Fascismo acabó con el capitalismo liberal y de ese modo evitó que el serpentario comunista estrangulara a la Europa clásica.[224]

La afirmación "El Fascismo jerarquizó la Fe" da cuenta de una lectura del fascismo como un movimiento católico. Sin embargo, el régimen mussoliniano tuvo marcadas divergencias con la Iglesia católica.[225] Esta interpretación deja en evidencia que, en la apropiación de los fascismos, otro de los elementos definitorios de la cultura política tacuarista jugaba

---

224 *Ofensiva*, s/n, s.f.

225 Acerca del conflicto del fascismo con la Iglesia católica, véanse Malgeri 1995; Gentile 2002.

un importante papel mediador, es decir, su ortodoxia católica en el marco de la tradición integrista.[226]

Durante la fase de reconfiguración y declive, la figura de Mussolini hace apariciones esporádicas en el boletín *De pie*. En el N.º 10, por ejemplo, se incluye un recuadro con la siguiente frase del "duce" italiano: "Nosotros, ayer como hoy, y hoy como mañana, cuando se trata de la patria, estamos dispuestos a matar como estamos dispuestos a morir".[227] En otra sección del mismo boletín, aparece el siguiente fragmento:

> Fiesta en el pueblo. Cerveza, canciones y baile bajo una gran carpa, a orillas del Main. Apartados de la gente, en grupo, unos trabajadores italianos. [...] Pertenecen a una subcategoría, como ciudadanos y como trabajadores. [...]
> Hay un millón de italianos trabajando en Alemania. En su mayoría de las zonas pobres del sur: Nápoles, Calabria, Sicilia. Los sueldos son bastante buenos, el trabajo es seguro. Pero ¿quién compensa este desarraigo, este vivir como sapo de otro pozo al margen de las estructuras demasiado pulidas de la sociedad alemana?
> Ellos vienen a trabajar para poder enviar algún dinero a sus familias… y para que los obreros alemanes puedan comprarse un Volkswagen nuevo.
> El milagro económico tiene sus zonas oscuras.
> A propósito, recuerdo lo que escuché en una Pizzería de Rimini:
> —"In tempo [sic] di Mussolini, l'italiani [sic] all'estero erano rispetati [sic]".[228]

Este texto estaba firmado por Ignacio Arteaga. Este era el seudónimo que utilizaba Alberto Ezcurra para escribir en *De pie*. Cuando estaba por concluir sus estudios en el seminario de Paraná se dirigió a Roma a estudiar filosofía y teología, en el Collegio Pio Latinoamericano.

---

226 Acerca de la pluralidad de tradiciones, de voces y de discursos en el seno del catolicismo en la Argentina, véanse Zanca 2006; Lida 2015.

227 *De pie*, N.º 10, 1969 o 1970.

228 *Ibid*.

Figura 18. Imagen que acompaña al homenaje a la "Marcha sobre Roma". *Mazorca*, año II, N.º 16, 1968. Fuente: archivo personal.

Figura 19. Posteo compartido por Cinarelli en su biografía de Facebook.

Figura 20. Posteo compartido por Bellino en su biografía de Facebook.

Manfredi reveló que, durante su estadía en el continente europeo, Ezcurra "nos iba mandando cosas desde allá para publicar".[229]

---

229 *Ibid.*

El cierre de la anécdota con la expresión nostálgica "en tiempos de Mussolini los italianos en el exterior eran respetados" no deja dudas acerca de la posición del histórico líder del MNT, alineado con el viejo régimen y escribiendo desde Italia. La presencia de líderes fascistas y, en algunas ocasiones, el desarrollo de sus ideas, fueron frecuentes en *De pie*.

La GRN, que había profundizado las posiciones de extrema derecha, también colocó a Mussolini en un pedestal. A modo de ejemplo, en octubre de 1968 se recordó la Marcha sobre Roma, evento fundador del fascismo italiano, en octubre de 1922. Una ilustración muestra el perfil del dictador, coronado por un *fascio,* una estrella y una *corona turrita,* el primero, símbolo fascista, y los dos últimos, alegorías de Italia (figura 18). En el texto que la acompaña, se califica a Mussolini como "el más grande genio político de nuestra raza".

Entre mis entrevistados, Pedro Cinarelli y Alfredo Bellino comunicaron abierta y explícitamente sus simpatías por Mussolini y por el fascismo. El primero, el 4 de marzo del 2020, compartió en su biografía de Facebook un posteo (figura 19) proveniente de la página "Alumno de Historia", de octubre del 2017, en el cual se cita una frase de Mussolini. Por su parte, el 1.º de febrero de 2020, Bellino compartió un artículo de elcorreodemadrid.com, titulado "Facebook condenado a pagar por censurar una foto del "duce", a modo de apoyo y solidaridad (figura 20).

Estas muestras de sus simpatías por Mussolini transmitidas a través de las redes sociales son complementadas a la hora de dar entrevistas. En mi encuentro con Bellino, habló acerca del vuelco desde la izquierda socialista hacia la creación del fascismo, al cual calificó como un "socialismo *in situ* de Italia":

> De Mussolini lo que tomábamos era su aspecto de lucha, su genialidad, su cambio de que teniendo una posición socialista casi llegando al borde del marxismo se da cuenta de que eso no era, y bueno, y se hace un socialismo *in situ* de Italia, como eran ellos.[230]

La transición ideológica de Mussolini en la primera posguerra es un elemento que Bellino considera sumamente relevante y admirable, junto

---

230 Entrevista a Bellino, Mar del Plata, provincia de Buenos Aires, 22/11/2019.

con algunas características de su personalidad. Jorge Grossi, abogado ex-MNT y ex-GRN, por su parte, introdujo otros aspectos relativos a la influencia y las apropiaciones del fascismo por parte de Tacuara y la GRN.

> Bueno, desde luego que el fascismo italiano tuvo mucha influencia entre nosotros. Obviamente también estaban los círculos nacionalsocialistas, nazis... Acá había una editorial que dirigía Federico Rivanera Carlés que sacó *El mito del siglo xx*, toda la literatura nacionalsocialista. Pero después la parte del fascismo italiano era bastante conocida. Además, hay que pensar que José Antonio fue un admirador de Mussolini [...] él tuvo una gran admiración por Mussolini. Que evidentemente, como personalidad era muy atractivo.[231]

Su apreciación de Mussolini parece ir de la mano con la admiración que Primo de Rivera tenía por él. O sea que el español funge como una especie de puente. Asimismo, sin entrar en detalles, Grossi hizo referencia a literatura nacionalsocialista, que era traída y probablemente traducida por Federico Rivanera Carlés,[232] historiador revisionista con una larga carrera en el ámbito de las extremas derechas, fundador del efímero Movimiento Nacionalista Social.[233]

Entonces, ¿cuáles fueron los principales elementos e ideas del fascismo italiano de los cuales se apropiaron y que resignificaron los militantes tacuaristas? En líneas generales, además de admirar la figura del

---

[231] Entrevista a Grossi, Ciudad Autónoma de Buenos Aires, 15/4/2019.

[232] Entre sus escritos, encontramos los siguientes títulos: *El judaísmo desenmascarado a través del Zohar, El régimen nacionalsocialista y la Iglesia Católica, La judaización del cristianismo y la ruina de la civilización, La naturaleza del judaísmo, La última etapa de la globalización: el gobierno mundial judío, El judaísmo y la masonería: ¿una relación inexistente?, La historia ocultada. Los conversos y la independencia de Hispanoamérica, El "reino" patagónico del judío Popper,* entre otros.

[233] Creado en 1980 por Rivanera Carlés, este movimiento de orientación filonazi, antisemita y antimasónica reunió a unos pocos cientos de militantes, que decían enfrentarse al "Internacionalismo sionista" (Grinchpun 2020).

"duce", rescataron su costado revolucionario y el giro de timón desde la izquierda hacia la construcción de un movimiento autoritario, de extrema derecha.

De todas formas, la lectura del fascismo que realizaban desde Tacuara parece ser un reflejo que no coincidía en gran medida con la realidad. Por una parte, se retomaba la imagen de un "fascismo régimen" (De Felice 1975) supuestamente alineado al catolicismo, a pesar de que Mussolini tuvo marcadas divergencias y disputas con la Iglesia católica; por la otra, se reivindicaba el "fascismo movimiento" y el accionar violento de sus cuerpos paramilitares. Es así que se pretendía resaltar la figura de un Mussolini combativo, revolucionario, distante del real "duce" conciliador, respetuoso de la monarquía y defensor de la burguesía nacional.

Otro punto resulta relevante al hablar de apropiaciones del fascismo. Es necesario señalar que, si bien los militantes del MNT se apropiaron y se apropian explícitamente del corporativismo de la Falange Española, el modelo también fue rescatado en gran parte del esquema fascista de las *Camera dei fasci e delle corporazioni,* que preveía la organización corporativa de las sociedades.

4. Tacuara y el nazismo

En líneas generales, los militantes de Tacuara no se identificaron con el nazismo. Sin embargo, eso no significa que no hubiera simpatizantes de Hitler y del régimen nazi entre sus filas. De cualquier forma, lo cierto es que su importante componente pagano era mucho menos atractivo para ellos que el modelo falangista, firmemente anclado en los valores del tradicionalismo católico. Aunque como líder fascista europeo que libró una "batalla" contra el judaísmo y las izquierdas, Hitler era digno de respeto y de admiración para muchos nacionalistas.

Así como Mussolini hacía apariciones esporádicas en los boletines del MNT y la GRN, Adolf Hitler tenía su propia presencia, aunque esta era mucho menor respecto de su aliado italiano. Por ejemplo, en los números recolectados de *Tacuara. Vocero de la revolución nacionalista,* aparece solamente entre las recomendaciones de lectura, con su célebre obra *Mi lucha*. Igualmente, el trato de "camarada" fue merecido por él en una ocasión en *Ofensiva*: un autor que firma como "camarada L.A.B." sostiene que: "... tenemos que Alemania, es una entidad social definida y luego constituye una unidad históricamente orgánica bajo la égida genial del Cda. Adolfo Hitler".[234]

En otra oportunidad, en *Ofensiva*, Hitler fue llamado en causa con el fin de justificar el accionar del MNT contra los judíos. El autor anónimo del artículo "Algo más sobre los judíos" ubica las raíces del llamado "problema judío" en escritos de Santo Tomás de Aquino, y afirma que "Adolfo Hitler no inventó nada en torno al problema judío: se limitó a poner en práctica los métodos que preconizara Santo Tomás en 1270 y que, según queda dicho, tenían antecedentes mucho más remotos todavía".[235]

Además, en ese mismo boletín —dentro de la sección "nacionalismo en el mundo"—, aparecen dos referencias de adhesión o, al menos, de sostenimiento del nazismo. En primer lugar, se informa del reciente fallecimiento de Kurt Meyer, importante oficial durante el nazismo, *Brigadeführer* (mayor general) de las Waffen-SS y condecorado con la Cruz de Caballero de la Cruz de Hierro con hojas de roble y espadas. En una breve intervención, hacen referencia a la trayectoria militar de Meyer y lo califican como un "extraordinario soldado".[236]

En segundo lugar, se informa acerca de la realización de campañas por la libertad de Rudolf Hess, que había sido uno de los miembros más importantes del Partido Nacionalsocialista Obrero Alemán (NSDAP) del Tercer Reich, y había alcanzado el rango de *Stellvertreter des Führers* (lugarteniente del Führer). Hess había sido condenado a cadena perpetua durante los juicios de Núremberg, y se encontraba cumpliendo su pena en la prisión militar aliada de Spandau en Berlín desde 1947. Se comunica que "Continúa en varias capitales de Europa la propaganda por la libertad de Rudolf Hess, siendo los movimientos organizadores el British National Party, el Nordiska Riksparteit, el Die Boerenaie,[237] y el American

---

234 *Ofensiva*, N.° 11, noviembre de 1962.

235 *Ofensiva*, N.° 12, diciembre de 1962.

236 *Ibid*.

237 La tipografía de la fuente no es clara y no llega a distinguirse completamente el nombre de este grupo. Cabe mencionar que no he encontrado referencias a

Nazi Party".²³⁸ A pesar de que no hubiera una adhesión explícita, la inclusión de esta referencia es una prueba irrefutable acerca del alineamiento de Tacuara con los pedidos de libertad del criminal nazi.

Mientras en 1962 los miembros del MNT ubicaban el nacimiento del "problema judío" en el siglo XIII, años después, en un artículo tajantemente antisemita titulado "Antijudaísmo: ¿enfermedad o defensa?"²³⁹ publicado en *De pie*, se sostiene que este data del siglo XIV a. C. Se traza allí una línea argumentativa que va construyendo una continuidad hasta su contemporaneidad, con la finalidad de reforzar el siguiente argumento:

> Todas las tentativas de asimilación en la historia fracasaron. La cuestión judía se vincula con la custodia de nuestra cultura, con la necesidad de afirmar y defender los caracteres de la comunidad nacional, y lograr, así, irrumpir en el proceso revolucionario que nos libere definitivamente de poderes extraños.²⁴⁰

El texto está acompañado por dos fotografías en un mismo cuadro (figura 21), a modo de montaje; a la izquierda, soldados israelíes en formación; a la derecha, Hitler, en una posición en la que parecería estar observando a los primeros. En el epígrafe, figuran las siguientes palabras: "TROPAS ISRAELÍES: los árabes no pudieron con ellos. HITLER: no inventó el problema".²⁴¹

En el artículo, Hitler es reconocido por su sangriento papel contra los judíos, calificados aquí como un "problema". Es preciso destacar, además, que varios exmilitantes de Tacuara hasta el día de hoy se colocan en una postura negacionista respecto del genocidio perpetrado por

---

    ningún partido o movimiento con este nombre o uno similar.

238 *Idem*.

239 *De pie*, N.º 11, octubre de 1970.

240 *Ibid*.

241 *Ibid*.

Figura 21. Imagen extraída del boletín *De pie*, N.° 11, octubre de 1970. Fuente: El Topo Blindado, Centro de documentación de las organizaciones político-militares argentinas.

el régimen del III Reich, tal como manifiestan en algunos posteos e interacciones en Facebook.²⁴²

Esta imagen es la única que pude encontrar de Hitler en los boletines recolectados. Igualmente, son escasas las menciones y referencias a su persona y no se registra ningún homenaje alusivo a fechas relevantes, ya sean personales o del régimen nazi. Para la militancia tacuarista era, pues, un personaje secundario frente a Mussolini y, sobre todo, a Primo de Rivera.

Desde Frankfurt, Alemania, donde habría pasado un período trabajando en una fábrica,²⁴³ Ezcurra, bajo el seudónimo "Ignacio Arteaga", escribió un breve texto en el cual retrató un diálogo que habría entablado por la calle:

—Usted es nazi.

---

242 En una ocasión, por ejemplo, en un comentario en una publicación propia, Pedro Cinarelli utilizó la expresión "holocuento" para referirse al genocidio perpetrado por el nazismo.

243 Ezcurra escribe: "Camarada director: El trabajo en la fábrica y el aprendizaje del alemán —abstrusa lengua en cuya oscuridad nacieron la filosofía de Hegel y la teología de Rahner— me dejan poco tiempo para cumplir con los artículos prometidos, así que envío estas rápidas notas de mi personal diario viajero" (*De pie*, N.° 8, noviembre de 1968). Mientras realizaba sus estudios en Roma, Ezcurra frecuentó Alemania, donde trabajó para costear sus estudios en la capital italiana.

> —No. Soy católico. Pero precisamente, porque pertenezco a la Iglesia católica y no a la secta democrática, sigo creyendo que el diablo se llama Satán y no Adolfo Hitler.
> —Y de Hitler, ¿qué piensa Ud.?
> —Un hombre excepcional. Con grandes errores, pero de intuiciones geniales. Nuestros nietos, dentro de cien años, le alzarán monumentos en las principales ciudades alemanas.[244]

En este fragmento, el exjefe del MNT pone de manifiesto la contradicción que, como nacionalista, encontraba entre el nazismo y el catolicismo. Sin embargo, prosigue el diálogo con una explícita reivindicación de Hitler como personaje que habría sido digno de ser recordado por medio de monumentos.

En sus biografías de Facebook, Cinarelli y Bellino no mencionan en ningún momento a Hitler ni al nazismo. Esta ausencia, este silencio, es resonante. La "hegemonía discursiva" —entendida como un conjunto de normas e imposiciones que indican cuáles son los temas aceptables y las maneras de tratarlos (Angenot 2012)— en esta oportunidad introduce un tabú. Ambos exmilitantes consideran admisible compartir reivindicaciones de Primo de Rivera y Mussolini. Efectivamente, su presencia no produce conflictos en sus biografías de Facebook. Estas se configuran como espacios virtuales donde interactúan y comparten sus ideas con personas con posiciones ideológicas similares o que, al menos, no están en abierta oposición con las suyas. Es posible hipotetizar que son conscientes de que, si desearan hacer apología del nazismo y de Hitler en una red social —aunque de ningún modo es una certeza que hubieran querido hacerlo—, eso tendría un efecto mucho más disruptivo, dada la fortísima carga de rechazo social que traen aparejada.

Respecto de las apropiaciones realizadas por los nacionalistas argentinos del nazismo, hay un elemento que, a vuelo de pájaro, salta a la vista: el antisemitismo. Empero, es necesario matizar esta cuestión. Es cierto que el rechazo hacia el judío era de facto un rasgo compartido y

---

244 *De pie*, N.º 8, noviembre de 1968.

celebrado por la militancia tacuarista, pero esta no fue una apropiación propiamente dicha.

Como surge del análisis del capítulo 2, el antisemitismo de Tacuara y de la GRN tenía raíces profundas y estaba vinculado al nacionalismo de derecha argentino, que había exacerbado estas posturas ya en la década de 1930. Se trata de un antisemitismo basado en teorías conspirativas y en la identificación entre judíos y comunistas, promovidas desde el nacionalismo y la Iglesia católica. El antisemitismo del nazismo es de tipo biologicista, a diferencia de aquel del nacionalismo argentino de entreguerras y del tacuarista, lo cual trazaba una línea difícil de cruzar para los militantes argentinos. Por otra parte, el paganismo del nazismo parece haber sido definitorio en la escasa cercanía que se desarrolló hacia este régimen y sus repertorios ideológicos. No obstante, en el MNT y la GRN sobrevolaba la admiración hacia Hitler; tanto él como su régimen contaron con algunos adeptos entre sus filas. La reivindicación de su figura, aunque no haya sido clamorosa, es una marca de las apropiaciones del nazismo, que se complementan con la adopción de algunos elementos de su simbología, como analizaré más abajo.

Para finalizar, se puede concluir que, tanto en el caso de Mussolini como en el de Hitler, así como de los otros líderes fascistas —entre ellos, Cornelio Codreanu, António de Oliveira Salazar y Oswald Mosley— que aparecen esporádicamente en los escritos y en las memorias de los ex-Tacuara, lo que predomina es la devoción y la profunda admiración por los liderazgos, que sobresalen por encima de las apropiaciones. Esta circunstancia contrasta visiblemente con el caso de José Antonio Primo de Rivera y la Falange Española, cuyo programa político tomaron casi enteramente como modelo para aplicar en la Argentina.

5. Simbología y ritualidad

Pedro Cinarelli, desde el MNT santafesino, estaba convencido de que el proyecto revolucionario de Tacuara era exactamente lo que la Argentina necesitaba para salir adelante. Aún en la actualidad, mantiene y reproduce muchas de las consignas que repetía tanto en los 60 como a principios de los 70. La bandera que atesora y protege celosamente en su casa es símbolo de la nostalgia que lo envuelve, del inquebrantable aferramiento a su pasado militante.

> La tengo yo acá. Que la tuve que desarmar, la tengo desarmada, porque los tiempos vinieron... digo, bueno, si me allanan [la] van a encontrar [...]. La bandera de Tacuara es una franja negra, una franja roja y una franja negra. Parecida a la de la Falange Española. Y en el medio tiene la cruz de Malta en azul y blanco. Esa fue la bandera original, que se aprobó. [...] Me la llevé. Después me la pidieron [pero] no, no, no la quise entregar nunca.[245]

Por su parte, Manfredi resaltó que la bandera de Tacuara "era muy parecida a la de Falange",[246] y me envió una foto a través de WhatsApp. En ella se aprecia una bandera con dos franjas laterales rojas y una franja central negra, que exhibe una cruz de Malta celeste y blanca. El entrevistado agregó que faltaban dos lanzas tacuaras, que solían acompañar a la cruz.

Al igual que su "camarada" Cinarelli, Bellino comentó que conserva una bandera de Tacuara en su casa:

> Bellino: Nuestra bandera: roja y negra. Roja por la pasión, negra por la lucha, que había que ir sacando la ignorancia de encima para poder luchar bien, y después en el medio iba una cruz de Malta, dos fasces celestes y dos fasces blancas.
> Albornoz: ¿Por la bandera argentina?
> Bellino: Sí, por la bandera.
> Albornoz: ¿Y por qué la cruz de Malta?
> Bellino: Y la cruz de Malta porque ya venía del movimiento de los Templarios, todo eso. Además, era un distintivo nacionalista desde hace mucho tiempo. Tengo la bandera en casa todavía. La bandera que se la saqué a la policía.[247]

---

245 Entrevista a Cinarelli, Santa Fe, provincia de Santa Fe, 10/11/2019.
246 Entrevista a Manfredi, Rosario, provincia de Santa Fe, 26/4/2019.
247 Entrevista a Bellino, Mar del Plata, provincia de Buenos Aires, 22/11/2019.

La bandera de Tacuara, inspirada en aquella de la Falange Española, es un ejemplo de apropiación de un elemento proveniente de los fascismos europeos. Si bien tienen en común los colores y su disposición, ambas banderas no son exactamente iguales; la de Tacuara fue intervenida con el agregado de una cruz de Malta celeste y blanca, colores de la bandera argentina. En algunas versiones, según Manfredi, a ella se agregaban dos tacuaras. Cabe recordar que las tacuaras, elegidas como símbolo y nombre del movimiento, eran unas cañas empleadas como lanzas, que remitían a los gauchos montoneros que combatían en los ejércitos federales en el siglo XIX.

Según el testimonio de Bellino, en un acto heroico él mismo recuperó de las manos de la policía la bandera que conserva hasta hoy. De ese modo, incrementa —desde su perspectiva— el valor simbólico del objeto, mientras nutre su masculinidad al insinuar que fue arrebatada, ganada con los puños en una pelea; es decir que se vuelve un trofeo. Además, tanto Cinarelli como Manfredi destacaron el parecido de la bandera de Tacuara y aquella de la Falange Española.

La simbología y la ritualidad de Tacuara y de la GRN estaban dotadas de un gran eclecticismo. Sus militantes las moldearon como una combinación entre elementos medievales, como el culto a los caballeros Templarios y a los caballeros de Malta, el revisionismo histórico y, por supuesto, los fascismos europeos. Estos últimos tenían una importante presencia dentro de la simbología del nacionalismo argentino.

El águila prusiana, utilizada tanto por el nazismo como por el franquismo, encabezó la portada de varios números del boletín *Ofensiva* (figura 22). En la versión de Tacuara se incorporaron tres cruces de Malta en el pecho del ave y una cadena, que sostiene entre sus patas. Al lado de ella, las letras "MNT", en escritura gótica (recurso también empleado por el nazismo), aparecían atravesadas por una cruz y una espada. Este último elemento remite al nacionalismo de las décadas previas y, a la vez, constituye una reminiscencia medieval. Meses más tarde, el águila prusiana fue reemplazada por un cóndor[248] (figura 23),

---

248 En el N.º 11 del boletín ya aparece el cóndor en la portada. Se trata de un ave que ocupa un lugar preponderante dentro de la cosmovisión andina; representa la

Figura 22. Portada de *Ofensiva*, N.° 9, agosto de 1962. Fuente: Biblioteca Nacional Mariano Moreno, Archivos y colecciones, Fondo García Lupo, caja 68.1 (foto de la autora).

Figura 23. Portada de *Ofensiva*, N.° 11, noviembre de 1962. Fuente: El Topo Blindado, Centro de documentación de las organizaciones político-militares argentinas.

recuperado simbólicamente como animal local, autóctono del Cono Sur americano.

Otras dos reminiscencias medievales fueron empleadas por Tacuara. Por una parte, sus militantes utilizaron el mismo eslogan que los caballeros de la Orden de Malta: "Volveremos vencedores o muertos". Por otra, se consideraban a ellos mismos "monjes-guerreros", de igual modo que la Milicia de la Orden del Templo o caballeros Templarios, guardianes de las rutas de peregrinación a Jerusalén durante las Cruzadas cristianas (Bardini 2002). Con respecto a esto, Paredes recordó: "La cruz de Malta, los caballeros. Los cruzados. Eran monjes guerreros. Había toda una simbología de monjes guerreros".[249]

---

libertad de los pueblos y la fidelidad en su máxima expresión. El cóndor elige una pareja con la que compartirá prácticamente toda la vida, lo que fue concebido por algunas culturas como "amor eterno" y símbolo de fidelidad. Por su tamaño, la envergadura de sus alas desplegadas y su peso es considerada el ave voladora más grande del planeta. Su presencia intimida e inspira respeto. Es, pues, una figura casi mítica, recuperada por el nacionalismo argentino.

249 Entrevista a Paredes, Ciudad Autónoma de Buenos Aires, 11/12/2019.

La referencia "monjes o soldados" también había sido recuperada de la Falange Española. Tal como afirma Francisco Morente (2013) la condición de "mitad monjes, mitad soldados" utilizada por los miembros de la Falange exaltaba el carácter religioso del fervor militante. Similares son los casos del MNT y de la GRN, que tejieron sólidos lazos con la Iglesia católica en su vertiente integrista y que hicieron de la religión una parte intrínseca de su militancia y de su cultura política.

El uso de las esvásticas constituye otro ejemplo de apropiación de la simbología de los fascismos europeos, en este caso, del nazismo. Como parte de su repertorio de acción, los miembros de Tacuara realizaban pintadas en distintos espacios, que en ocasiones contenían esvásticas. Estos símbolos de la crueldad nazi estaban presentes también como firma de los ataques a instituciones y personas judías, como en los casos de Graciela Sirota y Ricardo D'Alessandro, aludidos en el capítulo 2.

El saludo romano, adoptado tanto por el MNT como por la GRN, constituye una referencia ineludible al pensar en las apropiaciones de los fascismos europeos. Algunos entrevistados se refirieron a él:

> Nos saludábamos abiertamente con el saludo romano. O sea, esto no viene de los nazis ni de los fascistas sino de la antigua Roma, cuando decían "Ave César", y el puño abierto en dirección al cielo, a Dios, en contraposición con el puño de odio cerrado de los comunistas.[250]
> En el local de calle Tucumán [en la ciudad de Buenos Aires] había una persona en la entrada, que tenía un libro de entradas. Anotaba quién venía y a qué venía. Teníamos la obligación de levantar el brazo al entrar. Nos tratábamos de "usted".[251]
> Albornoz: ¿Y hacían el saludo romano?
> Bellino: Sí, sí. "Arriba Tacuara" [con ímpetu y realizando el gesto].[252]

---

250 Entrevista a Arredondo, Ciudad Autónoma de Buenos Aires-Santa Fe, 4/11/2019.

251 Entrevista a Paredes, Ciudad Autónoma de Buenos Aires, 11/12/2019.

252 Entrevista a Bellino, Mar del Plata, provincia de Buenos Aires, 22/11/2019.

Más allá de las suposiciones de Arredondo acerca del origen del saludo en la antigua Roma, su uso estaba relacionado con las influencias fascistas, ya que se trata de una simbología que utilizaron nazis alemanes, fascistas italianos y falangistas y franquistas españoles. En el último caso, el gesto del brazo en alto iba acompañado del grito "¡Arriba España!", muy cercano a la adaptación local "Arriba Tacuara". El saludo fue apropiado por el MNT, que lo tomó y lo dotó de su propio sentido, para hacerlo uno de sus signos distintivos clave.

> El saludo es el usado en el orden internacional, que consiste en levantar el brazo derecho con la palma de la mano abierta, que significa lo siguiente:
> 1) con el brazo arriba, quiere decir arriba y adelante;
> 2) la palma abierta, es señal de franqueza y lealtad [sic];
> 3) el ademán en general, un acercamiento a dios.
> El saludo en las correspondencias y misivas entre afiliados y simpatizantes es:
> "CON EL BRAZO EN ALTO POR DIOS Y POR LA PATRIA".[253]

Así registró la SIDE el saludo entre los militantes nacionalistas, que frecuentemente era acompañado por la frase citada. Se trataba, pues, de una práctica conocida por los servicios de inteligencia. Estos, en lugar de relacionarlo con los fascismos, lo adjudican más genéricamente al uso en el "orden internacional".

En esa misma línea, el MNT —y luego la GRN— adoptaron el trato de "camarada" de los fascismos italiano y español. Como analicé en el capítulo 3, el término fue llenado de una fuerte carga que entrelazó las nociones de lealtad, honor, amistad, compañerismo y masculinidad, fundidas en un pacto inquebrantable entre caballeros. También allí destaqué el uso del aceite de ricino como castigo. Por sus propiedades laxantes, fue utilizado, originalmente, por el fascismo italiano y, luego, por la Falange Española, contra los enemigos políticos de estos regímenes.

---

[253] Biblioteca Nacional Mariano Moreno, Archivos y colecciones, Fondo Centro de Estudios Nacionales. Carpeta 1424. F. 5D. Las mayúsculas son originales de la fuente.

Tacuara retomó la estrategia y la modificó para que sirviera a los fines del disciplinamiento de los cuerpos al interior del movimiento, para corregir a quien hubiera tenido un comportamiento incorrecto o que hubiera trasgredido la rígida jerarquía de la organización.

La cruz potenzada,[254] llamada también "cruz de Jerusalén", era el símbolo característico de la GRN. Insignia del cristianismo, remite a las Cruzadas y a la orden de los Templarios. La adopción de esta simbología guarda relación con el ferviente catolicismo de la GRN. La cruz potenzada aparece en casi todos los números de *Mazorca* recolectados y se conjuga tanto con el águila prusiana, que aparece en varias ocasiones, como con el mismo nombre del boletín, que remite al cuerpo parapolicial que actuó al servicio de Juan Manuel de Rosas contra sus opositores,[255] es decir que agrega un componente relacionado con el revisionismo histórico. Asimismo, en ese boletín se registran numerosas representaciones de Rosas y de diversos elementos que aluden a la figura del gaucho (Galván 2008).

Como se puede observar, entonces, las apropiaciones de simbología de origen fascista, falangista y nazi se fundieron con variados elementos locales y gauchescos, como la misma lanza tacuara e imágenes y eslóganes relacionados con el revisionismo histórico. Esta notable hibridez entre símbolos locales y extranjeros es una pauta que da cuenta del peso que tuvieron los fascismos, el nacionalismo y el catolicismo en la cultura política de Tacuara.

Llegados a este punto, es pertinente hacerse la siguiente pregunta: ¿a través de qué canales circulaban estas ideas, estas imágenes, estos símbolos? Por una parte, las personas que viajaban entre la Argentina y Europa llevaban consigo, de un lado a otro, no solo ideas, sino también documentos, libros y boletines, para que luego fueran distribuidos y difundidos. Por otra, la librería Huemul, ubicada en el centro porteño, merece ser destacada como un importantísimo nodo de recepción y circulación de textos —y de personas— derechistas.

---

254 Es una cruz que en sus puntas contiene potenzas que conforman letras T.

255 Véase Di Meglio 2008; 2012.

> Albornoz: ¿Y cómo llegaban esos libros?
> Paredes: Se vendían. La librería Huemul. Acá en avenida Santa Fe. Sigue estando. Sigue estando y si querés lecturas fascistas, ahí vas a tener lecturas fascistas. Creo, yo hace años que no voy, pero… En Santa Fe y Azcuénaga, Uriburu, por ahí. Yendo hacia plaza San Martín, mano izquierda. Yo hace décadas que no entro, pero era típico, entrás, le pedís de los "boinas rojas", de los franceses en Vietnam… Todo lo que es derecha, ahí va a estar [risas]. Muchas más cosas. De las tropas nazis, de todo.[256]

Tal como expuso Paredes, quienes desearan enriquecer sus bibliotecas personales o ahondar en su formación podían acudir a la librería Huemul. Allí también se llevaban a cabo conferencias, a las que asistían los militantes de Tacuara y de la GRN con asiduidad. Huemul era un punto de encuentro fundamental para el público nacionalista, un ámbito de sociabilidad crucial, en un contexto en el cual tanto los cafés como las librerías reunían con fines sociales y políticos a círculos de intelectuales de diferentes tendencias y posicionamientos.

En su testimonio, Paredes se esmeró en dejar en claro que hacía ya tiempo que no concurría a la librería, como un modo de distanciarse de lo que ella representa, de su papel como *hub* de recepción y difusión de lecturas fascistas y de circulación de personas ligadas a la extrema derecha. Este intento de explicitar la toma de distancia respecto de su militancia adolescente —mezclado en ocasiones con una visible nostalgia— recorre la totalidad de la entrevista con Paredes, exjuez que es muy crítico con esa etapa de su vida.

En Huemul, entre una gran variedad de textos producidos localmente, se conseguían —y se consiguen aún hoy— obras extranjeras. La mayor parte de ellas estaban traducidas al español. En el trabajo de traducción tuvo un rol relevante la editorial Cruz y Fierro, que reunió a un gran número de obras tanto del nacionalismo local como de las derechas de otras latitudes. Fue la editorial a cuyo cargo estuvo la publicación de *Jauja*, dirigida por el padre Leonardo Castellani, y *De pie* (a partir de su N.º 8).

---

256 Entrevista a Paredes, Ciudad Autónoma de Buenos Aires, 11/12/2019.

6. ¿Falangistas? ¿Fascistas? ¿Nazis?
A propósito de las autorrepresentaciones

> *Tacuara* no fue una organización estrictamente neonazi ni neofascista, aunque en sus comienzos se identificó con aquello de que "los enemigos de mis enemigos son mis amigos". Fundamentalmente, se inspiraba eno la Falange de José Antonio Primo de Rivera, que no se caracterizó por su antisemitismo y tuvo más puntos en común, quizá, con el socialismo que con el nacionalsocialismo. [...]
> De todos modos, a mediados de la década de los sesenta el falangismo constituía para los propios *tacuaras* una risueña nostalgia [...]
> ¿Hubo entre los integrantes de *Tacuara* simpatizantes de Hitler y Mussolini?: sí, pero en su etapa inicial y no todos lo fueron. ¿Fue *Tacuara* anticomunista?: sí, pero no hay que olvidar la trayectoria del desprestigiado Partido Comunista Argentino, cuyos ojos estaban puestos más en Moscú que en Catamarca o Jujuy. ¿Fue *Tacuara* una organización antisemita?: sí, pero en el transcurso del tiempo la mayor parte de sus militantes abandonó esa postura y sólo un núcleo muy reducido se mantuvo irreductible. [...] El racismo no es patrimonio de los nacionalistas". (Bardini 2002, 158)

Roberto Bardini, ex-Tacuara y ex militante del MNRT, sienta allí su posición y se distancia del MNT, agrupación sobre la cual pesa fuertemente la etiqueta de nazi, fascista, hispanista, de extrema derecha (Galván 2008). Reduce la simpatía hacia los fascismos europeos y el antisemitismo a rasgos accesorios, solo patrimonio de pequeños grupos. Asimismo, expresa más abiertamente la cercanía con la Falange Española, menos "reprobable" socialmente, y se separa de manera explícita del justificadamente vapuleado nacionalsocialismo alemán. En su libro, Bardini se coloca a sí mismo como un "arrepentido" de un pasado juvenil que habría sido "subsanado" posteriormente por su militancia en la izquierda y por haber sido perseguido y exiliado durante la última dictadura cívico-militar.

De modo similar, Orlandini (2008), ex-MNT rosarino, presenta en su testimonio una Tacuara desligada de los fascismos europeos. Elabora una imagen heroica, a través de la creación de una fachada romántica y pura de la militancia tacuarista, desvinculada de los aspectos más controversiales.

En ambos casos, estamos ante tentativas de distanciar a la organización de la etiqueta de "nazis" y "fascistas" con la que cargaron por décadas y siguen cargando en la actualidad. Esta es una constante que aparece en la mayor parte de los discursos actuales de los exmilitantes de Tacuara: en muchos casos, se quiere atribuir la experiencia tacuarista a una aventura adolescente, sobre la cual hubo una maduración y una reflexión, determinada por el paso del tiempo y las experiencias de vida posteriores. Sus militancias pasadas —y, más aún, algunos determinados elementos fundantes de ellas— no forman parte hoy en día del terreno de lo decible, de aquello que se puede expresar abiertamente.

Para nuestras sociedades contemporáneas, existen pocas discrepancias en torno al juzgamiento de los terribles crímenes cometidos por los fascismos en Europa. Hoy en día, en general, aunque con claras, preocupantes —y crecientes— excepciones, los regímenes autoritarios no son vistos con buenos ojos. Haber tenido algo que ver o haber adherido a ellos es, en general, objeto de repudio en la actualidad. En ese marco se elaboran las memorias de los exmilitantes de la derecha nacionalista. Para la mayor parte de ellos, sus pasados militantes son ya lejanos. A una distancia temporal considerable, al brindar entrevistas u ofrecer sus palabras en público, reflexionan y elaboran juicios acerca de sus propias trayectorias, que luego formulan y transmiten en forma de narración.

Un caso sintomático acerca de la reflexión y el arrepentimiento de su pasado es el de Julio Paredes. Este ex-Tacuara accedió con muchas reservas a brindarme la entrevista, dado que en aquel momento ocupaba un importante cargo en el Poder Judicial argentino. Me confesó que temía ser escrachado públicamente[257] y que su esposa estuvo termi-

---

257 Es probable que haya tenido presente el caso del juez Rodolfo Carlos Barra, ministro de Justicia de Carlos Saúl Menem, quien en 1996 debió renunciar a su cargo una vez que se descubrió públicamente su participación juvenil en Tacuara, a raíz del escándalo mediático y la generalizada reprobación social que provocó esa situación. Sin embargo, su carrera en el Estado continuó poco después, como presidente del Directorio del Organismo Regulador del Sistema Nacional de Aeropuertos y, entre diciembre de 1999 y febrero de 2002, como presidente de la Auditoría General de la Nación. Asimismo, en

nantemente en desacuerdo con que concurriera al encuentro. En varias oportunidades aclaró que me iba a hablar de un pasado para él remoto y que quería dejar sentado que su visión había cambiado rotundamente en los años transcurridos. Paredes recordó las lecturas de Primo de Rivera y cantó las primeras estrofas del himno falangista, *Cara al sol*. Por otra parte, sostuvo que en Tacuara "No había un nazismo, no había nazis. El antisemitismo no era muy marcado. Más bien no había judíos…".[258]

En otros casos, las simpatías fascistas son atribuidas al apoyo a las potencias del Eje por una mera oposición a las fuerzas aliadas, asociadas con el imperialismo. Es decir que se repite la lógica de Bardini, según la cual "los enemigos de mis enemigos son mis amigos".

> Albornoz: Así como tenían como modelo a Primo de Rivera, a la Falange, ¿cómo miraban al fascismo italiano?
> Pella: Yo lo miraba con simpatía. Yo, personalmente.[259]
> Gutiérrez Rivero: Con simpatía.
> Pella: Pero te digo una cosa. En mi familia hay de todo… mi abuelo había sido funcionario judicial y era secretario de Tribunales de la monarquía italiana. Tenía tres grados en la Orden de la Corona de Italia, o sea que no tenía nada que ver con la República. Él había votado en el referéndum por la monarquía. Tenía sus simpatías con el fascismo. O sea que yo era parte de eso, ¿no? [...] No, el fascismo también ha sido demonizado…

---

diciembre de 2023 asumió como Procurador del Tesoro de la Nación, como parte del gobierno de Javier Milei. Si bien hubo un repudio general ante este nombramiento, sobre todo por parte de organizaciones judías y de derechos humanos, este siguió su curso. No obstante, a fines de enero de 2025 fue desplazado de su cargo. Es necesario señalar que estos últimos hechos son posteriores a la entrevista con Paredes.

258 Entrevista a Paredes, Ciudad Autónoma de Buenos Aires, 11/12/2019.

259 En la entrevista, Pella enfatizó sus simpatías fascistas. En esa instancia, construyó su autobiografía haciendo hincapié sobre su educación fascista y nacionalista. Cabe destacar que Pella fue criado en una familia italiana de derecha y muestra un gran orgullo por sus orígenes. Véase Albornoz 2020.

> Gutiérrez Rivero: Perdieron. Perdieron. [...] Había una simpatía por el Eje.
> Pella: Claro.
> Gutiérrez Rivero: Había una simpatía por el Eje. Sobre todo, por las formas. Y además la simpatía con el Eje venía vía Falange Española. Venía vía la Guerra Civil Española.
> Pella: No, los argentinos también por el hecho de que Inglaterra había sido siempre la que nos había puesto el pie encima. Es un poco, ¿no? reivindicación de Malvinas, todo eso. La batalla de Obligado, resucitábamos todo eso, y bueno...[260]

Además de la asociación del apoyo al fascismo con la oposición a Inglaterra, sumada al lamento por la guerra perdida, Gutiérrez Rivero y Pella resaltaron el predominio de la simpatía por la Falange Española, la presencia en sus memorias de la Guerra Civil Española y el fuerte rechazo al imperialismo británico que caracterizó a Tacuara. En la nota que brindaron en el programa nacionalista por YouTube, estos exmilitantes desarrollaron una línea similar:

> Entrevistador: ¿No tenían ninguna relación, por ejemplo, con el fascismo o el nazismo alemán?
> Gutiérrez Rivero: Había... simpatías. Con el nazismo, te diría, en lo que fue la guerra contra los aliados. No eran nazis los de Tacuara. Había esa cosa, también heredada [...] Había una germanofilia que ya venía, en cierta manera, heredada. Había más proximidad, quizá, con el fascismo italiano.[261]

Allí, Gutiérrez Rivero contradijo la visión socialmente predominante y explicitó la negación de la asociación de Tacuara con el nazismo. Nuevamente, la simpatía hacia Hitler aparece de la mano con el rechazo hacia los aliados. El discurso de Bianchi es similar. Manifestó que el

---

260 Entrevista a Pella y Gutiérrez Rivero, Ciudad Autónoma de Buenos Aires, 26/11/2018.

261 Entrevista a Pella y Gutiérrez Rivero, publicada en YouTube, Ciudad Autónoma de Buenos Aires, 14/12/2012.

calificativo de "nazis" era más bien una leyenda; había, según él, una "germanofilia flotante", nuevamente por la lógica según la cual "el enemigo de tu enemigo es tu amigo", es decir, por la posición de repudio a Inglaterra y a los Estados Unidos: "Que los alemanes les dieran una paliza nos parecía muy divertido. Pero nadie sabía más nada de lo que pasaba en Alemania. Y mucho menos esa leyenda de que recibíamos instrucciones de oficiales nazis".[262]

Mientras la mayoría de los ex-MNT, durante las entrevistas, realizaron diferentes intentos por relativizar las simpatías fascistas o explicarlas por los apoyos a enemigos comunes, en uno de los casos comprendidos en esta investigación no son escondidas ni matizadas:

> Albornoz: ¿Cuáles eran sus principales referentes ideológicos?
> Bellino: Los referentes ideológicos de nosotros eran: José Antonio, Mussolini, el querido Adolfo, esos eran los tres pilares que teníamos nosotros.[263]

Llamativamente, al ser consultado por los referentes ideológicos de Tacuara, este entrevistado no se remitió a personalidades del nacionalismo argentino, sino que se orientó hacia los principales líderes fascistas europeos. Entre ellos, la mención de "el querido Adolfo" es más que sugerente. Se puede suponer, también, que tuviera la intención de impresionarme con esta referencia.

Considerando estas expresiones y las ya aludidas publicaciones en Facebook, es posible afirmar que los discursos sociales predominantes, que condenan estas pertenencias, no tienen tanto efecto sobre la producción del discurso de Bellino, a diferencia de lo que sucede en los otros casos. En contraste con los demás, este exmilitante se mostró manifiestamente, públicamente, sin tapujos, como simpatizante de los fascismos europeos, incluso del más controversial entre ellos, el nazismo.

---

262 Entrevista a Bianchi, Ciudad Autónoma de Buenos Aires, 22/11/2019.

263 Entrevista a Bellino, Mar del Plata, provincia de Buenos Aires, 22/11/2019.

En conclusión, José Antonio Primo de Rivera fue una de las figuras que ocuparon el Olimpo de Tacuara. Se añadió al joven aliancista Darwin Passaponti, a José de San Martín, a Juan Manuel de Rosas y a Lucio Mansilla. Como líder de la Falange Española, como representante de la derecha fascista que fue condenado a muerte por defender sus ideales, Primo de Rivera fue el personaje indicado para convertirse en mártir del movimiento. El culto a Primo de Rivera destaca por su continuidad en la historia de los grupos de Tacuara de derecha, y perdura con fuerza hasta la actualidad.

El repertorio ideológico de la Falange resultó sumamente atractivo para los nacionalistas argentinos. Frente a la democracia liberal, que consideraban decadente y perjudicial, frente al capitalismo, al imperialismo, al comunismo ateo "que avanzaba en el continente", la construcción de un Estado nacionalsindicalista, corporativo, erigido sobre los principios de la hispanidad católica les parecían un idilio. Era un horizonte que solo podía ser alcanzado a través de una revolución total. Para ello, era necesario un cambio sustancial, de raíz. Este fue uno de los ejes más sólidos de la cultura política tacuarista.

Pese al predominio de Primo de Rivera, otros líderes fascistas aparecieron con cierta frecuencia tanto en los boletines de Tacuara y GRN como en las memorias de sus exmilitantes. Benito Mussolini es el segundo en importancia, seguido por Adolf Hitler. Ambos líderes fascistas, aunque más el primero, son objeto de admiración por parte de los nacionalistas argentinos. Las apropiaciones de los regímenes de estos dictadores estuvieron ligadas principalmente a la incorporación y adaptación de la simbología y a algunas lecturas, pero no fueron tan significativas como aquellas provenientes del falangismo.

La simbología y la ritualidad del MNT y de la GRN se caracterizan por su hibridez. Elementos propiamente locales, como las imágenes del gaucho, el cóndor, la lanza tacuara, y figuras del rosismo y el revisionismo histórico se entrecruzan con otras fascistas, como el saludo romano, el himno y la bandera falangistas, el águila prusiana, y con objetos reminiscentes de la Edad Media. De esa manera, se conformó un peculiar acervo simbólico, que fue la cara más visible de una cultura política que tuvo mucho de fascista.

En las memorias producidas y transmitidas en años recientes, mientras tanto, prevalece también la figura de Primo de Rivera como referente y mártir histórico de las agrupaciones. Con respecto al régimen de Mussolini, en algunos casos se habla sin inconvenientes acerca de una simpatía, una cercanía, inclusive una identificación como "fascistas", mientras que en otros se prefiere el silencio o se realizan intentos por separarse de él.

Al nazismo, los ex-Tacuara lo consideran ajeno a su militancia. En la mayor parte de los casos, se genera un significativo silencio en torno a él y a su líder. Estas omisiones dialogan permanentemente con los discursos sociales actuales y son sumamente valiosas para la reconstrucción de las memorias y las autodiscursividades de los exmilitantes. Adherir o haber adherido en el pasado al régimen genocida de Hitler no es bien visto en nuestra contemporaneidad. Las mundialmente conocidas catástrofes genocidas del nazismo generan un repudio social tal que es una mancha imborrable haber sostenido las ideas del régimen del Reich.

En suma, los exmilitantes de Tacuara frecuentemente realizan intentos por desprenderse de la etiqueta de "nazis", sólidamente instalada, que les imprimió la opinión pública contemporánea y que perdura en la actualidad. Esta se afianzó sobre todo a raíz de los numerosos atentados antisemitas realizados durante los primeros años de la década de 1960 y el conocido uso de algunos elementos de la simbología nazi y fascista.

Pero los contactos de Tacuara con los fascismos europeos no fueron solo retrospectivos, no se limitaron a las apropiaciones de sus repertorios ideológicos y simbólicos. Por el contrario, establecieron numerosos vínculos con las derechas europeas contemporáneas a ellos, con los neofascismos que se fueron configurando luego de la derrota en la Segunda Guerra Mundial.

CAPÍTULO 5

Tacuara y los neofascismos

Luis Ángel Barbieri se había acercado al MNT a fines de los años 50, antes de la expansión y auge de la agrupación. Era un joven astuto, vivaz y extrovertido. Como tenía facilidad para redactar y estaba siempre atento a los detalles, fue nombrado secretario de Prensa y Propaganda. Hábil con las palabras, en 1962 —en el contexto de la condena y posterior ajusticiamiento de Adolf Eichmann— inventó uno de los eslóganes que se convirtieron en característicos de la agrupación: "El 20 de Noviembre es Tacuara". Esa consigna fue reproducida una y otra vez: los miembros de la agrupación la utilizaron como frase de cabecera para reivindicar la soberanía nacional.

Asimismo, Barbieri era una persona extremadamente curiosa. Le interesaba saber qué hacían, qué pensaban y cómo se manejaban otras organizaciones similares a ellos en distintos rincones del mundo. Esa curiosidad solo podía ser satisfecha tendiendo puentes, estrechando vínculos, estableciendo y alimentando canales de comunicación. Por iniciativa propia, comenzó a enviar esporádicamente boletines del MNT y correspondencia a diferentes grupos que iba descubriendo en el extranjero, esperando recibir otros materiales de vuelta. En muchos casos, el gesto era retribuido.

Barbieri no tardó en estar a cargo del Departamento de Relaciones, cuya función consistía en ocuparse de que la militancia estuviera al tanto de los sucesos políticos a nivel global y, sobre todo, generar y sostener conexiones con organizaciones afines de otros países. Desde esa posición organizó charlas y conferencias acerca de la situación política internacional y se ocupó de mantener al día la correspondencia con agrupaciones de derecha del exterior.

Con frecuencia, intercambiaba cartas y boletines con grupos y periódicos que se ubicaban en la extrema derecha, al igual que Tacuara, y eran afines al nacionalsindicalismo, como el boletín informativo de la Falange de Barcelona, *El Bruch*; *Inquietud*, de la Falange de Lérida; *Tiempo Nuevo*, de la Delegación Nacional de Sindicatos de Madrid; *Juventud* y *Noticia*, ambos del Sindicato Español Universitario. En *Tacuara. Vocero de la revolución nacionalista* se anuncia: "De España recibimos la revista 'Estudios sobre sindicalismo' identificada con el espíritu revolucionario de la Falange auténtica, con la colaboración de camaradas alemanes e italianos".[264]

A estos periódicos se agregan *La Legione*, órgano de excombatientes de la República Social Italiana de Milán y periódicos de, por ejemplo, Alemania, Austria, Suecia, Suiza y Croacia. Otros eran de países del continente americano, como México, Chile, Uruguay y los Estados Unidos. A ellos se suman frecuentes contactos con el movimiento Nación Europa, que reunió a diversos grupos neofascistas con la finalidad de reivindicar los nacionalismos europeos.

Es decir que Barbieri, desde el Departamento de Relaciones, se encargó de establecer intercambios y diálogos con numerosas agrupaciones de distintos lugares del mundo. Sin embargo, con las fuentes a disposición no es posible saber si estos contactos fueron sistemáticos, si se mantuvieron en el tiempo ni qué asiduidad tenían. Lo cierto es que se trataba de una actividad que el joven militante encontraba estimulante; a lo largo de su trayectoria como miembro del MNT se esmeró en sostenerla.

La militancia de Barbieri concluyó tempranamente. En 1964 fue uno de los condenados por haber participado en el operativo que terminó con la vida de Raúl Alterman, lo que significó su alejamiento del MNT. No está claro si la jefatura del Departamento de Relaciones fue ocupada por otro "camarada" o si el puesto quedó vacante. De cualquier manera, los puentes con agrupaciones de países vecinos y con los neofascismos europeos ya habían sido tendidos.

Para revisitar la historia de Tacuara y de la GRN desde una perspectiva transnacional, prestaré atención a los lazos tejidos con las derechas de Europa contemporáneas a ellos. ¿De qué naturaleza fueron las conexiones establecidas con los movimientos pertenecientes a la galaxia de las extremas derechas europeas? ¿Se puede afirmar que se insertaron en

---

264 *Tacuara. Vocero de la revolución nacionalista*, N.º 10, septiembre de 1961.

una cruzada anticomunista transnacional? Por último, ¿cómo perciben hoy en día la transnacionalidad de su militancia?

La historia transnacional de Tacuara no se limitó a las apropiaciones de los fascismos europeos de entreguerras. A menudo, se la ha representado como una agrupación restringida a los estrechos marcos nacionales, preocupada exclusivamente por llevar adelante su "revolución nacional" puertas adentro, sin establecer contactos con el exterior ni mirar hacia afuera. En realidad, los militantes del MNT estaban muy pendientes de las actividades y del desarrollo de sus pares en el extranjero. En muchos casos establecieron vínculos con grupos afines, aunque no fueron relaciones necesariamente orgánicas ni estables.

Con la Guerra Fría en curso y el crecimiento y fortalecimiento de las izquierdas a nivel global, tras la crisis de los fascismos en Europa, juventudes de diversas latitudes aunaron esfuerzos con el fin de contener el avance del comunismo. Ni el MNT ni la GRN formaron parte de manera orgánica de estos intentos de reunir fuerzas en nombre de las derechas y los nacionalismos. No obstante, estuvieron pendientes del devenir de sus pares europeos y procuraron mantenerse en contacto con ellos. Asimismo, en ocasiones, algunos de sus militantes emprendieron acciones conjuntas, como se verá más adelante.

Para abordar los interrogantes que propongo, ajustaré la lente y me concentraré específicamente en los lazos establecidos por Tacuara con organizaciones y militantes de dos países europeos, que fueron aquellos privilegiados en mi investigación: Italia y España. Para eso, optaré por desbordar levemente el marco cronológico correspondiente al período de actividad de Tacuara —aproximadamente, entre 1957 y 1973—. Observar las culturas políticas y estudiar las trayectorias militantes impone la necesidad de trascender los límites temporales impuestos por la existencia de las organizaciones, para incluir en el análisis los caminos posteriores. Estos se vuelven indispensables a la hora de abordar las relaciones transnacionales de las extremas derechas.

1. Europa en la mira

Luego de la caída de los fascismos, tras ser derrotados en la Segunda Guerra Mundial, poco a poco muchos de sus cuadros se fueron reorganizando. En distintos países de Europa, como Italia, Francia y Alemania, desde la clandestinidad se conformaron agrupaciones nostálgicas de los fascismos, nucleadas para hacer frente a un momento político adverso y resistir a los movimientos de desfascistización.

En Italia, el neofascismo dio signos de vida apenas finalizó la guerra, cuando comenzaron a formarse una miríada de grupos que operaban desde la clandestinidad y que llevaban a cabo acciones demostrativas. El Movimento Sociale Italiano (MSI), creado en 1946, fue el principal grupo que reunió a diversas fuerzas neofascistas italianas, herederas del régimen títere del nazismo, la República Social Italiana (RSI). A diferencia de los demás movimientos neofascistas, a partir de 1948 el MSI se insertó —al menos pragmáticamente— en el juego democrático, aunque mantuvo una actitud ambigua hacia la joven república y fue tentado por experiencias autoritarias.[265]

Por el lado de España, país que quedó al margen de la segunda guerra, la dictadura de Franco seguía en el poder, por lo cual las agrupaciones de extrema derecha no encontraron particulares obstáculos y gozaron de buena salud. Ya en los años 60 y 70, varias organizaciones pasaron a la escena principal, entre las cuales las que aquí interesan, por los vínculos que establecieron con Tacuara, son el Círculo Español de Amigos de Europa (CEDADE) y Fuerza Nueva (FN).

A principios de los 50 tuvieron lugar las primeras reuniones de movimientos neofascistas con intenciones de conformar organizaciones continentales. Primero en Roma y después en Malmö, quedaría constituido el Movimiento Social Europeo, que propugnaba la formación de una Europa "*terzaforzista*" (Del Boca y Giovana 1965). Luego, en Zürich, se formaría el Nuevo Orden Europeo (NOE), fundado sobre

---

265 El MSI salió a la luz por primera vez en las elecciones políticas de abril de 1948. Estas fueron un parteaguas en la historia del movimiento, que pasó de la clandestinidad a la actividad pública. De ese modo, el MSI se convirtió en el partido de los fascistas en democracia (Rao 1999).

bases racistas y xenófobas. Más tarde, en la década de 1960, aparecieron Jeune Europe, liderada por el colaboracionista belga Jean Thiriart, la Northern European League, el Partido Nacional Europeo y la World Union of National Socialists. Más allá de profesar un marcado antisemitismo, estas agrupaciones supranacionales se orientaron hacia un exacerbado anticomunismo, posición que mantuvieron con gran firmeza en el contexto de la Guerra Fría.[266]

El MNT, además de haber tejido lazos con movimientos de países vecinos, como es el caso de Uruguay (Broquetas 2014, Bohoslavsky y Broquetas 2017), estableció diferentes tipos de contactos con estos movimientos europeos, tanto con algunos nacionales como con algunos continentales. Desde temprano, la Dirección de Inteligencia de la Policía de la Provincia de Buenos Aires (DIPBBA) estuvo al corriente de la existencia de estos vínculos. En un informe fechado el 31 de mayo de 1960 escriben:

> El quehacer político a que se encuentra abocado en la actualidad del movimiento es la organización insurreccional mediante comandos clandestinos con fines a una revolución depuradora que propiciaría un Régimen Nacional / Sindicalista. Disponen a dichos efectos, de contactos internacionales que siguen su misma línea nacionalista, los que se conectarían por intermedio de distintas embajadas, recibiendo correspondencia en Casilla de Correo, posiblemente en la Casa Central de la Capital Federal.[267]

Tanto la DIPPBA como la SIDE realizaban un seguimiento más o menos continuado de las actividades del MNT y de la GRN. En este caso, la DIPPBA demuestra estar al corriente de los intercambios que por aquellos años mantenían los militantes de Tacuara con movimientos en el exterior, es decir que contaban con indicios acerca de algunas conexiones transnacionales. Sobre los canales a través de los cuales se establecían estos

---

266 Véanse Milza 2002; Laurent 2013; Albanese 2018; Camus y Lebourg 2020.

267 Archivo DIPPBA, Mesa C, carpeta 5, legajo 75.

vínculos faltaban certezas, por lo cual los servicios de inteligencia se limitaron a formular conjeturas.

Dos boletines de Tacuara, *Tacuara. Vocero de la revolución nacionalista* y *Ofensiva,* contaban con una sección denominada "El nacionalismo en el mundo".[268] Allí se publicaban noticias acerca de diferentes agrupaciones similares en diversos puntos del globo. En un artículo de esa sección publicado en el segundo, quien firmaba como "Camarada V"[269] hacía mención de una reunión que tuvo lugar en Venecia, donde diversos movimientos filofascistas y filonazis se congregaron con el fin de crear una organización neofascista transnacional.[270]

Otra entidad neofascista que cobró cierta relevancia en el Viejo Continente fue el ya mencionado NOE. En una fecha cercana a diciembre de 1962, realizaron una gran reunión en Suiza. Los tacuaristas estuvieron muy pendientes de la existencia y el desarrollo de esta agrupación, así como de este acontecimiento en particular. Consideraron una prioridad hacerse presentes en el evento:

> El Nuevo Orden Europeo realizó, en Lausana, su VII asamblea. TACUARA, por intermedio del Departamento de Relaciones, hizo llegar un telegrama y carta de felicitación por tan magno acontecimiento, documentos estos que fueron traducidos en cuatro idiomas para poder ser vertidos en la referida Asamblea. El Nuevo Orden Europeo, fundado en 1951 cuenta con la adhesión de todas las Agrupaciones Nacionalistas del mundo.[271]

---

268 Dado el carácter fragmentario de las fuentes, no he podido confirmar si se trataba de una sección que tuvo continuidad en los boletines.

269 Es el mismo seudónimo que utiliza en varias ocasiones quien firma los artículos de la columna internacional en *Tacuara. Vocero de la revolución nacionalista.* Es muy probable que esta persona haya sido Luis Ángel Barbieri.

270 "El 4 de marzo último se reunieron en Venecia las representaciones de la Union Movement, inglés, del Partido del Reich Alemás [sic], del Movimiento Social Italiano y de Acción Cívica Belga, con el objeto de crear una oficina de enlace entre los Movimientos Nacionalistas Europeos" (*Ofensiva*, N.° 12, diciembre de 1962).

271 *Ibid.*

Los militantes de Tacuara no solamente estaban al corriente de las reuniones neofascistas europeas, sino que, como se desprende de este fragmento, tuvieron la intención de participar de algún modo desde la Argentina. Para ello, enviaron un comunicado de adhesión y felicitación y se preocuparon por que fuera leído y traducido a cuatro idiomas, para asegurarse de que fuera recibido por militantes de diversas nacionalidades. Esta voluntad explícita es muy significativa, ya que es un claro indicio de que existió un interés patente por figurar en el evento, es decir que tenían la intención de ser reconocidos como "camaradas" por los militantes de estos movimientos europeos. La transmisión del telegrama estuvo a cargo de Barbieri, como jefe del Departamento de Relaciones.

Cabe señalar que el establecimiento de conexiones transnacionales era una cuestión que se manejaba desde la cúpula de movimiento. En general, los militantes de base, que no ocupaban puestos de jerarquía, eran más bien ajenos a las intrincadas dinámicas de establecimiento de las redes transnacionales. Castillo, Paredes y Radic, militantes que no cubrieron roles de mando, aseveraron que no tuvieron conocimiento acerca de contactos con agrupaciones del exterior. Es decir que el elemento transnacional no tiene un peso importante en sus memorias. En estos tres casos predomina la visión de Tacuara como un movimiento centrado en el espacio nacional.

2. *"Nel fascismo è la salvezza della nostra libertà"*

Eduardo Pella creció en la ciudad de Buenos Aires y fue educado en colegios católicos. Nació en el seno de una familia de origen italiano, simpatizante de la monarquía, del fascismo y del "duce", Benito Mussolini.

Su padre había emigrado a la Argentina en 1925 desde Sassari, Cerdeña. En Buenos Aires se convirtió en un activo miembro de la comunidad italiana. Fue uno de los fundadores de la Sociedad Sarda de Socorros Mutuos, llamada Sardi Uniti, creada en 1936. También, de hecho, asistía regularmente a reuniones de fascistas en Buenos Aires y alrededores. Una noche asistió acompañado de su hijo Eduardo, que tenía apenas trece años.

Ese encuentro se llevó a cabo en un local ubicado en el barrio de Palermo Viejo. En la entrada, dos hombres corpulentos vestidos con camisas negras y con correajes cuidaban el busto de Mussolini, posicionado para dar la bienvenida a los "camaradas". Una vez dentro, se encontraron con muchos conocidos y amigos, miembros de la comunidad italiana local. Ubicados en varias mesas, comieron una cena típicamente italiana, que constaba de varios pasos y platos abundantes.

Luego del postre, se quedaron allí un largo rato para conversar. Como era ya costumbre, durante la sobremesa un hombre alzó su copa para brindar y comenzó a cantar a viva voz, invitando al resto de la concurrencia a acompañarlo: "Giovinezza, giovinezza / primavera di bellezza / nel fascismo è la salvezza / della nostra libertà".[272] Esa canción, *Giovinezza,* era uno de los himnos del fascismo. En la casa de la familia Pella sonaba frecuentemente. Incluso, Eduardo se había aprendido una parte de la letra, por lo que la cantó junto con los adultos presentes.

En otra de aquellas reuniones de italianos nostálgicos del fascismo, el padre de Pella se encontró con un personaje muy particular: el mismísimo hijo del "duce", Vittorio Mussolini.[273] Según el relato del padre de Pella, en el momento en que se desencadenó el canto de *Giovinezza,* Vittorio permaneció con la cabeza gacha y no se puso de pie, a diferencia del resto de los comensales. Cuando finalizó el cántico, explicó que aquella canción le traía muchos recuerdos angustiantes. La herida por la derrota y el asesinato de su padre todavía estaba abierta.

La imagen del encuentro en aquel local ubicado en Palermo Viejo quedó grabada a fuego en la memoria de Pella. Ya desde mucho más pequeño había comenzado a mirar las imágenes —y luego a leer los artículos— de revistas antiguas y actuales ligadas al fascismo, tanto en

---

272 "Juventud, juventud/ primavera de belleza/ en el fascismo está la salvación/ de nuestra libertad" (traducción propia). Existen diversas versiones y adaptaciones de la canción. Cabe destacar que no todas incluyen este fragmento.

273 Vittorio Mussolini estaba casado con una argentina, Orsola Buvoli. En 1946 emprendió la fuga al país sudamericano con un pasaporte falso argentino, obtenido gracias a sus contactos en el Vaticano. Viajó solo, vestido de cura, y su familia lo alcanzó tiempo después. El primer lugar donde se instaló fue la ciudad de Mendoza (Bertagna 2006).

castellano como en italiano, que su padre conservaba en su casa. Como niño —y más tarde como adolescente— curioso, observador y estudioso, siguió interiorizándose acerca de qué era lo que había sucedido en esa patria que también era suya, de su familia, pero que se encontraba a miles y miles de kilómetros de distancia.

Ese camino lo llevó a zambullirse desde temprana edad en el mundo de las derechas, en el nacionalismo. Encontró allí un espacio que conjugaba su amor por la patria, por la Argentina, con una cercanía al fascismo italiano, en el marco del cual había sido criado. En ese espacio reconocían la importancia de Mussolini. De ese modo dio sus primeros pasos militantes en la UNES durante su adolescencia, y luego se encontró entre los primeros integrantes del MNT.

Paralelamente a su militancia en Tacuara, Pella fue miembro de la organización 28 Ottobre, que reunía a miembros de la comunidad italiana local que comulgaban con el ideario fascista. Otro militante del MNT, Jorge Savino (igualmente de familia de origen italiano), también fue parte de ella. La 28 Ottobre era dirigida por Gaio Gradenigo, importante referente del mundo fascista entre la comunidad italiana en la Argentina. En la península, Gradenigo había sido oficial de la Guardia Nazionale Repubblicana durante la RSI. En 1954 estuvo entre los artífices del resurgimiento de la Federación de las sociedades italianas y fue consejero de la Confederazione Combattenti Italiani dell'America Latina, originada en 1957. Gradenigo se encontró entre los abundantes fascistas que recalaron en la Argentina tras la derrota del régimen en la Segunda Guerra Mundial (Bertagna 2006).

Como integrante de la 28 Ottobre, Pella mantenía firmes lazos con el universo fascista local. Pero, además, su membresía fue un canal para entrar en contacto con el MSI, en el momento en que era liderado por Giorgio Almirante. De ese modo, pudo encontrarse con algunos militantes italianos que viajaron a la Argentina. No obstante, según relata, se trató de "gente poco importante"; aquellos que conoció no habrían sido cuadros dirigentes del partido ni personajes reconocidos.

Sumado a estos contactos que se establecían con el neofascismo italiano, Jorge Grossi recordó que muchos fascistas o simpatizantes del régimen llegaron a la Argentina en busca de refugio desde 1945.[274] A través

---

274 Esta temática es desarrollada en profundidad por Federica Bertagna (2006).

del contacto con ellos, que ya en los 60 circulaban con más tranquilidad y soltura entre Italia y la Argentina, llegaban las novedades acerca de los acontecimientos y los desarrollos políticos a nivel europeo, que luego circulaban entre las militancias nacionalistas.

El MSI había tenido un cierto grado de presencia en la Argentina, sobre todo en los primeros años de la segunda posguerra. Por medio de la comunidad fascista que residía en el país, durante un tiempo se enviaron fondos para sostener al partido en Italia (Bertagna 2006). Esos contactos parecen haberse mantenido a través de los exfascistas que habían llegado a la Argentina. Sin embargo, el envío de dinero perdió importancia en los años 60, de acuerdo con el testimonio de Pella.[275]

La 28 Ottobre, en cuanto asociación que congregó a las derechas fascistas en la Argentina, no solo recibió la visita de Vittorio Mussolini. Otro personaje de gran relevancia dentro del universo fascista se hizo presente en algunas de sus reuniones. Durante su paso por Buenos Aires, el conocido terrorista italiano Stefano Delle Chiaie concurrió a algunos encuentros.

> Había una asociación, la 28 Ottobre, a cuyas reuniones asistimos periódicamente, donde eran frecuentes los encuentros políticos y conviviales. Durante uno de ellos, sostuve una animada discusión con Vittorio Mussolini, quien justificaba la línea política y las operaciones del MSI.[276] (Delle Chiaie 2012, 230-231)

Delle Chiaie fue uno de los principales referentes del neofascismo a nivel global. Había sido miembro del MSI, pero se había separado de este en 1956 para pasar a integrar las filas de Ordine Nuovo (ON), agrupación

---

275 "Calculá que la cooperación argentina puede haberse dado cuando yo era chico, en los años 50, que acá el peso argentino valía en Italia, que habían colaborado en alguna campaña del MSI, habían mandado donaciones. Pero después, con todas las crisis que hemos pasado en la Argentina y el fortalecimiento de la moneda europea, ¿qué apoyo les podíamos dar?" (entrevista a Pella, Ciudad Autónoma de Buenos Aires, 8/1/2019).

276 Traducción propia.

más intransigente dentro del espectro del neofascismo. Más tarde, en 1960, formó Avanguardia Nazionale Giovanile, escisión de ON.[277]

Durante la segunda mitad de los años 70, Delle Chiaie hizo un largo recorrido que lo llevó a varios países de América Latina. Tacuara ya no existía en aquel entonces. No obstante, su amplia trayectoria dentro del neofascismo y su paso por la Argentina resultan insoslayables para reconstruir las redes transnacionales de las extremas derechas. En ellas aparecen involucrados algunos personajes que previamente habían militado en el MNT.[278]

Llegado a la Argentina, Delle Chiaie participó de acciones conjuntas entre la Triple A[279] y la Dirección de Inteligencia de la nación chilena (DINA). Ya había establecido contactos con José López Rega, cabeza de la primera y ministro de Bienestar Social de la Argentina entre 1973 y 1975, y estrechó aún más los lazos con su gente durante su estadía. Cuando arribó al país, quien le dio la bienvenida fue un exmilitante de Tacuara:

> En el aeropuerto de Buenos Aires me esperaba Freddy, camarada proveniente del movimiento Tacuara, al cual había avisado de mi llegada y se ofreció a hospedarme a mí y a otros camaradas. Freddy me presentó a algunos oficiales de las fuerzas armadas con los cuales su grupo estaba en contacto.[280] (Delle Chiaie 2012, 220)

---

277 Más detalles acerca de la trayectoria política y personal de Delle Chiaie pueden encontrarse en González Calleja 2018 y Ravelli 2021. Además, es interesante la lectura de su autobiografía (Delle Chiaie 2012).

278 Un caso paradigmático es el de Miguel Gutiérrez Rivero, al cual aludiré detalladamente en el capítulo 6.

279 La Triple A fue una fuerza paraestatal que operó clandestinamente entre 1973 y 1976. Según Julieta Rostica (2011), fue un actor político con una organización interna que ejerció una acción política violenta, no legal, a través del uso de los recursos del Estado. Sus líderes fueron José López Rega, ministro de Bienestar Social entre el 25 de mayo de 1973 y el 11 de julio de 1975, y Alberto Villar, jefe de la Policía Federal que había sido reincorporado en enero de 1974, y permaneció hasta su muerte, apenas 10 meses después. La Triple A fue creada con el fin de combatir a la "subversión marxista". Véanse también González Janzen 1986; Besoky 2016; Larraquy 2018.

280 Traducción propia.

"Freddy" es Luis Alfredo Zarattini, exmilitante del MNT y del MNRT. Además de su cercanía con el terrorista italiano, Zarattini conformó un importante canal de contacto con el mundo de las derechas españolas, como detallaré más adelante. Resulta llamativo que, si bien Tacuara ya no existía en 1976, Delle Chiaie seguía identificando a "Freddy" por su pertenencia a ese movimiento, que fue clave en su trayectoria militante. De hecho, entre las declaraciones del italiano durante el juicio por su participación en el asesinato de Carlos Prats, comandante en jefe del Ejército chileno en el gobierno de Salvador Allende, y su esposa, Sofía Cuthbert, en conjunto con la DINA, se encuentra la mención de sus contactos con el ex-Tacuara y representantes de sindicatos peronistas (Ruggiero 2023).

En la Argentina, Luis Alfredo Zarattini recibió y ofreció protección a neofascistas italianos y franceses. Entre los italianos, Delle Chiaie era el líder. Zarattini los integró al Batallón 601 de Inteligencia del Ejército —órgano ejecutor de la Jefatura II-Inteligencia del Estado Mayor General del Ejército y agente del Plan Cóndor—[281] del cual él mismo formaba parte (Ruggiero 2023).

Entre las actividades que realizó Delle Chiaie durante su estadía en la Argentina estuvo una importante reunión con miembros del Estado Mayor del Ejército. Llegó a ellos, justamente, a través de "Freddy". A ese encuentro, concurrió acompañado de dos neofascistas italianos que eran parte de este grupo de protegidos, Marco Ballan y Giulio Crescenzi.[282] Estuvieron presentes dos coroneles del Estado Mayor y dos capitanes, peronistas o nacionalcatólicos, según el testimonio de Delle Chiaie. Uno de estos capitanes se convirtió en un enlace permanente con el Ejército.

---

281 Acerca del Plan Cóndor, que unió en acciones coordinadas a los servicios de inteligencia de las dictaduras de la Argentina, Bolivia, Chile, Paraguay y Uruguay durante los 70, véanse, por ejemplo, Lessa 2019; 2022 y Lessa y Slatman 2021.

282 Si bien no figuran como participantes concretos de esa reunión, otros militantes neofascistas italianos que formaron parte del grupo que acompañó a Delle Chiaie fueron Giovanni Lanfrè, que había sido senador nacional por el MSI, Maurizio Giorgi, Mario Pellegrino y Pierluigi Pagliai. Este último se había convertido en la mano derecha de Delle Chiaie (Ruggiero 2023).

En esa ocasión, discutieron los motivos que lo habían traído a la Argentina, la situación europea e italiana y los propósitos del grupo neofascista en América Latina. Ambas partes se entendieron muy bien desde el principio. Delle Chiaie afirmó: "sus frecuentes referencias al Comandante Borghese[283] y a Otto Skorzeny[284] me hicieron comprender lo importante que era colaborar con ellos"[285] (Delle Chiaie 2012, 222).

Zarattini y Delle Chiaie entablaron una relación que los llevó a compartir numerosas acciones. Por ejemplo, el argentino le informó a su "camarada" italiano que el Partido Socialista Italiano, a través de la editorial Rizzoli, estaba en pleno proceso de compra de la editorial argentina Abril,[286] que poseía varios diarios y radios. El objetivo detrás de esa transacción, según sus elucubraciones, consistía en orientar el voto de los italianos en el extranjero. Ante esta perspectiva, difundieron un documento en el que denunciaban los peligros de una posible penetración social-masónica en el país, con la intención de bloquear la venta.

Otra operación que los unió, relatada también por Delle Chiaie, está relacionada con la difusión de la obra del filósofo esotérico de extrema derecha Julius Evola[287] en América Latina, más precisamente en Chile

---

283 Junio Valerio Borghese fue comandante de la X Fottiglia Mas durante la Segunda Guerra Mundial y durante la RSI, en la que combatió junto a los alemanes. En la posguerra, tras ser condenado por colaboracionismo y luego liberado por la amnistía Togliatti, en 1951 se unió al MSI, que abandonó posteriormente. En 1968 fundó el Fronte Nazionale y, en 1970, montó un fallido golpe de Estado, el cual originó su salida hacia España. Allí vivió hasta su muerte, en 1974.

284 Otto Skorzeny fue un coronel austríaco de las Waffen-SS, especialista en operaciones especiales. Dirigió la Operación Roble, que rescató a Mussolini de prisión en el Hotel Campo Imperatore, en el Gran Sasso, en septiembre de 1943. Más tarde, en 1949, llegó a la Argentina para formar parte del grupo de nazis que recalaron en el país en busca de refugio. Véanse Camarasa 2012; Camarasa y Basso Prieto 2014; Goñi 2015.

285 Traducción propia.

286 Acerca de la editorial Abril, véanse Scarzanella 2012; 2016.

287 Acerca de la recepción de Evola en la Argentina, véase: Grinchpun 2021.

y, posiblemente, en la Argentina. Delle Chiaie le pidió a Zarattini que tradujera la obra *Orientamenti* del pensador italiano, para su posterior impresión y distribución en opúsculos. Juntos, trabajaron por la difusión de las ideas de Evola en lengua española.

Sin embargo, de acuerdo con el relato de Delle Chiaie, las revistas traducidas fueron secuestradas por los carabineros chilenos, probablemente a causa de la tapa roja, que los podría haber llevado a pensar que se trataba de escritos marxistas, según él mismo relata. Tras la intervención del dictador Augusto Pinochet, a quien habían pedido ayuda, los ejemplares fueron liberados. Posteriormente fueron distribuidos de acuerdo con el plan original: "El opúsculo de Evola estuvo presente en los escritorios de muchos oficiales, incluso de varios de la DINA"[288] (228).

Durante su paso por la Argentina, asimismo, Delle Chiaie entró en contacto con otros personajes relevantes desde el punto de vista político. Algunos de los que menciona en su autobiografía son Jacques Marie de Mahieu, Wilfred von Oven, periodista nazi instalado en la Argentina, el fascista Giovanni Host-Venturi y, por último, Carlos Menem, al que describe como "futuro presidente de la Argentina y por entonces convencido nacionalsocialista"[289] (230).

Al igual que Tacuara, la GRN se alineó con el neofascismo italiano. En un artículo publicado en 1971 celebran —a la vez que exageran— el crecimiento de estas corrientes en la península.

> En la Italia auténtica, pertinazmente silenciada por la prensa, ausente de la información objetiva. ¿Es que ahora hay más fascistas que en tiempos de Mussolini? Muchos se hacen esta pregunta. Y los hechos parecen contestarles afirmativamente.
> La ofensiva del neo-fascismo alcanzó en los últimos meses a conmover el inestable gobierno de centro-izquierda: Reggio Calabria, Milán, Génova, Nápoles, Roma y varias ciudades más presenciaron el desborde casi incontenible de las nuevas juventudes fascistas. [...]

---

288 Traducción propia.

289 Traducción propia.

> Pero MUSSOLINI triunfó finalmente. Porque la nueva generación se siente alumbrada por su luz, tocada por las palabras y las actitudes del DUCE. La victoria de Mussolini, la que nadie podrá ya arrebatarle, reside en la marca que su espíritu imprimió sobre el de Italia, en la íntima geografía del alma. Y, esencialmente, en el vigor con que su doctrina y su recuerdo han crecido en la juventud de Italia. En esta juventud que no ha conocido las bondades del Régimen Fascista, pero que no se resigna a vivir en la estrechez mental de un país sometido.[290]

El texto combina un homenaje al "duce" del fascismo con una reivindicación de la juventud italiana, supuestamente fascistizada. El retrato de una "juventud fascista" aparece universalizado. En otras palabras, se transmite una imagen muy alejada de la realidad, según la cual todos los y las jóvenes del país se habrían unido a la "ofensiva del neofascismo". Aunque la enunciación incluye una hipérbole, el artículo deja en evidencia la existencia de grupos politizados de derecha de carácter transnacional. Estos recuperan los mismos tópicos y referentes, que exhiben una nostalgia por los fascismos de entreguerras y que se insertan en una lucha común contra el avance de las izquierdas y la construcción de gobiernos democráticos.

Además, en un número de *Mazorca* de inicios de 1970 se introduce una sección de noticias internacionales; tres de ellas provienen de Italia. En todos los casos, son extraídas de diarios argentinos, intermediarios para que llegaran estas novedades, que fueron seleccionadas y reproducidas en el boletín. Una se refiere a la realización de un acto del MSI en Roma;[291] en otra, se narra un episodio violento protagonizado por

---

290 *Mazorca*, N.° 21, año V, marzo de 1971. Las mayúsculas son originales de la fuente.

291 "ROMA (*Crónica*, 20-12-69) En ésta ciudad, millares de militantes del partido neofascista —Movimiento Social Italiano— se congregaron en [el] Palacio de Deportes para asistir a un acto que había sido aplazado desde el pasado fin de semana, cuando el gobierno democrata cistiano [sic] [había] prohibido todas las concentraciones políticas. Durante el acto se repudió la acción terrorista de los comunistas que causaron, en la población civil, más de 100 heridos y 14 muertos" (*Mazorca*, S/N, año V, 1970).

estudiantes fascistas y comunistas en Milán.[292] En esta última noticia se pone de relieve la responsabilidad del estudiantado comunista por el hecho, mientras se expone heroicamente la resistencia del grupo neofascista, que habría conseguido repeler el ataque.

Estas intervenciones de la GRN por medio de sus boletines ponen de manifiesto que existió un seguimiento y un interés por las actividades del neofascismo italiano. El MSI era reconocido como el grupo heredero de Mussolini y como el principal representante del neofascismo. A pesar de que no hay indicios de contactos directos en este caso, es posible observar que los miembros de la GRN tenían notorias coincidencias con los neofascistas italianos. Dichas coincidencias se registraban tanto desde el punto de vista ideológico como en cuanto a sus repertorios de acción, que colocaban en el centro a la violencia política.

En suma, existieron intercambios entre el nacionalismo argentino y el neofascismo, aunque parecen haber sido poco sistemáticos. Los contactos se establecieron y se sostuvieron a través de la circulación de prensa, boletines y militantes, a veces esporádica. Esta conclusión abarca dos períodos: los momentos de mayor auge de Tacuara, es decir, entre los últimos años de la década de 1950 y mediados de la de 1960, y posteriormente, la segunda mitad de los 70. En el caso de la GRN, he verificado que había un marcado interés por el neofascismo, que se tradujo en un más riguroso seguimiento y apoyo de sus acciones.

Las coincidencias ideológicas entre los nacionalistas argentinos y los neofascistas italianos dejan en evidencia la pertenencia a una cultura política común. El neofascismo era parte de su núcleo duro y, como tal, aglutinó a numerosos militantes de distintas latitudes.

---

292 "ROMA (*La Razón*, 22-1-70) En el colegio CONDUCCI [Carducci], de Milán, se registró el más grave tumulto de los últimos dos meses cuando estudiantes comunistas trataron de impedir que miembros de la Confederación Nacional de Estudiantes —sección estudiantil del M.S.I.— concurrieron [sic] a una asamblea. Más de 500 estudiantes rojos armados de palos, cadenas, hierros y armas blancas, trataron de impedir el acceso al centro educacional, pero fueron recibidos, por miembros del M.S.I. a golpes debiendo huir. Los comunistas al retirarse dejaron más de 22 heridos" (*Mazorca*, S/N, año V, 1970).

3. Tacuara frente al neofascismo español. Fuerza Nueva y CEDADE

En 2019 realicé una estadía en Madrid como parte de mi trabajo de campo. Entre los materiales recopilados, un nombre aparecía con cierta frecuencia: Ernesto Milà Rodríguez. Luego de indagar en su trayectoria, decidí contactarlo para solicitarle una entrevista. Desafortunadamente, no pudimos concertar un encuentro, pero entablamos una comunicación por correo electrónico. Milà respondió a las preguntas que le hice acerca de su militancia, de las extremas derechas españolas y de los contactos con aquellas de la Argentina. Asimismo, compartió conmigo su blog, en el cual ha publicado y continúa publicando artículos variados. Estos materiales se transformaron en valiosas fuentes para reconstruir los lazos entre los nacionalismos argentinos y las derechas extremas en España.

Como ya he explicado, el principal modelo del MNT era el nacionalsindicalismo de Primo de Rivera y su propuesta corporativista, la cual reciclaron y adaptaron a la idea de Estado que propugnaban como necesario para la Argentina. Pero además de esta mirada retrospectiva, Tacuara estableció relaciones con agrupaciones contemporáneas de la derecha española.

En primer lugar, con varias de ellas existieron intercambios de boletines. Más arriba identifiqué las menciones del boletín informativo de la Falange de Barcelona, *Tiempo Nuevo*, de la Delegación Nacional de Sindicatos de Madrid, y *Juventud* y *Noticia*, entre otros. En segundo lugar, se dieron también intercambios directos sostenidos por los militantes.

Milà militó en las agrupaciones de extrema derecha FN,[293] Partido Español Nacional Socialista (PENS),[294] Frente Nacional de la Juventud

---

293 FN fue fundada como Fuerza Nueva Editorial en 1966. Editaba una revista semanal, además de libros y folletos. Luego, FN se organizó como agrupación y como partido político de extrema derecha estrechamente vinculado al integrismo católico, a la vez que incorporó conceptos e ideas del falangismo.

294 El PENS nació en Barcelona en 1968, bajo la marcada influencia de Stefano Delle Chiaie. Se caracterizó por su radical anticomunismo y su activismo

(FNJ) y Frente de la Juventud (FJ).²⁹⁵ Todas estas, así como la trayectoria de Milà, estuvieron ligadas al tradicionalismo católico y al falangismo.

FN fue la agrupación a la cual miraron los nacionalistas argentinos. De acuerdo con Milà, establecieron contactos esporádicos con el MNT, la GRN y también con el MNRT. Puntualmente con el MNT y la GRN se enviaron recíprocamente algunos boletines.

Entre mis entrevistados, Grossi hizo referencia a este tipo de intercambios con ese sector. Al ser interrogado acerca de la existencia de relaciones entre el MNT y grupos de la extrema derecha española, expresó: "Sí, sobre todo con Fuerza Nueva. Ese grupo, sí, había un intercambio constante, incluso de publicaciones".²⁹⁶ En una segunda entrevista, agregó que con "Fuerza Nueva... hubo vínculos con la gente de Fuerza Nueva, con Blas Piñar, acá dio conferencias. Podía haber en eso un cierto intercambio. No muy intenso, pero existía".²⁹⁷ Si bien Grossi ya no militaba en el MNT ni en la GRN en la segunda mitad de los 60 (período en el cual se fundó FN), mantuvo contactos asiduos con sus miembros, e incluso continuó participando de algunas acciones colectivas.

La mención de Blas Piñar fue reveladora. Líder histórico de FN, Piñar fue uno de los principales representantes de la extrema derecha española. En 1979, luego de participar del XII Congreso de la Liga Anticomunista Mundial,²⁹⁸ que se llevó a cabo en Paraguay, viajó a la Argentina, acompañado por una delegación de militantes de FN. Entre las actividades que

---

callejero. Se conformó como una extrema derecha tradicionalista, influenciada por los neofascismos italiano y francés (Casals 1995).

295 En 1977, Milà fue expulsado de FN y fundó el FNJ (Gallego 2006). Este se convirtió en la organización más importante del neofascismo extraparlamentario español (Casals 1995). Al igual que el caso del PENS, la línea política del FNJ había sido inspirada por Delle Chiaie. Tras iniciarse la disolución del grupo, una parte de los militantes creó el grupo Patriotas Autónomos, con Milà al frente, el cual se incorporó al FJ en 1980 (Rodríguez Jiménez 1994). Este último, por su parte, surgió como una escisión de Fuerza Joven (sección juvenil de FN) a principios de 1979.

296 Entrevista a Grossi, Ciudad Autónoma de Buenos Aires, 15/4/2019.

297 Entrevista a Grossi, Ciudad Autónoma de Buenos Aires, 5/11/2019.

298 Acerca de este evento, véanse Soler 2018 y Bohoslavsky 2021.

realizó allí, se puede contar conferencias y charlas que, por supuesto, tuvieron a tacuaristas entre sus asistentes. Una de ellas tuvo lugar en el colegio La Salle de la capital del país (Rodríguez 2015), y otra en el Instituto de Cultura Hispánica (ICH) de Mendoza, importante nodo de la red hispanista (Rodríguez 2015; Fares 2017; 2024). Además, concurrió a una recepción organizada por un grupo de la colectividad italiana presidido por Gaio Gradenigo (probablemente se haya tratado de una reunión de la agrupación 28 Ottobre), a la cual asistió también un grupo de excombatientes italianos de la Guerra Civil Española (Cersósimo 2014).

La presencia del líder y fundador de FN y la asistencia de los militantes de Tacuara a sus conferencias son elementos cruciales para la reconstrucción de las redes de la extrema derecha. A su vez, permiten trazar un puente en términos ideológicos y culturales entre Tacuara, el régimen franquista y el falangismo. El componente hispanista del nacionalismo argentino surge con fuerza al observar estas relaciones.

Sumado a de la presencia en la Argentina de cuadros de gran importancia como Blas Piñar, hubo algunos militantes de base que circularon por el espacio atlántico. Un ejemplo de ello fue compartido por Bellino:

> Cuando venía gente de esos lados [de Europa], nos venían a saludar. Así conocí a varios. El que más me impactó, uno que se llamaba Falín Pérez. Había sido boxeador. Estuvo en la campaña de Rusia, ya venía así, ta, ta, ta, ta [gesto que indica la presencia de heridas en el cuerpo], hecho pelota. Después otro que había sido guardia civil, pero parece que se había portado mal, que esto, que lo otro, pero era nacionalista. Y estuvo un tiempo con nosotros.
> Albornoz: ¿Y qué hacían? ¿Participaban de las reuniones?
> Bellino: Claro, sí.[299]

Este testimonio da cuenta de al menos dos personas que habrían viajado de España a la Argentina y que estrecharon relaciones con Tacuara. Además de mencionar la visita de un boxeador que combatió en la campaña de Rusia, Bellino habló de una persona que había sido miembro de la Guardia Civil española y que permaneció con ellos durante un

---

299 Entrevista a Bellino, Mar del Plata, provincia de Buenos Aires, 22/11/2019.

tiempo impreciso. Es decir, al menos en ese caso y según su recuerdo, no se habría tratado de una mera visita pasajera. Al contrario, esta persona habría incluso asistido a las reuniones de Tacuara y, posiblemente, participado de alguna de las acciones que la militancia llevaba adelante.

Según el relato de Milà, la primera vez que escuchó hablar de Tacuara fue en la casa de Ángel Ricote Sumalla.[300] Este fue uno de los fundadores de CEDADE, agrupación española nacida en Barcelona, de corte nacionalsocialista, sobre la cual ahondaré más adelante.

> Fue Delle Chiaie quien me presentó a Ricote allá por el lejano 1970. […] Pues bien, cuando tenía que ir a casa de Ricote, aprovechaba para ojear algunas de las revistas que le iban enviando grupos de extrema-derecha de toda Europa e Iberoamérica. Su colección de revistas, discos y panfletos, era sin duda la mejor dotada que podía encontrarse en España sobre la extrema-derecha de los años '60. Recuerdo que un día había venido a visitarnos un camarada francés que en aquellos momentos militaba en Ordre Nouveau, Jean Marot, autor de un libro en el que glosaba a José Antonio Primo de Rivera, "Face au soleil" [Cara al sol]. […] Ese día, por algún motivo, Marot empezó a hablar con Ricote sobre lo conocido que era Primo de Rivera en la Argentina. Y fue así como me enteré de la existencia del padre Julio Meinvielle, autor de una obra excepcionalmente prolija en defensa del catolicismo, la tradición cristiana y el anticomunismo. Ricote tenía todos los libros de Meinvielle… en alemán. Ni Marot ni yo hablábamos esa lenga [sic], pero Ricote tenía algo más: algunos panfletos y folletos de la organización política que inspiraba a Meinvielle: el Movimiento Nacionalista Tacuara. Fue así como supe de la existencia de esta organización.[301]

---

300 Ricote Sumalla se encargaba de mantener al día la correspondencia con grupos de extrema derecha de distintos puntos alrededor del mundo (Casals 1995).

301 Ernesto Milà. "La lucha armada y el terrorismo en Iberoamérica (V) 1.2. La primera guerrilla urbana… fue de extrema derecha" (Blog *Infokrisis*, 4/1/2017. Fecha de consulta: 11/6/2019).

En este fragmento, Milà da cuenta de nutridas redes de extrema derecha. Allí aparece él en la casa de Ricote, ambos representantes del fascismo español —que entraron en contacto a través del italiano Delle Chiaie—, junto con Jean Marot, militante de la extrema derecha francesa. Resulta sumamente interesante que, en aquella oportunidad, Milà conociera no solamente la obra de Meinvielle, sino también diversos materiales de Tacuara, atesorados por Ricote. Aquí, derechas argentinas, españolas, italianas y francesas entran en relación, protagonizan encuentros y diálogos. Estos se materializan a través de contactos personales e intercambios de textos, boletines, folletos y, a su vez, generan redes que se ramifican y constituyen bases para la producción y reproducción de culturas políticas.

A pesar de que la presencia de materiales elaborados por Tacuara en la biblioteca de Ricote no es suficiente para verificar la existencia de contactos directos, orgánicos y sistemáticos con las militancias españolas, es posible constatar que, así como desde Tacuara se prestaba especial atención a las actividades de los neofascismos europeos, también desde las extremas derechas españolas se conocía la presencia de grupos afines en la Argentina y se realizaba algún tipo de seguimiento de ellos. La posesión de boletines y su atesoramiento como parte de una colección de materiales de agrupaciones nacionalistas "de toda Europa e Iberoamérica" es un indicio de una común pertenencia a una misma familia nacionalista.

En otra ocasión, en su blog personal, Milà elogió los boletines de Tacuara que llegaron a sus manos a través de Ricote: "Su nivel era muy superior al de los grupos españoles de extrema-derecha de la época. Se notaba cierto seguimiento de las actividades del neofascismo europeo".[302] Por otra parte, a través de Ricote, Milà accedió a un viejo disco de canciones peronistas que le había regalado un miembro de Tacuara.[303]

---

302 Ernesto Milà. "Lucha armada y terrorismo en Iberoamérica (IX) 1.3.3. El Movimiento Nacionalista Revolucionario «Tacuara»" (Blog *Infokrisis*, 15/1/2007. Fecha de consulta: 11/6/2019). También en: *Revista Histórica del Fascismo* (N.º 5, abril 2011, 187).

303 Ernesto Milà. "Cinco canciones para un ideal (III). "Los muchachos peronistas" o la impermanencia del populismo" (Blog *Infokrisis*, 15/10/2010. Fecha de consulta: 25/9/2024).

Un joven que militaba en FN junto con Milà fungió también de nexo con los nacionalistas argentinos. Ignasi Castells, así como Barbieri en el MNT, se encargaba de mantener al día la correspondencia con militancias de distintos países. Entre ellos, se encontraba un argentino que, en 1972, le había enviado materiales acerca de Tacuara. Si bien es altamente probable que se trate de un contacto retrospectivo, ya que Tacuara estaba en declive y tenía poca militancia activa en 1972, es importante para pensar en las trayectorias militantes, en el universo de las culturas políticas, y en el modo en que se nutren, se retroalimentan y se reproducen.

Además de elogiar los contenidos de los materiales producidos por Tacuara, Milà afirmó que de ellos extraían ideas y fotos, que reproducían en sus propios boletines y folletos. Estas afirmaciones dejan en evidencia que, más allá de que hubiera un evidente mutuo conocimiento y una pertenencia a una común cultura política neofascista, existieron apropiaciones. Estas no fueron unidireccionales, es decir: no solo Tacuara tomó elementos de los neofascistas españoles, sino que también ellos integraron y reprodujeron contenidos elaborados por Tacuara. En otras palabras, cobraron relevancia las circulaciones en ambos sentidos.

Sumado a las redes aquí aludidas y a los intercambios y mutuas lecturas de boletines y folletos, Milà habló acerca de un contacto personal con un exmiembro de Tacuara, quien llevaba como nombre de guerra "Alberto Santos".

> Santos había tenido alguna participación en el asesinato del General Aramburu y consiguió llegar a España en donde permaneció durante varios años. Santos había sido miembro de la Tacuara y en nuestro país terminó colaborando con la revista Fuerza Nueva en la que semanalmente realizaba las fotos para una serie titulada "Hablan las Estatuas", cuyos textos los escribía Omar Silva, un brasileño que por aquellas fechas también vivía en nuestro país.[304]

---

304 Milà, Ernesto. "Lucha armada y terrorismo en Iberoamérica (IX) 1.3.3. El Movimiento Nacionalista Revolucionario 'Tacuara'" (Blog *Infokrisis*, 15/1/2007. Fecha de consulta: 11/6/2019).

Como participante del operativo que concluyó con el asesinato del general Pedro Eugenio Aramburu, Santos habría sido un militante de la organización Montoneros, es decir que habría pasado a formar parte de sus filas luego de integrar el MNT. En el marco de las complejas redes militantes —de extrema derecha— tendidas entre la Argentina y España, Santos habría llegado a España, donde habría comenzado a colaborar con la publicación *Fuerza Nueva*.

En el testimonio de Milà aparece en escena, además, un militante brasileño, aunque no proporciona ningún dato acerca de su militancia previa. Nuevamente aquí encontramos a militantes de diferentes latitudes, reunidos en un punto en común y colaborando con un proyecto colectivo, la publicación *Fuerza Nueva* y, probablemente, la agrupación que derivó de esta.

> En los años 50 y 60, la Delegación Exterior del Frente de Juventudes (a no confundir con el Frente de la Juventud) convocaba a cursos de verano a los que invitaba a delegados de otros países o a jóvenes españoles que habían emigrado al extranjero y aspiraban a seguir vinculados a la organización. En esas reuniones veraniegas, habitualmente realizadas en cómodos paradores de montaña o en albergues del Frente de Juventudes, habían asistido falangistas bolivianos y libaneses, franceses de Jeune Nation, argentinos de la Tacuara, italianos del MSI y de los distintos grupos juveniles periféricos, chilenos, venezolanos, cubanos, suecos, alemanes, austríacos, etc. Se trataba de reuniones estivales y no existía la intención de constituir ninguna organización estable, ni nada parecido a lo que luego se conocería como la "Internacional Negra", pero aquellos congresos facilitaron el que gentes de muy distintos países se conocieran y colaboraran entre sí fuera del marco del Frente de Juventudes. En aquellas reuniones, Stefano Delle Chiaie ya era un habitual cuando se había configurado como fidelísimo del Comandante Borghese.[305]

---

305 Ernesto Milà. "Ultramemorias (VIII de X) Vicisitudes políticas en la transición (18ª parte). Hacia una estrategia y una estructura internacional" (Blog *Infokrisis*, 16/10/2010. Fecha de consulta: 13/6/2019).

El Frente de Juventudes,[306] organización creada por el régimen de Franco con el fin de encuadrar a los jóvenes, llevaba adelante jornadas internacionales durante el verano e invitaba a militantes de movimientos extranjeros a participar.[307] Algunos miembros de Tacuara asistieron a estos campamentos, de acuerdo con el testimonio de Milà. En este relato, aparecen en un espacio neofascista transnacional, codo a codo con militantes de diversos países, dentro del marco institucional de la dictadura franquista. Un personaje infaltable en estos encuentros, nodo esencial de estas redes, es Stefano Delle Chiaie.

No obstante, Milà matiza la centralidad de estas reuniones, al descartar el calificativo de "Internacional Negra". Esta idea va de la mano de un intento de reivindicar estas militancias y de mitigar las expresiones que se empeñan en reconstruir tramas —es cierto que en ocasiones con cierta intención de espectacularización o amarillismo—, y que teorizan acerca de la posible sistematicidad de las acciones conjuntas de las organizaciones neofascistas a nivel global. Las palabras de Milà inclinan la balanza para el otro costado y brindan una imagen más bien "inocente", de "camaradas" que se reunían a pasar un buen momento durante los cálidos veranos españoles y, al mismo tiempo, aprovechaban para forjar relaciones.

Sumado al testimonio de Milà acerca de los campamentos o reuniones estivales del Frente de Juventudes, Manfredi aportó que había miembros de Tacuara que tejían vínculos con militancias españolas y que, quienes tenían los medios económicos necesarios para hacerlo, viajaban al país europeo.

> Albornoz: ¿Tenían relaciones con movimientos de otros países?
> Manfredi: Sí, sobre todo en la época del franquismo. Quienes tenían los medios, se conectaban con los que habían sido de la Falange. No

---

306 Fundado a finales de 1940, el Frente de Juventudes encuadraba a jóvenes desde los 7 años, y estaba bajo el ala de los falangistas. A partir de un cierto nivel formativo, se daba el paso a las Falanges Juveniles de Franco. Posteriormente, a partir de los 21 años, era posible ingresar a la Guardia de Franco (Rodríguez Jiménez 1994).

307 Correo electrónico de Ernesto Milà, 14/6/2019.

con el franquismo porque lo consideraban traidor a Franco, porque se apropió de la Falange. Los nenes que tenían plata, que los padres les pagaban el pasaje. Allá los alojaban.

Albornoz: ¿Quiénes los alojaban?

Manfredi: Los de la Falange. El grupo de Blas Piñar, que eran la continuación de la Falange. Fuerza Nueva.[308]

Manfredi planteó una cuestión que recorre la historia de Tacuara: la reticencia o la distancia que marca con respecto al régimen de Franco y a su figura.[309] Al ser consultados por su opinión acerca del franquismo, la mayoría de los exmilitantes remarcaron que la línea de Tacuara fue de apoyo al levantamiento nacional en la Guerra Civil Española, pero que su devoción estaba dirigida hacia Primo de Rivera y la Falange, no hacia Franco. Respecto de este, tenían diferencias ideológicas, que se agregaban a la idea que colocaba al dictador español como "traidor" a la Falange, al haberla marginado frente a los tecnócratas del Opus Dei.

Por otro lado, ante la pregunta general acerca de los contactos con movimientos de otros países, la respuesta de Manfredi se dirige automática y exclusivamente hacia España. La principal referencia para los ex-Tacuara es, sin lugar a duda, el país ibérico. Según recuerda el entrevistado —coincidentemente con Grossi—, el lazo más sólido se forjó con FN y con su líder, Blas Piñar, que aparece nuevamente como personaje central de la red transnacional de extrema derecha.

Piñar fue director del ICH de Madrid entre 1957 y 1962. Durante ese período, construyó sólidas relaciones con personalidades vinculadas al tradicionalismo católico de la Argentina, principalmente a través de Juan Carlos Goyeneche (Cersósimo 2014), controvertida personalidad del nacionalismo local, que no escondía sus simpatías hacia los fascismos europeos.

El ICH fue creado por el gobierno franquista en 1945 y sustituyó al Consejo de la Hispanidad.[310] La nueva institución dejó de lado el

---

308 Entrevista a Manfredi, Rosario, provincia de Santa Fe, 26/4/2019.

309 Profundicé acerca de esta cuestión en el capítulo 4.

310 El Consejo de la Hispanidad había sido fundado en 1940 por Franco, con el fin de enlazar a América con la nueva Europa fascista, por medio de la

carácter beligerante y dio lugar a una política cultural cuya finalidad consistía en fomentar las relaciones culturales con América Latina (Di Febo y Juliá 2012; Rodríguez 2015). Concretamente, la función del ICH consistía en representar los intereses del hispanismo oficial de Madrid.

Desde su creación, el ICH fue un importante *hub* que conectó a España con América Latina. En el caso de la Argentina, fue cambiante la relación del franquismo y, por tanto, del ICH con los distintos gobiernos. Sin embargo, constituyó un sólido vínculo institucional con los núcleos nacionalistas del país, que estaban fuertemente aferrados a la noción de hispanidad.

Dentro de las redes transnacionales de las extremas derechas, el ICH se convirtió rápidamente en un nodo muy dinámico de intercambio de textos y de personas.[311] Desde España llegaban largas listas de libros, a la vez que se gestionaban becas de movilidad entre ambos países.[312] Algunos militantes de Tacuara, de la GRN y de otras agrupaciones nacionalistas fueron beneficiarios de estas becas. Uno de ellos fue Bernardo Lasarte, al cual me referiré en el capítulo 6.

Más arriba traje a colación a Ángel Ricote Sumalla como agente de la red transnacional que unió —por lo menos— a la Argentina y España. Como mencioné, fue uno de los líderes de CEDADE.[313] A través de la intervención de Milà, entré en contacto con un importante miembro de

---

España franquista. A partir del triunfo de los aliados en la Segunda Guerra Mundial y el aislamiento de España, se modificó la estrategia franquista: se buscó el apoyo de los países "hispanoamericanos" y se presentó a España como baluarte de los valores cristianos y del anticomunismo. La crítica al imperialismo norteamericano desapareció para dar lugar a la afirmación de la compatibilidad entre el panamericanismo y el hispanismo, mientras que pasaron a privilegiarse los objetivos culturales relacionados con la hispanidad por sobre las metas políticas (Rodríguez 2015). En ese marco, se dio la sustitución del Consejo de la Hispanidad por el ICH.

311 Archivo General de la Administración de España. Legajo 11630. N.° 3. Argentina.

312 Entrevista a Grossi, Ciudad Autónoma de Buenos Aires, 5/11/2019.

313 Véanse Rodríguez Jiménez 1991; 1994; Casals 1995; 2003; 2009.

esta agrupación, Ramón Bau. Con él intercambié también varios correos electrónicos, que se convirtieron en un valioso testimonio.

CEDADE nació en 1966 en Barcelona. Hasta 1970, predominó una línea falangista; posteriormente, a partir del nombramiento de Jorge Mota como presidente, se acentuaron la orientación nazi y el racismo. Los rasgos falangistas permanecieron; no obstante, más que Primo de Rivera, sus principales referentes eran Adolf Hitler, Léon Degrelle, Cornelio Codreanu, Jean Thiriart y Julius Evola.

El mayor desarrollo de CEDADE se dio en Barcelona y, secundariamente, en otros puntos de España. Empero, el movimiento poseía varias delegaciones extranjeras en países como Francia, Ecuador, Bolivia, Uruguay, Chile y la Argentina. Entre ellas, la más importante y la más activa fue la de Buenos Aires. Por medio de esta, CEDADE estableció un firme vínculo con la colonia nacionalsocialista que residía en el país (Casals 1995). La sigla de la agrupación argentina significaba "Círculo de Estudios de América y de Europa", ya que el nombre español (Círculo Español de Amigos de Europa), según Bau, "habría resultado absurdo".[314]

Cuando le consulté acerca de la existencia de relaciones entre Tacuara y CEDADE, Bau manifestó que recién en los años 70 el movimiento español comenzó a tener presencia en la Argentina. Remarcó que CEDADE fue cronológicamente posterior a Tacuara.[315] Esta afirmación puede deberse a que sus conocimientos acerca de Tacuara y sus contactos con exmilitantes se centran en Buenos Aires. Como expliqué en el capítulo 1, mientras los núcleos del MNT de Capital Federal y sus alrededores tendieron a desaparecer desde la coyuntura de la autodenominada "Revolución Argentina", en 1966, la agrupación siguió existiendo durante al menos otro lustro en la provincia de Santa Fe y en otros puntos del país.

---

314 Correo electrónico de Ramón Bau, 25/6/2019.

315 "CEDADE empezó a tener un grupo, revistas, y demás en Argentina en los años 69 [70]. No antes de 1970 en serio. Tacuara: Desde luego cuando tuvimos una buena delegación en Argentina se conocía bien Tacuara pero como algo ya del pasado reciente [...] no tuvimos por [esas] fechas contactos con Tacuara como tal, que en 1965 ya no existía como tal, antes de fundarse CEDADE y de que yo fuera incluso mas [sic] que un chico" (correo electrónico de Ramón Bau, 24/6/2019).

> Ni yo ni Mota, que era el Presidente de CEDADE, yo era Secretario General, tuvimos contactos con gente de Tacuara *sabiendo que lo fueran*, o sea puede que entre los muchos de CEDADE Argentina hubieran [sic] algunos miembros de Tacuara ya retirados del tema violento, pero nosotros aquí solo teníamos contacto con los dirigentes de CEDADE Argentina, no con todos los que había por allí.[316]

Los integrantes del núcleo español de CEDADE se presentaban —y se presentan aún en la actualidad— como un grupo de estudios abocado a una tarea de corte intelectual y artística. Se asumen abiertamente predicadores del nacionalsocialismo alemán, pero elaboran un discurso hacia el exterior que rechaza enfáticamente la violencia. Es posible que a ello se deba el patente intento de separación respecto de Tacuara que realiza Bau, quien aduce que "puede que entre los muchos de CEDADE Argentina hubieran [sic] miembros de Tacuara ya retirados del tema violento". No obstante, al mencionar a los dirigentes del grupo, aparece un nombre que choca con tal afirmación: Luis Alfredo Zarattini. Más adelante, abordaré con mayor profundidad su trayectoria pos Tacuara. Por el momento, basta señalar que Zarattini dista de haber dejado de lado los hábitos violentos.

Los otros jefes de CEDADE Argentina, de acuerdo con Bau, eran Daniel Marcos y Álvaro Frey. Ambos eran militantes nacionalistas de simpatías nacionalsocialistas, aunque no he podido identificarlos como miembros de Tacuara. Los tres dirigentes habrían conocido a CEDADE a través de la revista que se enviaba periódicamente a la Argentina. Bau relata que ellos se pusieron en contacto

> y quisieron unirse dado que éramos pacíficos, no violencia ni paramilitares, sino acción NS [nacionalsocialista] de ediciones y militancia política pacífica.
> Se pusideron [sic] ellos en contacto, estuvieron en España y nos conocimos asi [sic].[317]

---

316 Correo electrónico de Ramón Bau, 25/6/2019. Las cursivas son propias.

317 Correo electrónico de Ramón Bau, 27/6/2019.

Por tanto, el canal de la revista de CEDADE que llegó a las manos de estos militantes de la derecha nacionalista argentina los habría impulsado a viajar y estrechar lazos con su militancia. Estos contactos se habrían intensificado y habrían derivado en la fundación de la delegación de CEDADE en Buenos Aires. Desde ese espacio, con frecuencia se organizaban charlas, conferencias y cursos. Si se trató meramente de un grupo con fines culturales e intelectuales o si se llevaron a cabo también acciones violentas es un interrogante que queda aún por explorar.

Desde la GRN también recibían boletines de CEDADE, agrupación con la cual tenían numerosísimas coincidencias:

> Círculo Español de Amigos de Europa. Tal es la denominación de esta organización que nos ha enviado desde Barcelona (Apartado de Correos 14010), una exelente [sic] publicación en cuya portada figuran las premisas básicas que animan su militancia. A continuación, transcribimos su Proyecto de bases por una Nueva Europa.[318]

En 1970, entonces, los miembros de CEDADE conocían la existencia de la GRN, a la cual habían hecho llegar al menos una de sus publicaciones. Queda en evidencia que se había construido un canal de comunicación entre las dos organizaciones.

Seguidamente, aparecen expresados catorce puntos del proyecto de CEDADE bajo el título "Proyecto de bases por una Nueva Europa". A pesar de no haber incluido apreciaciones ni comentarios, su reproducción íntegra, junto con la introducción citada, es muestra de la coincidencia ideológica con las ideas enumeradas. Entre los puntos, podemos destacar una firme defensa del nacionalismo (europeo) y enunciados racistas y antisemitas.[319] Es posible afirmar que existió una cultura política con rasgos compartidos entre ambas agrupaciones.

---

318 *Mazorca*, S/N, 1970.

319 Algunos ejemplos: "1. Concebimos la idea de pueblo como un conjunto de individuos unidos por una misma misión y que representan una unidad cultural, histórica y racial que los configura como nación. Europa, en cuanto etnia blanca, conforma esta unidad política, cultural y biológica"; "6. Rechazamos el materialismo judío infiltrado entre nosotros, en todas sus versiones, por

El núcleo argentino de CEDADE contó con dos publicaciones. Una de ellas se llamó *Das Deutsche Blatt;* la otra, *Ideario.* Bau observó que se vieron obligados a sacar los símbolos nacionalsocialistas "por razones legales", pero que, no obstante, se mantuvo el tipo de letra, futurista y fascista, de los primeros números.

Das Deutsche Blatt fue creada en 1979; pocos números vieron la luz. Esta publicación estaba destinada principalmente a la comunidad alemana, especialmente aquella asentada en la ciudad de Bariloche, uno de los principales destinos de los nazis que encontraron refugio en la Argentina.[320]

La iniciativa editorial más importante fue *Ideario,* surgida en junio de 1980. Hasta el número 10, apareció el águila colocada sobre una cruz celta —símbolo adoptado por CEDADE y por otras organizaciones neofascistas, como por ejemplo Jeune Europe—, y se explicitaba que era una publicación conjunta entre las delegaciones de Buenos Aires y Posadas, provincia de Misiones. Luego, permaneció la cruz, pero se quitó el águila; debajo, podía leerse "CEDADE Argentina", con la misma tipografía que aquellas utilizadas por el grupo español. El eslogan que acompañaba al titular en la mayor parte de sus números era "Hemos de escribir la verdad, aunque el tintero esté en nuestras venas".

Los artículos de *Ideario* seguían un claro eje: la reivindicación del nacionalsocialismo. Acerca de los autores que colaboraban con la revista, Bau destacó que la mayoría de los textos eran escritos por Adrián Salbuchi[321] y Jacques Marie de Mahieu. Este francés, como he explicado, había huido a la Argentina y se había convertido en uno de los principales

---

negar la verdadera substancia intrínseca del hombre. Nos basamos, ante todo, en el idealismo, es decir en la defensa de los más altos valores del espíritu" (*Mazorca,* S/N, 1970).

320 Acerca de la fuga de nazis hacia la Argentina y su integración a las comunidades locales, véanse, por ejemplo, Klich 1995; 2002; Meding 2000; Camarasa 2012; Camarasa y Basso Prieto 2014; Goñi 2015; Albanese 2021.

321 Salbuchi es conocido en la actualidad como fundador de la agrupación nacionalista llamada Proyecto Segunda República, y por sus opiniones y declaraciones antisemitas y negacionistas del Holocausto.

referentes ideológicos de los militantes tacuaristas, con quienes mantuvo un contacto asiduo y construyó una relación muy estrecha.

En conclusión, fueron numerosos los intercambios con las derechas radicales de España, específicamente con miembros de FN y CEDADE. Las relaciones forjadas entre las derechas nacionalistas argentinas —a través de exmilitantes del MNT y de la GRN— y CEDADE fueron las más contundentes, al punto de llevar a la creación de un núcleo en el país sudamericano, encabezado, entre otros, por un ex-Tacuara.

Los militantes de Tacuara y la GRN no permanecieron aislados de los acontecimientos mundiales ni se mantuvieron al margen del desarrollo del neofascismo europeo. Es cierto que privilegiaron su propia agenda nacional, pero eso no significó que perdieran de vista los sucesos internacionales. Lejos de ello, protagonizaron frecuentes intercambios de boletines y correspondencia con movimientos neofascistas de diversos países —y con organizaciones más amplias, que reunieron a militancias de varios puntos de Europa— entre fines de los 50 y los primeros años de los 70. Los lazos más fuertes se establecieron con agrupaciones españolas, como FN y CEDADE. También el ICH franquista cumplió un importante rol como canal de circulación de textos, personas e ideas. Son numerosas las evidencias de que los nacionalistas argentinos se consideraron parte de un conjunto mayor, de una gran familia neofascista, de extrema derecha.

Si bien los contactos relevados entre los nacionalistas argentinos y los neofascistas europeos no fueron orgánicos ni se mantuvieron necesariamente con solidez en el tiempo, no por ello son poco relevantes. Los intercambios de materiales, los seguimientos mutuos y los traslados de personas de un lado a otro sucedieron en el marco de una particular cultura política de extrema derecha, que a su vez fue alimentada y enriquecida por estos vínculos. Estos movimientos, lejanos geográficamente, compartieron un imaginario, un panteón de referentes y un repertorio de acción fundado en el uso de la violencia política. Algunos de sus rasgos sobresalientes fueron la nostalgia por los fascismos europeos, las posiciones antiliberales, el antisemitismo y, como característica fundamental que los aglutinó, el anticomunismo.

Todos estos cruces, circulaciones e intercambios permiten constatar la presencia de una comunidad nacionalista que se formó entre América Latina y Europa. Existió una cultura política transnacional que vinculó a nacionalistas argentinos y neofascistas o neonazis europeos en el contexto de la Guerra Fría. La "amenaza" que constituía el avance del comunismo, luego de la Revolución cubana, era percibida de similar manera en distintas latitudes. La urgencia de prepararse para combatirlo era, pues, un objetivo común que convenía emprender conjuntamente, para crear sólidas barreras de contención. Estos "imaginarios anticomunistas transnacionales" (Herrán Ávila 2015) trascendieron los límites de los Estados nacionales y unieron a juventudes politizadas en distintos puntos del globo.

En cuanto a las memorias, hubo un amplio abanico de situaciones determinadas por las diferentes experiencias personales. Estas, por supuesto, tienen impacto en la configuración de las memorias y las autorrepresentaciones. Algunos exmilitantes conformaron sus identidades políticas con una marcada impronta transnacional, mientras que, en otras memorias, las relaciones con el exterior no tienen un especial relieve. Sin embargo, incluso entre quienes compartieron visiones más atravesadas por la transnacionalidad, prevalece la percepción de los contactos con el extranjero como un elemento secundario. Estos tienden a pasar a un segundo plano y a ser solapados por el componente nacional, primordial para las militancias de la derecha nacionalista argentina.

Por último, las relaciones entabladas con las derechas neofascistas, en general fueron poco orgánicas y más bien lábiles. No es factible, por tanto, considerar al MNT o a la GRN como ejes de una "Internacional Negra" que hubiera perpetrado acciones planificadas con ramificaciones en la Argentina. En cambio, es posible aventurar la existencia de una cruzada en términos ideológicos, políticos y culturales: desde ambos lados del Atlántico, los nacionalistas argentinos y las derechas neofascistas europeas estuvieron ligados por una común cultura política transnacional. En el marco de esta, se dieron variadas y dinámicas circulaciones de personas, de ideas y de objetos. No caben dudas de que existió una notoria afinidad intelectual y política y una visión del mundo compartida que los llevó, en numerosas ocasiones, a encontrarse personalmente y a compartir textos, boletines, conferencias, y a intercambiar correspondencia.

Es preciso señalar que este análisis combina varias temporalidades que, muchas veces, se superponen: aquella de los años 50 y 60, cuando se realizaban los campamentos de verano franquistas aludidos por Milà, a los que habrían asistido algunos militantes de Tacuara; aquella específica de la segunda mitad de los años 60, cuando surgieron FN y CEDADE, mientras que Tacuara estaba transitando sus últimos años de vida; aquella de los 70, cuando encontramos a una figura recurrente, Delle Chiaie y cuando se desarrolla la historia de CEDADE en la Argentina.

Esta última, aunque exceda los marcos temporales de la existencia del MNT y la GRN, es sumamente relevante. La perspectiva aquí adoptada privilegia las trayectorias militantes, que sobrepasan las fronteras de las agrupaciones y prosiguen por variadísimos —y a veces inesperados— caminos.

CAPÍTULO 6

Trayectorias transnacionales

Miguel Gutiérrez Rivero era un cuadro importante del MNT y del SUD. Era principalmente un militante de choque, pero también se esmeraba por formarse y mantenerse al día con las lecturas nacionalistas. En particular, disfrutaba aquellas relacionadas con el falangismo y con el hispanismo, y sentía un fuerte lazo con España y con la monarquía ibérica. Le interesaba mucho el carlismo, por lo cual comenzó a relacionarse con familias carlistas que se habían establecido en la Argentina.

A través de esos contactos recibió una propuesta muy atractiva: junto con dos amigos, fue invitado a España para participar de un campamento del Requeté, brazo paramilitar del carlismo. Gutiérrez Rivero no dudó en aceptar la oferta. De ese modo, en 1963 pasó un mes en el monasterio de Oliva, en Huelva. Dentro, había una estancia llamada "el Zancarrón", donde se llevó a cabo aquel campamento. En estas instancias, utilizadas por numerosas organizaciones en los 60 y 70 —entre las cuales se encontraban el MNT y la GRN, como expliqué en el capítulo 3—, los militantes recibían entrenamiento físico y doctrinario, a la vez que profundizaban y afianzaban sus vínculos de camaradería.

Gutiérrez Rivero tomó esta aventura con la máxima seriedad. A diferencia de sus amigos, que pocos días después de llegar aprovecharon para viajar a conocer París, él permaneció en la estancia y dedicó todos sus esfuerzos a integrarse al Requeté. Ese viaje fue clave para conocer y entablar una fluida relación con la cúpula del movimiento. Sus conocimientos acerca de la historia española sorprendieron gratamente a los carlistas, que lo recibieron con los brazos abiertos. A la vez, fue muy valorada su experiencia militante y la soltura con la cual se desenvolvía en los campamentos de formación.

Tal como se lo propuso desde el principio, durante esa estadía en España Gutiérrez Rivero se convirtió, a todas luces, en un miembro del

Requeté. De ese modo, comenzó su militancia transnacional entre la Argentina y España.

Para analizar estos particulares caminos dentro las militancias políticas de los 60 y los 70, es importante recordar que los individuos miran más allá de sus comunidades imaginadas; las vidas de las personas, sus experiencias y sus recorridos trascienden las fronteras nacionales (Deacon, Russell, y Woollacott 2010). Existen vidas transnacionales, personas cuyas trayectorias cruzaron las delimitaciones geográficas y políticas de los Estados (Scully 2010). En muchos casos, estas trayectorias se consolidan, se sostienen en el tiempo y llegan a conformarse vidas y militancias transnacionales.

Fueron varios los miembros de Tacuara y de la GRN que atravesaron experiencias que los llevaron a tender puentes con movimientos de extrema derecha en el extranjero. Durante mi investigación, rastreé distintos casos que se pueden encuadrar como militancias transnacionales. Algunos de ellos desarrollaron dobles militancias más sólidas y duraderas que otros, como se verá. Sin embargo, en su conjunto, abonan una de las tesis que atraviesan este libro: los nacionalistas argentinos no llevaron adelante sus militancias exclusivamente puertas adentro, sino que se consideraron parte de una lucha mucho más amplia contra el "comunismo internacional". Se vieron a ellos mismos como miembros de una familia de extrema derecha o, en los términos que aquí propongo, fueron parte de una misma cultura política. En ocasiones, algunos de ellos integraron o pasaron por agrupaciones europeas, colaboraron con ellas o se convirtieron en vectores para transmitir ideas de un lado a otro del océano Atlántico.

1. Miguel Gutiérrez Rivero entre Tacuara y el Requeté

Uno de los protagonistas de este libro, Miguel Gutiérrez Rivero, pertenecía a una familia acomodada de la ciudad de Buenos Aires. Con apenas 14 años empezó a militar en la UNES, cuando cursaba en el Colegio

Nacional Sarmiento. Más tarde, integró el MNT y el SUD, como estudiante de abogacía de la UBA.

Durante sus años de militancia en Tacuara tuvo la oportunidad de establecer estrechos lazos con las extremas derechas españolas. En la primera entrevista, que mantuve con él y Pella, en varias ocasiones introdujo por iniciativa propia la temática de su participación en el Requeté. No obstante, al tratarse de una entrevista grupal, no se profundizó en la cuestión, sino que quedaron solamente algunos pasajes. En un momento de la conversación, de manera espontánea, Gutiérrez Rivero irrumpió orgullosamente:

> En España yo soy capitán del Requeté. En España y acá. Por ese motivo tengo muchos amigos de la línea nuestra [...]. A ellos les asombra que haya habido un fenómeno que fue solamente en la Argentina. El del nacionalismo católico prohispánico. Les asombra que nosotros leyéramos a Primo de Rivera y que siguiéramos tan de cerca... hay españoles que vienen aquí amigos nuestros hoy día y nosotros sabemos de la Guerra Civil y de las cosas de España mucho más que ellos. Porque, además, allá en España hay toda una idea de borrar el triunfo nacional, ¿no? Viste que quieren mover el cadáver de Franco, todas esas cosas.[322]

Como se puede deducir a partir de la interrupción repentina, el entrevistado tenía un particular interés por compartir esta información; la trajo a colación voluntariamente, antes de que yo manifestara que tenía la intención de indagar en las relaciones entre Tacuara y los fascismos y neofascismos en Europa. Estas referencias acerca de sus contactos españoles, la Guerra Civil y la cuestión que gira en torno al traslado del cadáver de Franco resultan insoslayables, ya que son muestras de que, si bien es cierto que los individuos cambian con el paso del tiempo y sus ideas y opiniones suelen mutar,[323] en este caso existe una línea de

---

[322] Entrevista a Pella y Gutiérrez Rivero, Ciudad Autónoma de Buenos Aires, 26/11/2018.

[323] Alessandro Portelli (1991, 27) afirma que los entrevistados cambian con respecto al momento en que transcurrieron los hechos que narran: "a menudo se

continuidad ideológica entre el militante de los años 60 y 70 que participaba de las actividades del Requeté, y el Gutiérrez Rivero de hoy, que sigue celebrando el "triunfo nacional" en la Guerra Civil Española y continúa exhibiendo con orgullo el título de capitán del movimiento español. Este exmilitante, a diferencia de muchos de sus "camaradas", reivindica sin reservas a Franco y su régimen.

Más adelante, ante la pregunta dirigida a los dos entrevistados acerca de los contactos de Tacuara con grupos europeos, Gutiérrez Rivero expresó: "En el archivo del jefe del Requeté, que murió —están escribiendo la biografía de él— encontraron el borrador de mi nombramiento de capitán del Requeté".[324] Inmediatamente, agregó que lo conserva enmarcado; me acercó su teléfono celular para mostrarme una fotografía del nombramiento. Sin embargo —y aquí resulta clave la dinámica metodológica de una entrevista a más de una persona—, en ese momento pasó a tomar la palabra Pella y la conversación cambió de rumbo.

La temática del involucramiento de Gutiérrez Rivero en el Requeté español no volvió a tocarse en ese primer encuentro. Interesada en indagar más acerca de estas relaciones transnacionales, algunas semanas después le solicité una segunda entrevista, individual en este caso. En esa ocasión, hubo más espacio para conversar acerca de sus experiencias en España y de su pertenencia al carlismo.

Tal como expuse más arriba, los primeros pasos del ex-Tacuara en el movimiento español se dieron a raíz del contacto establecido con familias carlistas en la Argentina. Por medio de estas recibió la invitación que, en 1963, lo llevó a Huelva, donde comenzó a militar formalmente para el Requeté. De acuerdo con su testimonio, prontamente fue nombrado capitán. En el momento de la entrevista, según expuso, era la única persona que ostentaba ese título fuera de España.

---

ha producido una evolución en su conciencia subjetiva y en sus condiciones sociales, que lo llevará a modificar, si no los hechos, al menos el juicio que da sobre ellos y por tanto la forma de su relato".

324 Entrevista a Pella y Gutiérrez Rivero, Ciudad Autónoma de Buenos Aires, 26/11/2018.

En ese segundo encuentro me mostró nuevamente la fotografía de su nombramiento. Quería, evidentemente, poner sobre la mesa las pruebas de su doble militancia, mostrar un título que lo enorgullecía:

> En atención a los méritos relevantes y a sus servicios a España y a la comunidad tradicionalista en la organización de los Tercios de Requetés y en uso de las atribuciones que me han sido conferidas por su majestad católica el rey, vengo en nombrar capitán de Requetés a don Miguel Gutiérrez Rivero. Para que conste a todos los efectos firmo el correspondiente despacho en Madrid, 18 de julio de 1963. José Arturo Márquez de Prado. Jefe nacional de Requetés.[325]

Una de las cuestiones que llamó mi atención fue el escaso tiempo transcurrido entre su primera experiencia en los campamentos del Requeté y su nombramiento como capitán, ya que ambos acontecimientos sucedieron en los primeros siete meses de 1963. Por tanto, indagué en los motivos de este rápido reconocimiento:

> Albornoz: ¿Y cómo fue que tan rápido lo nombraron capitán?
> Gutiérrez Rivero: Yo metí mucha mano en los campamentos, en la instrucción del Requeté y entonces me hicieron capitán.[326]

Allí se abrió una clara conexión con su militancia argentina. La experticia adquirida por Gutiérrez Rivero en la organización de campamentos de formación y su aplicación en España parecen haber impresionado positivamente a sus pares carlistas. Y contribuyeron a un ascenso veloz dentro del movimiento y a la concesión del título de capitán. Al igual que en el caso de Tacuara, los campamentos fueron importantísimas instancias para el Requeté:

---

325 Contenido del despacho de nombramiento de Miguel Gutiérrez Rivero como capitán del Requeté. El nombre original de quien recibió el título de capitán fue sustituido para resguardar la identidad de la persona (entrevista a Gutiérrez Rivero, Ciudad Autónoma de Buenos Aires, 6/1/2019).

326 *Ibid.*

Albornoz: ¿Qué me puede contar del Requeté? ¿Qué tipo de actividades realizaban?

Gutiérrez Rivero: Campamentos. Porque el carlismo y el Requeté, la base es del campo, no es ciudadana, o de ciudades digamos, es más rural. Y aparecen ahí familias que como pasó el 18 de julio del 36, que los requetés hacía casi cien años que no estaban y de repente con el alzamiento nacional aparecieron de la noche a la mañana 10.000 requetés en la plaza de Pamplona, en la plaza del castillo.[327]

Aquí se puede detectar un silencio: al formular su respuesta, el entrevistado eligió mencionar exclusivamente los campamentos, pero omitió toda otra actividad realizada por la organización. Coherentemente con muchos otros de los relatos de Gutiérrez Rivero, así como de Pella, las acciones violentas no son nombradas o suelen aparecer veladas.

Antes de continuar buceando en la experiencia de doble militancia de Gutiérrez Rivero, es oportuno hacer una breve referencia a la historia del movimiento español del cual formó parte.

El carlismo nació como movimiento en la primera mitad del siglo XIX y reunió a quienes se opusieron a que Isabel, hija del rey Fernando VII, heredara el trono español, en detrimento del hermano del rey, Carlos María Isidro. Sus partidarios protagonizaron tres guerras, denominadas "carlistas", durante ese siglo. Pese a su derrota en la tercera, que se desarrolló entre 1872 y 1876, siguieron activos por más de cien años.

Luego de haber colaborado en el levantamiento que daría inicio a la Guerra Civil Española como unidades de voluntarios organizados en Tercios de Requetés, en 1937 los carlistas fueron fusionados con la Falange Española por orden de Franco, mediante el Decreto de Unificación, que los integró al Movimiento Nacional. Se conformó, así, la Falange Española Tradicionalista y de las Juntas de Ofensiva Nacional Sindicalista (FET de las JONS). Acerca de la relación entre las dos fuerzas que convivían en su interior, Gutiérrez Rivero recordó:

---

327 *Ibid.*

> [Los carlistas] con la Falange arrancaron mal. Porque la Falange era más propensa al fascismo que al nacionalsocialismo [nacionalsindicalismo], que fue la vía que tomamos nosotros de Tacuara. El Requeté por supuesto era monárquico, cosa que la Falange no era.[328]

Una rama del carlismo se opuso a la unificación con la Falange y al régimen de Franco. A raíz de ello, la familia Borbón-Parma fue expulsada del territorio nacional por orden del "caudillo" a finales de 1968 y se instaló en Francia. Dicha rama era liderada por Manuel Fal Conde y por Javier de Borbón-Parma, quien se había convertido en 1936 en príncipe regente y luego, en 1952, en jefe de la dinastía carlista como aspirante al trono. Este sector desarrolló posiciones que tendían hacia la izquierda, con tintes progresistas, socialistas y democráticos. Incluso, en 1974 anunciaron la incorporación del Partido Carlista a la Junta Democrática de España, con el Partido Comunista. Después de un año, se unió a la Plataforma de Convergencia Democrática junto con el Partido Socialista Obrero Español y con la Democracia Cristiana, frente de oposición al franquismo (Clemente 2001).

Un año más tarde, Javier dio un paso al costado en favor de su hijo Carlos Hugo, quien tomó las riendas del partido y consolidó su posición socialista, progresista y abiertamente antifranquista. Gutiérrez Rivero no veía con buenos ojos el viraje hacia la izquierda de este sector del carlismo, al que se oponía firmemente. De este modo lo relató en nuestro segundo encuentro:

> Este rey que invoca acá el despacho [refiriéndose al despacho de su nombramiento como capitán del Requeté] es el rey Javier, que es el rey carlista. Javier de Borbón-Parma, padre del príncipe Sixto. [...] Porque ellos tenían su candidato carlista, el hermano mayor de don Sixto, que era un bodrio. Se había hecho socialista y comunista y todas esas cosas.[329]

---

328 *Idem.*

329 *Idem.*

En cuanto miembro del MNT y del SUD, ambos movimientos pertenecientes al campo de la extrema derecha y por ende anticomunistas y fascistas, no es de extrañar que su militancia española corriera por rieles similares. Más adelante, manifestó: "Y la verdad que la dinastía con Carlos Hugo era un desastre. No solamente él, los hijos de él. Que serían los candidatos dinásticos".[330]

El grupo carlista que apoyaba la candidatura al trono del segundo hijo de Javier de Borbón-Parma, Sixto Enrique, seguía una línea ultraderechista, reaccionaria y tradicionalista. Sixto rompió públicamente con el Partido Carlista que encabezaba su hermano, quien ya había sido nombrado heredero del trono por su padre. Gutiérrez Rivero se alineó con la facción de Sixto, coherentemente con su trayectoria militante. De hecho, ambos estaban unidos por firmes lazos de amistad, según el entrevistado se empeñó en señalar:

> Y después de eso, en el año 1970 me llaman mis amigos y me dicen "va a ir por allí su alteza real el príncipe don Sixto de Borbón-Parma" [...]. Pero resulta que el príncipe don Sixto andaba con un problema. Él había nacido en Francia, en Pau, en el mismo sitio de donde había salido Enrique IV, primer Borbón. Y si bien las casas reales no tienen nacionalidad, porque son muy anteriores, él para no jurar la bandera francesa, porque quería jurar la bandera española, se alistó de voluntario en la Legión. Y estuvo un año y medio, dos años, hasta que lo descubrieron. Entonces Franco arregló que saliera de ahí. A Francia no podía volver porque le iban a reclamar el servicio militar e iba a tener que jurar a la bandera. Entonces se fue a Portugal. [...] Y me lo mandaron a mí acá [a Buenos Aires]. Y lo tuve ocho meses acá. En los años 70. Ya Tacuara no [existía]... Pero resulta que nos hicimos muy amigos. Después me invitó a Francia. *Después vinieron los eventos ahí en España que no voy a mencionar en esta entrevista.* Pero eso quiere decir que yo en España entré por arriba.[331]

---

330 *Idem.*

331 *Idem.* Las cursivas son propias.

De esta manera, Gutiérrez Rivero expuso su relación personal con Sixto, quien impulsó y concretó la escisión de extrema derecha dentro del movimiento monarquista. Se jactó de haberlo alojado en su casa durante un período de su exilio y de haber establecido con él una relación de amistad y de fidelidad. Esta relación directa y fraternal con el miembro de la casa real de Borbón-Parma también fue relatada con orgullo y satisfacción por el entrevistado.

No obstante, otra referencia llamó profundamente mi atención y me llevó a hurgar con mayor profundidad en la historia del carlismo en la década de 1970: "Después vinieron los eventos ahí en España que no voy a mencionar en esta entrevista". Gutiérrez Rivero se estaba refiriendo a los llamados "sucesos de Montejurra", del 9 de mayo de 1976, durante los primeros momentos de la transición española tras la muerte de Franco el año anterior.

Todos los años, los carlistas de la rama de Javier y Carlos Hugo Borbón-Parma realizaban una peregrinación a la montaña Montejurra,[332] en Navarra, en conmemoración de los requetés muertos durante la Guerra Civil. El ascenso tomaba la forma de un Vía Crucis. En la ocasión de la romería de 1976, de la cual participó Carlos Hugo, irrumpieron integrantes de la facción de Sixto Enrique, en la redada que llamaron "Operación Reconquista". El grupo estaba integrado por miembros de la Comunión Tradicionalista, de la Hermandad de Excombatientes, de la Unión Nacional Española, de Fuerza Nueva, y pistoleros de las ultraderechas española, italiana, francesa y argentina, como Stefano Delle Chiaie, Giuseppe Calzona y Jean-Pierre Cherid (Canal 2000). Fueron al menos cien neofascistas los que protagonizaron un asalto a los peregrinos, en un ataque cuidadosamente planificado (Albanese y Del Hierro 2016).[333]

---

332 Estas concentraciones comenzaron en mayo de 1954 y se convirtieron en un foro anual del carlismo.

333 Albanese y Del Hierro (2016, 153) resaltan el mensaje de la extrema derecha española: "El ataque de Montejurra fue una pequeña parte de una estrategia mayor que la extrema derecha estaba desarrollando, que transmitía un importante mensaje que daba forma a la estrategia; el mensaje era: aunque

El dueño del hotel Irache, donde se alojaron numerosos involucrados en la redada, declaró a la prensa que allí habían pernoctado varios extranjeros la noche anterior.³³⁴ Como compartió la revista *Cambio 16*:

> A las diez menos cuarto, sorprendiendo a los presentes, en perfecto orden y al son de clarines, trompetas y tambores, un centenar de jóvenes con distintivos de Fuerza Nueva, RS (Rey Sixto), gorras militares, camisas azules y caquis, y numerosas porras y matracas irrumpían en la explanada a los gritos de "Montejurra rojo, no. Viva Cristo Rey".³³⁵

Posteriormente, los partidarios de Sixto desataron el enfrentamiento y dispararon contra los seguidores de Carlos Hugo. El saldo fue de dos muertos en este último grupo y numerosos heridos.

Entre los extranjeros que formaron parte de la comitiva de la Operación Reconquista se encontraba Miguel Gutiérrez Rivero. El periodista, escritor y exmilitante del MNA Ignacio González Janzen (1986) coloca explícitamente a este ex-Tacuara en el lugar de los hechos, junto con Rodolfo Eduardo Almirón, miembro de la Triple A.³³⁶ Y va aún más lejos al sugerir que una "Internacional fascista" fue la perpetradora del trágico suceso:

> En mayo de 1976 Sixto formó una fuerza de choque para apoderarse del símbolo inequívoco de la tradición carlista. Esa fuerza de choque estuvo integrada por los elementos más conocidos de

---

quieran cambiar el país, el proceso no será pacífico, porque el neofascismo reclamará su propio espacio para el futuro" (traducción propia).

334 "Había tres italianos y tres o cuatro argentinos; también he oído que había portugueses, pero no he comprobado este dato en las listas y yo no los vi personalmente" (*El País*, 15 mayo de 1976).

335 *Cambio 16*, N.º 232, 17-23 mayo de 1976.

336 Véanse también Rostica 2011; Bufano y Teixidó 2015.

> la internacional fascista: Jean-Pierre Cherid, de la OAS;[337] Rodolfo Eduardo Almirón Cena, de la Triple A (ex miembro de la custodia de Isabel Martínez e integrante en España de la custodia de Fraga Iribarne); y los italianos Stefano Delle Chiaie, Augusto Cauchi, Giuseppe Calzona, Mario Vannoli y Pier Luigi Concutelli. Participan otros argentinos, entre ellos Miguel Gutiérrez Rivero,[338] viejo militante de Tacuara, ladero de Sixto. […]
> La prensa gráfica ilustró ampliamente los sucesos, y en las fotos publicadas se repiten los rostros de los franceses, italianos y argentinos.
> En ellas se identifica claramente a Miguel Gutiérrez Rivero, de pelo corto, camisa blanca, cazadora verde y un pañuelo al cuello… junto a Cherid. (González Janzen 1986, 101–102)

En la indagación realizada en los números de *Cambio 16* correspondientes a las fechas inmediatamente posteriores a los sucesos de Montejurra no he encontrado ninguna fotografía en la que esté presente Gutiérrez Rivero. Sin embargo, una minuciosa búsqueda en internet dio como resultado una página web que rinde homenaje al carlismo, llamada "Lealtad a la Lealtad. Apuntes y documentos de la Historia del Carlismo". En un posteo titulado "Algunas fotografías de Montejurra 76", hay dos imágenes en las cuales se distingue a un joven Gutiérrez Rivero en la escena de los hechos, rodeado de personajes como Sixto, los neofascistas italianos Stefano Delle Chiaie y Augusto Cauchi, y el francés Jean-Pierre Cherid. Las fotografías muestran al ex-Tacuara en la posición de guardaespaldas de Sixto.

Desafortunadamente, no he podido incluir en este análisis su memoria de estos acontecimientos, ya que, como expliqué, prefirió no brindar su testimonio y se colocó en una posición más bien defensiva. Esto se debe, probablemente, a la desconfianza que existía hacia mí como entrevistadora, y se enmarca en el secretismo que envuelve a los ex-MNT, así como a la fuerte condena social que hoy en día predomina sobre su

---

337 La Organisation de l'Armée Secrete (OAS) fue una organización terrorista francesa de extrema derecha que operó entre 1961 y 1962. Véanse, por ejemplo, Duranton-Crabol 1995; Momméja 2020; Dard 2021.

338 El nombre original fue sustituido para resguardar la identidad de la persona.

militancia. Es preciso recordar, además, que no se trató de una omisión "casual", sino que se refirió a los sucesos indirectamente y se negó a hablar al respecto. Se puede considerar, por tanto, que su silencio acerca del evento y su implicación en ellos son significativos y tienen un peso relevante en la construcción de su memoria.

Es importante señalar que el silencio respecto de los sucesos de Montejurra no terminó en el relato de Gutiérrez Rivero. Tuve la ocasión de experimentar repetidamente este secretismo mientras buscaba documentación sobre el suceso en España. En primer lugar, en la hemeroteca de la Facultad de Filosofía y Letras de la Universidad Autónoma de Madrid solicité los números de *Cambio 16* correspondientes a los días posteriores al hecho. Para mi sorpresa, en el informe del N.º 233 dedicado a los enfrentamientos carlistas encontré que había sido prolijamente recortado un recuadro que podía contener una fotografía, a juzgar por el contexto en el cual se insertaba. Esta ausencia me pareció particularmente llamativa, por lo que decidí continuar con mi indagación en otros repositorios.

Posteriormente, accedí a los mismos números de la revista en la hemeroteca municipal de Madrid. En estos ejemplares estaban cortadas todas las páginas en las que se trataba la temática, de los números 232 y 233. También allí, alguien había vandalizado la revista.

Luego de ese segundo intento fallido, continué mi búsqueda en la hemeroteca de la Biblioteca Nacional de España. Allí encontré las publicaciones íntegras. La página que había sido prolijamente recortada con tijeras en la biblioteca de la Universidad Autónoma no mostraba a Gutiérrez Rivero, sino que contenía una caricatura (figura 24), en la que se puede observar la representación de un hombre que vestía una boina roja, característica de los carlistas, anteojos de sol y un uniforme nazi, en el cual destacaba una esvástica en el brazo y una pistola, que recuerda a aquellas utilizadas durante el nazismo. El sujeto en cuestión está disparando. En el humo que sale del arma, se puede leer: "BANG MONTEJURRA BANG". Frente a él, una persona —que parecería ser una mujer—, con los brazos abiertos y arrodillada en posición de indefensión, aguarda la descarga, junto a dos hombres agachados y cabizbajos. Detrás de la escena, se esbozan otras figuras anónimas, que miran con recelo.

¿A qué razones pudo haber obedecido la extracción de esta imagen de la revista? Es posible hipotetizar que alguien no hubiera estado

Figura 24. Ilustración de los sucesos de Montejurra.
Fuente: *Cambio 16,* N.° 233, 24-30 de mayo de 1976.
Fuente: Biblioteca Nacional de España (foto de la autora).

conforme con la representación, que ilustra la violencia de los atacantes y los liga directamente al nazismo. Por el lado de las páginas brutalmente arrancadas de las revistas conservadas en la hemeroteca municipal, en cambio, podría tratarse de un intento de impedir que el material esté al alcance de un público amplio. En ambos casos, también, se podría atribuir la vandalización de los documentos a la simple afición carlista de un usuario sin escrúpulos a la hora de dañar el patrimonio documental de una institución pública.

Para concluir este apartado, resulta evidente que Gutiérrez Rivero recuerda con orgullo, satisfacción e incluso alarde su involucramiento con el carlismo español y, sobre todo, se jacta del título de capitán del Requeté. Esto se manifestó con claridad cuando se explayó acerca de la relación que forjó con Sixto Enrique Borbón-Parma quien, desde su perspectiva y la de su facción carlista, habría sido el legítimo heredero del trono español.

Gutiérrez Rivero circuló asiduamente entre la Argentina y España y llegó a ser parte de manera activa de Tacuara y del carlismo de extrema derecha español. Sus participaciones en ambas organizaciones resultan inescindibles y conforman una doble militancia. Desde luego, estas fueron contemporáneas, aunque la española se extendió más en el tiempo.

El catolicismo, el anticomunismo y la admiración por el falangismo y por "los puños y las pistolas" parecen ser elementos que se funden en un actor transnacional que reconoce una doble pertenencia militante, una militancia transnacional.

La cultura política tacuarista era más que compatible con aquella de la facción de extrema derecha del carlismo español. A través de Gutiérrez Rivero, ambas entraron en un fructuoso y armónico diálogo, como partes de una cultura política transnacional común, de extrema derecha, antiizquierda y nacionalista.

2. Los estudios de Alberto Ezcurra en Europa

Alberto Ezcurra, una de las figuras más importantes del MNT, era un joven intelectual que usaba "lentes de gruesos cristales, posee una sólida formación histórica y es un orgulloso descendiente de Juan Manuel de Rosas y del general Félix Uriburu" (Bardini 2002, 32). Realizó sus estudios secundarios en el Colegio Marista Champagnat, institución confesional ubicada en el barrio Recoleta de la ciudad de Buenos Aires. En ese período, durante su adolescencia, se unió a la UNES, brazo de la ALN en colegios secundarios.

Como ya he mencionado, en 1954 ingresó al seminario jesuita en Córdoba, de donde fue expulsado apenas un año más tarde. Posteriormente regresó a Buenos Aires y realizó el servicio militar. Asimismo, tuvo un rol fundamental en la fundación del MNT, del cual se convirtió en el principal líder y referente tanto intelectual como espiritual.

Luego de muchos años de actividad a la cabeza del MNT, en 1964 Ezcurra decidió dejar de lado su militancia y retomar sus estudios para ordenarse como sacerdote. Esta vez no recurrió al seminario jesuita de Córdoba —no podía reingresar por haber sido expulsado—, sino que concurrió al de Paraná, que estaba a cargo de monseñor Tortolo. Como expliqué en el capítulo 1, Tortolo apoyó y participó de la represión instaurada por el régimen militar impuesto en 1976.

Mientras avanzaba con sus estudios en el seminario entrerriano, surgió la posibilidad de realizar una estadía en Italia, en el Pontificio Collegio

Pío Latino Americano de Roma.[339] Varios jóvenes sacerdotes o futuros sacerdotes obtenían becas para pasar períodos de estudios en esa prestigiosa institución. Ezcurra aceptó la oferta sin dudarlo. Llegó a la capital italiana en octubre de 1964 y permaneció allí hasta junio de 1971, cuando culminó sus estudios en Teología.

De acuerdo con el testimonio de González Janzen (1986, 95), Ezcurra "dedicó su estancia en Italia para estrechar relaciones con los grupos fascistas y neofascistas, en especial con el Movimiento Social Italiano (MSI), de Giorgio Almirante". Si bien por el momento no hay a disposición fuentes que corroboren posibles colaboraciones, se puede hipotetizar que, durante los años transcurridos en Europa, el exlíder del MNT se acercó y estableció relaciones con representantes de las extremas derechas italianas.

En un blog llamado *Crítica revisionista*, el militante de la derecha nacionalista y abogado Fernando Romero Moreno[340] realizó un posteo en homenaje al jefe de Tacuara, con el título: "Alberto Ezcurra Uriburu: un patriota de la tierra y del cielo". Este texto se basa en gran medida en cartas personales que este había dirigido a sus padres durante su estadía en el seminario paranaense y desde el viejo continente, a los cuales tuvo acceso el autor.

> Las referencias a su vida en Italia están salpicadas en las cartas que venimos citando, de comentarios sobre el arte y la arquitectura de la ciudad, referencias a pueblos que pudo visitar y, ¡como [sic] no!, más de un comentario sobre obras del Duce. [...] Ezcurra no se privó, por su parte, de mantener contacto en esos años, con organizaciones nacionalistas como la española Fuerza Nueva o la rumana Legión de San Miguel Arcángel, de la que llegó a ser miembro de honor, como está documentado por un carnet que lleva la firma nada menos que de Horia Sima. Su fama llegó incluso a los requetés

---

339 Este dato fue corroborado por la misma institución, con la cual mantuve un breve intercambio de correos electrónicos.

340 Moreno Romero contrajo matrimonio con una sobrina de Ezcurra, según él mismo manifiesta en el posteo del blog.

carlistas, aunque él simpatizara más con Falange y con la figura de José Antonio.[341]

La mención de Moreno Romero a los contactos establecidos por Ezcurra con FN y la Guardia de Hierro rumana, y el hecho de que posiblemente hubiera obtenido el carnet de membresía de esta última son datos muy probablemente verídicos. De hecho, la edición de Cruz y Fierro de la obra *Diarios de la cárcel* de Cornelio Codreanu, líder fascista de Rumania, contó con un prólogo escrito por Ezcurra, en el cual se encargó de realizar un recorrido biográfico que reivindicaba y exaltaba su figura y su trayectoria política.

En *De pie* aparecen algunos indicios respecto de las actividades que llevó a cabo en su etapa europea, por fuera de sus estudios. Como reveló Manfredi, Ezcurra frecuentemente les mandaba artículos o pequeños fragmentos para publicar en el boletín, aunque "prefería usar un seudónimo por las dudas, para que no le hicieran lío en el seminario".[342] El seudónimo que eligió fue "Ignacio Arteaga", nombre con el cual firmó sus contribuciones a la publicación tacuarista.

A modo de ejemplo de su producción, en abril de 1968 se incluyó un artículo de su autoría titulado "San Possidonio".[343] Allí Ezcurra relata el descubrimiento de una fosa que contenía huesos de jóvenes de la RSI que habrían sido ejecutados por partisanos en un pequeño pueblo cerca de Modena, en el norte de Italia. Despliega una enérgica denuncia del accionar de los partidos que conformaron el Comité de Liberación Nacional, por estos y otros actos relacionados con la supuesta venganza que acompañó y siguió a la liberación del país desde 1945:

---

341 "Alberto Ezcurra Uriburu: un patriota de la tierra y del cielo" (Blog *Crítica Revisionista*, 6/8/2020. Fecha de consulta: 25/09/2024).

342 Entrevista a Manfredi, Rosario, provincia de Santa Fe, 16/12/2019.

343 El artículo fue reproducido en el N.º 35 de la revista *Jauja*, de noviembre de 1969. Esta era dirigida por el sacerdote nacionalista Leonardo Castellani. Juan Mario Collins formó parte en algunos momentos de su consejo asesor. Al igual que *De pie* (desde fines de 1969), *Jauja* era editada por Cruz y Fierro y se ubicaba como una de las revistas más importantes del nacionalismo católico argentino del período.

> El número total de los asesinados alcanza —sin exageraciones— la cifra de 300.000. Ni los 20 años de Régimen Fascista, ni la ocupación alemana con sus represalias (obligadas tantas veces por el sabotaje y el estado de guerra) llegaron, ni de lejos, a una cifra parecida a ésta, obtenida en pocos meses por los democráticos libertadores de Italia. [...] Los nombres de los asesinos son conocidos. [...] Pero ellos pueden vivir impunes. No hay peligro que la "opinión pública" o la "conciencia universal" se levanten para señalar estos crímenes. No habrá ningún émulo de Simón Wiesenthal, el cazador de nazis, que remueva en su contra sumas fabulosas y el espionaje internacional. No habrá para ellos extradiciones, ni se suspenderán en su caso las prescripciones jurídicas ni las garantías legales. Los muertos no eran judíos, ni comunistas, ni traidores y saboteadores. Eran sencillamente patriotas italianos, jóvenes en su mayoría, que dieron su fe a una causa y quisieron ser leales hasta el fin, y ésto [sic] es un crimen imperdonable. Eran "fascistas" y los "fascistas" no tienen derecho a la existencia. Eran vencidos, y los vencidos —Nuremberg dixit— deben ser exterminados.[344]

En el extracto se puede observar, además de una firme defensa del régimen fascista, una justificación de la violencia ejercida por este y por la ocupación alemana. El contenido del artículo reproduce el discurso del neofascismo italiano, que colocaba el foco en la represión al fascismo en la segunda posguerra y denunciaba la ausencia de condenas por estos actos. Además, Ezcurra da como certera la cifra de 300.000 asesinatos, reivindicada por la propaganda neofascista italiana, mientras que la historiografía reconoce un número muy inferior, de entre 8000 y 10.000. Esta apropiación y reproducción del discurso del neofascismo es una pauta que permite aventurar el estrechamiento de vínculos entre Ezcurra y los exponentes de estos movimientos en Italia.

Asimismo, como corresponsal esporádico de *De pie,* Ezcurra escribió algunos artículos de tinte nostálgico que ensalzaban las figuras de Mussolini y de Hitler. Desde Alemania, país donde trabajó para sostener

---

344 *De pie*, N.º 4, abril de 1968.

económicamente su estadía en Europa, escribió lo siguiente acerca del neonazismo:

> El nacionalismo alemán —a diferencia del italiano— mira más hacia el futuro que al pasado. Por eso no resultaría exacto hablar de un resurgimiento del nazismo.
> El nacional-socialismo fue la encarnación del nacionalismo alemán en un momento histórico determinado, de una extraordinaria tensión vital y emocional. El espíritu que le dio origen está hoy latente. Resurgirá, pero con diverso estilo, diversos signos, distintas banderas. No será una copia, sino una nueva creación, fiel a una misma esencia espiritual.
> El NPD, ¿es un anuncio de este resurgimiento?
> Vielleicht (tal vez).[345]

Nacido en 1964, el Partido Nacionaldemócrata de Alemania (Nationaldemokratische Partei Deutschlands, NPD) se convirtió rápidamente en la principal organización representante de la extrema derecha neonazi en ese país. Ezcurra lo reivindica y augura un resurgimiento del nacionalsocialismo a través de él, inspirado en y fiel a una "misma esencia espiritual". El texto está acompañado por una imagen de Adolf von Thadden, quien fue su líder entre 1967 y 1971, en la que se lo observa dando un discurso partidario (figura 25).

Al igual que en el caso del neofascismo y las derechas radicales españolas, resta indagar en las posibles relaciones que Ezcurra hubiera podido construir con representantes del NPD durante su estadía en Alemania. Según el testimonio de Romero Moreno, se habría ordenado como diácono en ese país antes regresar a la Argentina, en la parroquia San Apolinario, en Obermaubach.[346]

---

345 *De pie*, N.º 8, noviembre de 1968.

346 "Ezcurra permaneció en Europa hasta 1971, siendo ordenado diácono ese año en la parroquia de San Apolinario (Obermaubach, Alemania), nación que frecuentó durante todos esos años, y en la que trabajó para poder pagar sus estudios, pues el dinero que recibía de su familia —todo el que podían enviarle— no era suficiente. La ordenación fue celebrada por mons. Joseph

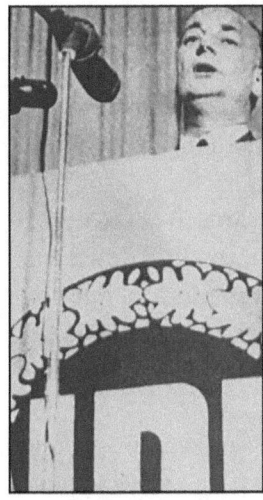

Figura 25. Adolf von Thadden. Fuente: *De pie*, N.° 8, noviembre 1968. Fuente: Instituto Bibliográfico Antonio Zinny (foto de la autora).

Ezcurra, entonces, mantuvo vivos los contactos con el MNT durante el período que pasó en Europa. Siguió enviando regularmente materiales para *De pie* y también sostuvo los lazos con varios exmilitantes, con los cuales frecuentemente intercambiaba correspondencia.

> Yo a veces le escribía [a Ezcurra] cuando estaba en Roma y él me contestaba, y eso para mí era un gran honor. Porque aparte en Tacuara nos decían que le escribiéramos porque estaba solo allá. Entonces más le escribía.[347]

El contacto con el exlíder de Tacuara era fomentado desde la agrupación, como compartió Manfredi. A pesar de haber abandonado el papel de jefe nacional del movimiento, Ezcurra continuaba y continuó siendo una figura de gran relieve para ellos, tanto en esos años como posteriormente,

---

Buchkremer. El lema sacerdotal que eligió, como es conocido, fue "Militia est vita hominis super terram" (Job, 7, 1), Milicia es la vida del hombre sobre la tierra. Milicia de la Patria y del Cielo, unidas en su persona por una especial vocación de servicio a Cristo Rey y a la Argentina, como sacerdote" (Blog *Crítica revisionista*, 6/8/2020).

347 Entrevista a Manfredi, Rosario, provincia de Santa Fe, 16/12/2019.

cuando regresó al seminario de Paraná. Sus antiguos "camaradas" erigieron un mito alrededor de su figura. Antes y después de su viaje, recibía asiduamente visitas de algunos de ellos, especialmente de los militantes que se encontraban en las localidades del Litoral argentino, en los alrededores de Paraná.

Una vez en la capital entrerriana, Ezcurra permaneció como uno de los principales colaboradores de monseñor Tortolo, en el rol de secretario privado. Además, fue docente y vicerrector del seminario, que contribuyó a reorganizar en los años previos al golpe militar de 1976. Allí, participó como miembro del consejo de redacción en la edición de la revista del seminario, *Mikael*.[348]

Luego del regreso de la democracia a la Argentina, el arzobispo Estanislao Karlic se propuso modernizar el seminario paranaense, que era un reducto de catolicismo integrista y, con ese fin, dispuso su intervención. A raíz de ello, un grupo de seminaristas encabezado por Ezcurra y Tortolo se trasladó a San Rafael, Mendoza, y se integraron en el Instituto Verbo Encarnado, congregación religiosa ultraconservadora que seguía la línea tradicionalista de la institución entrerriana. Más tarde, Ezcurra se incorporó como sacerdote a la diócesis de San Rafael y formó parte de la fundación del Seminario Diocesano Santa María Madre de Dios, del cual posteriormente se convirtió en rector (Vartorelli y Motura 2020).

En resumen, la trayectoria militante de Ezcurra, uno de los personajes más relevantes del MNT en sus primeros pasos y en sus años de auge, incluyó un período de aproximadamente cuatro años en Europa. Permaneció principalmente en Italia, donde estudió, y en Alemania, donde trabajó y se ordenó como diácono, aunque es probable que haya visitado otros países del continente. Durante ese período, hay indicios acerca de su apoyo a los movimientos de extrema derecha locales. Asimismo, es posible aventurar una hipótesis acerca del establecimiento de

---

348 La revista *Mikael* fue creada por el monseñor Tortolo en 1973 y era parte de una amplia red de publicaciones del nacionalismo de derecha. Quienes allí escribían adoptaron una línea de apoyo de la última dictadura militar (Rodríguez 2012). Ezcurra habría cumplido un rol fundamental en la selección, traducción y presentación de trabajos, pero su principal función habría sido la de realizar comentarios bibliográficos (Vartorelli y Motura 2020).

contactos y, eventualmente, colaboraciones con movimientos neofascistas y neonazis.

A través de su recorrido transnacional, Ezcurra, a través de su recorrido transnacional, nutrió a la militancia tacuarista por medio de una asidua correspondencia y del envío regular de materiales para publicar en sus boletines. Así, procuró que a sus "camaradas" argentinos les llegaran noticias desde el Viejo Continente, tanto de índole personal como política.

3. Luis Alfredo Zarattini: los lazos con Delle Chiaie y CEDADE

Hay un nombre que ya apareció repetidas veces en los entramados de las extremas derechas transnacionales, como nexo fundamental en la Argentina: el de Luis Alfredo Zarattini.

Como detallé en el capítulo anterior, fue él quien recibió a Stefano Delle Chiaie cuando arribó a la Argentina en 1976. Mientras este estuvo en el país, Zarattini emprendió numerosas actividades con el terrorista italiano, que lo conocía con el apodo de "Freddy". El mismo Delle Chiaie compartió algunas de esas actividades en su autobiografía. Por ejemplo, el intento de bloquear la operación de venta de la editorial argentina Abril al grupo italiano Rizzoli, el pedido de traducción del libro *Orientamenti* de Julius Evola y el posterior trabajo conjunto con el fin de difundir la obra del filósofo italiano en distintos puntos de Sudamérica.

Además, fue Zarattini quien preparó el terreno y estableció el contacto para que Delle Chiaie, junto con otros militantes neofascistas italianos, fuera recibido por miembros del Estado Mayor del Ejército en la Argentina. A raíz de ese primer encuentro, ambas partes entablaron una fluida relación de colaboración. La intervención del ex-Tacuara fue clave para forjar este vínculo, lo cual lo coloca como un nexo indispensable en esta relación transnacional.

Pero las ramificaciones de la trayectoria militante de Zarattini no se limitan exclusivamente a estos lazos con el mundo del neofascismo italiano. "Freddy", como admirador declarado del nacionalsocialismo, se involucró en el Círculo de Estudios de América y de Europa, sucursal argentina de la agrupación de extrema derecha española CEDADE, también durante los 70.

Al ser ya un militante experimentado en esos años, no tardó en convertirse en uno de los dirigentes de CEDADE Argentina. Desde esa posición, Zarattini fue una de las personas responsables de coordinar las actividades de la agrupación a nivel nacional. A su vez, se encargó de mantener vivos los contactos con sus pares españoles, de sostener en actividad esa red transnacional que permitió una dinámica y fructífera circulación entre España y la Argentina. Ese fue el papel que cumplió Zarattini como agente transnacional de la extrema derecha.

4. Un becario del ICH. Bernardo Lasarte

Estudiante de abogacía en la UBA, el joven Bernardo Lasarte tenía firmes convicciones nacionalistas. Por ese motivo, durante sus años universitarios decidió unirse al SUD. A través de esta organización conoció Tacuara, e instantáneamente quiso sumarse a la agrupación. Muy pronto quedó fascinado por las enseñanzas de Julio Meinvielle. Cuando este evaluó que las diferencias con en el MNT eran insalvables y optó por escindirse y crear la GRN, Lasarte fue tras sus pasos. Así, continuó con su militancia en la nueva organización, de extrema derecha y alejada de las "peligrosas" influencias del peronismo y de las ideas comunitarias de Jacques Marie de Mahieu.

Tras recibirse, ejerció como abogado y consiguió trabajo como secretario de un juzgado laboral en los tribunales porteños. Mientras tanto, seguía militando en la GRN. Sin embargo, quería continuar estudiando y, además, conocer lugares fuera de la Argentina. A través de los contactos que le proveía su militancia pudo acceder a una de las becas que concedía el ICH. De ese modo, en 1969 se dirigió a Madrid a realizar sus estudios de posgrado. En ese entonces, quien dirigía el ICH y gestionaba estas ayudas económicas era Juan Carlos Goyeneche.

Ignacio González Janzen (1986, 95) afirma que "es difícil reconstruir la lista de viajeros, becarios y estudiantes que se formaron en la España franquista […]. Entre tanto, es posible señalar que el grueso de los cuadros más activos de Tacuara y la Guardia Restauradora

Nacionalista disfrutaron de las becas del Instituto". Ya me he referido a las becas otorgadas por el ICH franquista con el fin de establecer y fortalecer los lazos e intercambios culturales entre la antigua metrópolis e "Hispanoamérica", que se generalizaron y difundieron considerablemente desde la creación del organismo. No obstante, la afirmación de González Janzen me parece excesiva: al menos en el caso de Tacuara y la GRN, no he encontrado otros ejemplos de exmilitantes que hayan gozado de estas becas, más allá del caso de Lasarte.[349]

Por otro lado, la estadía de Lasarte en España coincidió con una de las varias visitas de Goyeneche a la capital española. Aprovechando la ocasión, el político nacionalista introdujo al joven guardista en los círculos falangistas locales; a partir de esas primeras presentaciones, este construyó sus propios vínculos con las derechas españolas y, en particular, con el catolicismo integrista (González Janzen 1986). Estas posibles conexiones con el mundo de las derechas radicales españolas durante su estadía en ese país, expuestas por González Janzen, son muy factibles, dada su trayectoria militante en el MNT y la GRN. Al igual que en el caso de Ezcurra y Gutiérrez Rivero, fue un nexo entre culturas políticas de extrema derecha situadas en dos orillas del Atlántico, que se fundieron en una común cultura política transnacional.

Al regresar a la Argentina tras finalizar su posgrado en Madrid, Lasarte vertió sus experiencias en Europa en su militancia en la GRN. Si bien es posible que no haya militado también en España, las conexiones establecidas y la circulación de ideas a través de estas militancias transnacionales resultan particularmente relevantes al intentar desentrañar las redes de las extremas derechas que conectaron a los nacionalistas argentinos con movimientos de otras latitudes.

---

349 Por supuesto, ello no significa que no hubiera habido otros casos, pero la carencia de referencias en las fuentes es un indicio de que las becas del ICH no habrían sido recursos utilizados por la generalidad de los militantes de estas agrupaciones.

5. Alejandro Sáez Germain, un legionario

Otro tacuarista que contó con una trayectoria militante transnacional fue Alejandro Sáez Germain, periodista de Capital Federal. A principios de los 60 fundó el Frente Restaurador Nacionalista, organización juvenil barrial antisemita (Bardini 2002), junto con José Antonio Yelpo. Esta agrupación pasaría a llamarse "Frente Revolucionario Nacionalista" (FRN) en 1962. En fecha incierta, Sáez Germain se incorporó a Tacuara, en el comando General Belgrano de la capital. Posteriormente, al escindirse el MNT, decidió acompañar a Alfredo Ossorio, y pasó a integrar la facción del MNRT liderada por él, con quien permaneció vinculado por muchos años.

Tras descubrirse la responsabilidad del MNRT en el asalto al Policlínico Bancario, la agrupación se disolvió (incluso el sector de Ossorio, que no había participado del hecho). Ante este escenario, Ossorio reunió a algunos "excamaradas" y los integró al Instituto de Investigaciones Históricas Juan Manuel de Rosas, institución que pretendía devolver vida al revisionismo histórico, que a finales de la década de 1960 estaba cobrando vitalidad en el contexto del onganiato, luego de un período de escasas y precarias actividades (Stortini 2004). Entre aquellos militantes que llamó Ossorio se encontraba Alejandro Sáez Germain.

Dado que era periodista, participó de diversos proyectos editoriales y escribió con frecuencia en el boletín del Instituto. Más adelante, durante el tercer gobierno de Perón, trabajó como secretario privado de Manuel Anchorena,[350] que había sido designado embajador en Gran Bretaña (Bardini 2002).

Luego del golpe de 1976 y la instauración de la dictadura cívico-militar en la Argentina, Sáez Germain se exilió en España. Allí, se unió a la Legión Española, fuerza militar del ejército compuesta por españoles y extranjeros. En ese marco, sirvió en Ceuta y en El Aiún.

---

350 Anchorena, un estanciero conservador, había ingresado también al Instituto Rosas y había provocado diversas rupturas internas, que llevaron a la expulsión de Ossorio y de un grupo de ex-Tacuara. Sáez Germain permaneció allí y siguió la línea de Anchorena, quien años más tarde lo contrató como su secretario personal (Bardini 2002; Stortini 2004).

Como afirma Bardini (2002, 151), "Junto a sus nuevos camaradas, llegados de casi todos los países del mundo, pasó del nacionalismo a una forma de internacionalismo, conoció otras geografías y nuevas historias". Este particular recorrido fue recordado por Grossi:

> Bueno, yo lo conocí mucho a Alejandro, un gran periodista, además. Alejandro entró en la Legión Española. [...] Y después del 73, cuando lo designan a Manuel de Anchorena embajador de Inglaterra, Manuel lo quería mucho a Alejandro, y ellos hacían enganches no me acuerdo si era por cinco o por seis años. No había lugar a la deserción. Y ahí es donde Anchorena hace una gestión ante el gobierno español y consigue que le den una baja anticipada y lo toma y él va como secretario de la embajada... Ahora, yo diría que... mi opinión personal... que él entró a la Legión por el afán salgariano de aventura que teníamos todos, que cada cual buscó por su lado. Algunos más intensamente, otros haciendo barbaridades... Es un afán de aventura.[351]

Grossi explicó el recorrido de Sáez Germain como un "afán salgariano de aventura", como una experiencia romantizada. Es preciso observar que su relato no coincide en las temporalidades con aquel de Bardini, ya que ubica el período en la Legión Extranjera como previo al trabajo de secretario para Anchorena. Más allá de las imprecisiones, aquí me interesa destacar el interés de Sáez Germain por integrarse a un cuerpo extranjero, en el marco del régimen franquista. Este es otro caso de un ex-MNT que, en vez de renegar del franquismo, lo apoyó vivamente, al punto de pasar a ser parte de él y combatir en su nombre.

Siguiendo el relato de Bardini (2002), Sáez Germain regresó a la Argentina en 1982, habiendo alegado ante sus jefes legionarios que pretendía enrolarse como voluntario para combatir en la guerra de Malvinas. En realidad, la intención de participar en la guerra probablemente haya sido una excusa, dado que, a su retorno, volvió a ejercer la profesión de periodista desde Buenos Aires. En el año 1983, apareció como director del semanario *Primera plana*.

---

351 Entrevista a Grossi, Ciudad Autónoma de Buenos Aires, 5/11/2019.

Más allá de la apreciación de Grossi acerca de la experiencia de Sáez Germain en la Legión como un afán de aventuras, el lazo que lo unió con esta institución parece haber sido muy sólido y profundo. Tanto es así que, antes de fallecer, en Buenos Aires, manifestó su deseo de ser velado y enterrado con su uniforme de gala de la Legión Española (Bardini 2002). Esto muestra hasta qué punto lo marcó su paso por la Legión. Se puede afirmar que la identificación con la derecha española, que sin dudas desarrolló y alimentó durante su militancia en el nacionalismo, tuvo un profundo impacto en él, e incluso predominó por sobre aquella tacuarista.

La incorporación voluntaria de un militante nacionalista argentino en uno de los cuerpos militares del régimen franquista es un ejemplo de una trayectoria transnacional fuertemente militarizada. Además de su militancia argentina en el FRN, en el MNT y en el MNRT, y de su participación en el Instituto de Investigaciones Históricas Juan Manuel de Rosas (donde volvió a tomar una vía derechista), Sáez Germain se incorporó al ejército franquista en la Legión, un órgano fuertemente internacional. Allí, sin dudas, estableció contactos con individuos de variadas procedencias que, por distintos motivos, se congregaron para apoyar la causa de Franco.

Los casos de Luis Alfredo Zarattini, Miguel Gutiérrez Rivero, Alberto Ezcurra, Bernardo Lasarte y Alejandro Sáez Germain son ejemplos que demuestran la existencia de militancias transnacionales. En otras palabras, los movimientos nacionalistas argentinos y sus militantes estuvieron lejos de replegarse, de cerrarse en sí mismos. El peligro que percibían y frente al cual se disponían a luchar, a "poner el cuerpo", excedía los límites nacionales. Se avizoraba una inminente invasión por izquierda, que ya estaba penetrando por diversos intersticios (políticos, sociales, culturales, académicos), que amenazaba los valores tradicionalistas caros al nacionalismo y al catolicismo. Ante estos "fantasmas rojos" (Bohoslavsky y Franco, 2024) era necesario formar un frente, unir fuerzas entre distintos movimientos. Se trataba, por supuesto, de una resistencia reaccionaria, que no estaba dispuesta a aceptar los cambios sociales y culturales y las modernizaciones que se estaban produciendo en esos años.

A través de la observación de las trayectorias personales en un arco de tiempo que se extiende más allá de la cronología marcada por la existencia del MNT y la GRN, se registran diversos ejemplos de experiencias que trascendieron ampliamente los límites nacionales. Los intercambios y la consolidación de algunos casos de dobles militancias contribuyeron a nutrir la cultura política tacuarista y las identidades políticas de la extrema derecha.

En todos los casos estudiados, los militantes volvieron a la Argentina luego de pasar períodos de variada duración —y de variadas actividades— en el exterior. Allí, continuaron con sus militancias o sus carreras, mientras que muchos otros habían tomado diferentes rumbos.

EPÍLOGO

Tacuara después de Tacuara. Los caminos se bifurcan

Uno de los aspectos que suelen llamar la atención del público general que se acerca a la historia de Tacuara, e incluso de los contemporáneos que vivieron en la década de 1960, es el variadísimo abanico de trayectorias que siguieron sus militantes. La experiencia tacuarista tuvo una característica distintiva, o un peculiar epílogo: dio lugar a caminos posteriores muy divergentes entre sí, que se ubicaron en diversos puntos del espectro entre la extrema izquierda y la extrema derecha. Muchos militantes que conformaron las filas de Tacuara se encontraron en "bandos" opuestos en la década del 70. Quienes —por distintos motivos— fueron abandonando el MNT y la GRN continuaron por senderos que, a veces, convergieron y, otras veces, fueron notoriamente disímiles.

Aquí haré referencia a las vías que tomaron los militantes cuyas trayectorias, de distintas maneras, he reconstruido en este libro. Entre ellos, muchos tomaron caminos que los llevaron hacia las numerosas organizaciones de izquierda que cobraron protagonismo en los años 70: Roberto Bardini y Jorge Caffatti son ejemplos de exmilitantes del MNT y del MNRT que realizaron este tránsito. Caffatti pasó a las Fuerzas Armadas Peronistas (FAP), mientras que Bardini se unió a la agrupación Peronismo de Base (PB). Ignacio González Janzen estuvo entre quienes conformaron el MNA; posteriormente, pasó a integrar Montoneros. Tanto él como Bardini tomaron la vía del exilio luego del golpe militar de 1976, mientras que Caffatti corrió peor suerte: fue apresado y torturado repetidamente en el centro clandestino de detención que funcionaba en la Escuela de Mecánica de la Armada (ESMA); su vida terminó en uno de los vuelos de la muerte que tiñeron las aguas del río de la Plata.

El recorrido de José Baxter también se dirigió hacia la izquierda: luego de fundar el MNRT y pasar en el exilio por varios países, entre Europa, Asia, África y Latinoamérica, entró en contacto con los Tupamaros en

Uruguay y, de vuelta en la Argentina, se encontró entre los fundadores del PRT-ERP. Baxter murió en un accidente aéreo cerca de París, en julio de 1973. Mientras tanto, Manuel "Bicho" García, una de las principales figuras del núcleo santafesino, se habría integrado a Montoneros en la ciudad de Santa Fe;[352] en 1978 fue detenido y desaparecido en Montevideo, junto con su cuñada, María Catalina Benassi.

La trayectoria posterior de Luis Alfredo Zarattini ha sido por demás variada y cambiante: integró tanto la primera Tacuara como el MNRT de Baxter y fue parte del grupo que llevó a cabo el asalto al Policlínico Bancario en 1963. Su trayectoria posterior incluyó la militancia en el sindicalismo peronista en los primeros años 70 y la participación en el asesinato del comandante en jefe del Ejército chileno del gobierno de Salvador Allende, Carlos Prats, y su esposa, Sofía Cuthbert, en septiembre de 1974, en conjunto con la DINA chilena (González y Harrington 1989; Bonasso 2014; López de la Torre 2015).

Más tarde, Zarattini fue parte brevemente de las filas de la reconstituida ALN (Cersósimo 2014).[353] Durante los años del terrorismo de Estado, actuó en tareas de tortura (Gutman 2012; Bonasso 2014). Se lo reconoció como torturador de Caffatti (quien anteriormente había sido su "camarada" en Tacuara) durante su cautiverio en la ESMA, en su rol de agente civil del Batallón 601 del Ejército durante la última dictadura cívico-militar.

---

352 Existen versiones encontradas acerca de la militancia de Manuel García, por lo cual no se puede afirmar con certeza que hubiera realizado el tránsito a Montoneros. No obstante, integra la lista de desaparecidos de la última dictadura militar. Véase https://sitiosdememoria.uy/sites/default/files/2019-11/GARCIA%20KIEFFER%2C%20Manuel%20Eduardo%20Ficha%202018%20accesible.pdf (fecha de consulta: 25/9/2024).

353 Desde 1955, algunos miembros de la ALN participaron activamente de la resistencia peronista. En mayo 1973, en concomitancia con el regreso de Perón pocos meses antes y poco antes de que asumiera nuevamente la presidencia, la ALN se reorganizó, dirigida por uno de sus antiguos líderes, Juan Queraltó. Como afirma Besoky (2014), entre ese momento y el golpe de Estado de 1976, fue parte del conglomerado de organizaciones de la derecha peronista que combatieron a las izquierdas tanto dentro como fuera del movimiento.

Ulteriormente, Zarattini tuvo un paso por Centroamérica, donde fue parte del grupo comando argentino que actuó en Nicaragua sobre el final del gobierno de Anastasio Somoza Debayle (López de la Torre 2015). Allí, fue instructor en técnicas de interrogatorio y ejecución de prisioneros en Guatemala, Honduras y El Salvador (Armony 1999; Gutman 2012). En 1980, además, participó del congreso de la Liga Mundial Anticomunista que se llevó a cabo en Buenos Aires. Estableció una estrecha relación con Mario Sandoval Alarcón, líder del Movimiento de Liberación Nacional de Guatemala, quien estaba a cargo del escuadrón de la muerte antimarxista "Mano Blanca". Sandoval Alarcón lo llevó durante aproximadamente dos años a Guatemala.

Años más tarde, en 2001, se sumó a un partido de la extrema derecha nacionalista, el Partido Popular de la Reconstrucción, fundado en 1996 y orientado por Mohamed Alí Seineldín,[354] e integró la lista de candidatos a diputados nacionales de ese partido (Gutman 2012). No hay que olvidar su papel como dirigente de CEDADE Argentina. Como resulta evidente, la de Zarattini es una trayectoria militante que comenzó en el MNT y que luego se abrió hacia muchas otras experiencias, que tienen la violencia como común denominador.

Otros militantes transitaron hacia diferentes opciones dentro del abanico de las derechas. Rubén Manfredi pasó a engrosar las filas del Ejército Argentino en el período pos 76, desde donde siguió combatiendo a la "subversión" como parte del Batallón de Comunicaciones de Comando 121 de Rosario; fue condenado a 20 años de prisión en 2013 por haber sido encontrado culpable del secuestro, las torturas y el homicidio de un militante del Partido Comunista. En 2016 fue ratificada su condena, pero solo por los delitos de privación ilegal de la libertad; fue absuelto por los tormentos y el homicidio por falta de pruebas. Alfredo Bellino hizo lo propio durante esos años, desde un puesto de jerarquía de la Policía Federal, donde permaneció hasta su jubilación.

---

354 Seineldín fue un coronel del Ejército Argentino. Participó en la guerra de Malvinas y fue referente del movimiento Carapintada, integrado por un grupo de militares cuyos miembros realizaron cuatro intentos de golpe de Estado entre 1987 y 1990. Véase Fabris 2005.

Este segundo grupo colaboró, desde diferentes lugares, con el aparato represivo del Estado instalado a partir del 24 de marzo de 1976.[355]

Una parte importante de los ex-MNT, por distintas vías, pasó a integrar las filas del peronismo de derecha. Por ejemplo, Bellino lo hizo en los 70, una vez que dejó el MNA, y como miembro de la Policía Federal. Fue custodio de María Estela Martínez y organizó el operativo policial en el funeral del presidente Perón. Adhirió a su tercer gobierno y también al de su esposa.

De modo similar, Rodolfo Cervera integró las fuerzas policiales, con un importante cargo en una provincia argentina en los años 70, desde las filas del peronismo. Tras pasar algunos años preso durante la última dictadura militar, recuperó su libertad y fue también parte del fallido levantamiento militar liderado por Mohamed Alí Seineldín en 1990. Igualmente, Miguel Gutiérrez Rivero apoyó esta insurrección, luego de haber militado activamente tanto en el MNT —y en el SUD— como en el carlismo español, y de haber participado en al menos una acción mancomunada por lo que popularmente se ha dado en llamar la "Internacional Negra", en Montejurra, en 1976. Construyó una relación muy estrecha con Seineldín, que lo llevó a ser comandante de las fuerzas de defensa de Panamá, según él mismo relató.[356]

Alexander Radic, luego de un breve paso por las FAP tras la experiencia tacuarista, ingresó a trabajar en la FIAT de El Palomar y se sumó a la UOM. Su actividad en la derecha sindical, que implicó la lucha diaria contra "los zurdos de la fábrica" (Robertini 2020), marcó su trayectoria política posterior, que siguió corriendo por los rieles del peronismo de derecha y de un férreo anticomunismo.

Mientras tanto, Pedro Cinarelli se insertó de lleno en la política local de la ciudad de Santa Fe como miembro del PJ y ocupó cargos de

---

355 Al comenzar la entrevista, me advirtió que debía hablar en un tono de voz elevado porque había perdido la audición de un oído, a raíz de una bomba que había colocado Montoneros en su lugar de trabajo.

356 Gutiérrez Rivero compartió que "en Panamá estaba destinado el coronel Seineldín, y yo era muy amigo de él. Entonces lo iba a visitar. Y ya que estaba allá, daba instrucción… y entonces me hicieron comandante de las fuerzas de defensa" (entrevista a Gutiérrez Rivero, Ciudad Autónoma de Buenos Aires, 6/1/2019).

relevancia en la capital provincial. Estos exmilitantes siguieron considerándose nacionalistas. En la mayor parte de los casos, integraron esta identidad con la peronista.

Dentro de estas trayectorias posteriores que fusionaron nacionalismo y peronismo, resultan ineludibles —a pesar de que no sea un camino tomado por los exmilitantes que aparecen en las páginas de este libro—, el tránsito hacia la Concentración Nacional Universitaria (CNU),[357] agrupación que nació a partir del comando del MNT de La Plata. Este movimiento estudiantil de extrema derecha estuvo vinculado al sindicalismo peronista, especialmente a la UOM, y tuvo una fuerte presencia en La Plata y en Mar del Plata. Terminaría, luego, vinculándose con la Triple A (Besoky 2020). Por ejemplo, algunos ex-MNT marplatenses entrevistados por Mónica Bartolucci (2017) tomaron esta vía.

En otros casos, prevaleció el nacionalismo puro, sin integración con el peronismo. Por ejemplo, Jorge Grossi siguió —y sigue hasta la actualidad— vinculado al Instituto de Investigaciones Juan Manuel de Rosas, luego de haber abandonado la militancia en la GRN y de haber participado en el comité editorial de la revista *Cabildo*, cuyos integrantes se consideraron los máximos exponentes del nacionalismo católico argentino y celebraron el golpe militar de 1976[358] (Saborido 2005; Orbe 2007; Rodríguez 2011).

---

357 Si bien su nacimiento data de 1964, la presentación pública de la CNU se dio en agosto de 1971, en el teatro Alberdi de Mar del Plata. Pocos meses después, en diciembre, su nombre resonó en la prensa nacional a raíz del asesinato de la estudiante Silvia Filler durante un acto universitario. Acerca de la CNU existen numerosos estudios. Por ejemplo: Ladeuix 2007; Díaz 2008; Cecchini y Elizalde Leal 2013; Carnagui 2016; Besoky 2020.

358 En el primer número de *Cabildo* luego de su reapertura en 1976 —había sido clausurada durante el último gobierno peronista— se expresaba que "de las seis irrupciones militares en el plano del poder civil ocurridas en los casi cincuenta años, ninguna tan necesaria ni ansiada", mientras que en el segundo se afirmaba que "el 24 de marzo, el Estado recuperó la dignidad y la Nación su honor" (citas extraídas de Saborido 2005). No obstante, comenzaron a aparecer divergencias con respecto a las políticas del régimen militar, que cristalizaron a partir del desenlace de la guerra de Malvinas.

También Fernando Arredondo expresó que hoy en día se reconoce como nacionalista, tal como en los años 60. Al igual que él, muchos de mis entrevistados decidieron retirarse para perseguir proyectos personales y profesionales y no participaron de actividades políticas a partir de los años 70. Así lo manifestaron Francisco Bianchi, Roberto Castillo, Eduardo Pella y Julio Paredes, quienes compartieron que, en ese entonces, sus prioridades pasaron a ser el matrimonio, la formación de una familia, los estudios universitarios y la construcción de una carrera profesional.

Por otra parte, algunos militantes transitaron períodos más o menos prolongados en el extranjero. Algunos, incluso, en Europa, como son los casos de Gutiérrez Rivero, Alberto Ezcurra, Alejandro Sáez Germain y Bernardo Lasarte. Estos conformaron militancias transnacionales, como planteé en el capítulo 6.

Los casos que se materializaron de distintas maneras en estas páginas son representativos de las diversísimas trayectorias que siguieron quienes integraron en distintos momentos las filas de Tacuara. Como queda en evidencia, estas son variadas, heterogéneas, fluctuantes, y hasta contradictorias en apariencia, en muchas ocasiones; son verdaderas "nebulosas militantes" que se combinaron de distintos modos en cada caso particular. Pensar a las organizaciones juveniles de los 60 y 70 en estos términos permite identificar a distintos vectores tanto asociativos como familiares, religiosos, sindicales, universitarios y partidarios que fungieron de puentes entre diferentes organizaciones, aunque fueran de signos políticos opuestos (Cucchetti 2010).

El particular contexto político de la Argentina de fines de los 60 y principios de la década siguiente incluyó la profunda radicalización política de las juventudes, el Cordobazo y los demás "azos" —en estrecha conexión con el Mayo Francés de un año antes— y la explosión del foquismo. Estos fueron algunos de los colores que tiñeron un complejo escenario que permite leer la diversidad de trayectorias que iban escogiendo quienes militaban en diferentes agrupaciones, tanto entre las derechas como entre las izquierdas.

Al principio de este libro, me propuse como objetivo realizar una reconstrucción de la historia y la memoria de Tacuara, manteniendo un diálogo fluido entre ambas. Desentrañar históricamente los distintos componentes de la cultura política de la agrupación fue el hilo conductor de este recorrido.

En el marco del nacionalismo de derecha argentino, la (sub)cultura política de Tacuara, que a grandes rasgos se puede enmarcar dentro de aquella del nacionalismo de derecha argentino, tuvo las siguientes características: la aversión a las izquierdas, al judaísmo, al imperialismo, al liberalismo y al capitalismo, la defensa de la soberanía nacional y los valores patrios. A su vez, enalteció la violencia política, en consonancia con los usos de las juventudes de aquellos años. Además, los miembros del MNT colocaron en el centro de sus preocupaciones la defensa de los valores del tradicionalismo católico, y adoptaron como lema propio el eslogan "Dios, patria y familia".

En diferentes momentos, hubo tensiones y cambiantes predominios de cada uno de esos elementos, y algunos, incluso, quedaron en el camino. Por otro lado, los permanentes contactos y roces con culturas políticas de izquierda y peronistas, así como la integración de miembros de sectores populares a una agrupación formada por jóvenes de dobles apellidos, de "chicos bien", provocó cortocircuitos y rupturas que, en muchos casos, fueron abriendo las vías hacia caminos que iban bifurcándose en diferentes direcciones. En algunas ocasiones, estos caminos fueron dando lugar a la conformación de nuevos núcleos y nuevas agrupaciones.

Asimismo, es posible concluir que Tacuara no participó de una "Internacional Negra" ni de un complot neofascista de escala mundial. En cambio, formó parte de una cultura política transnacional de la cual participaron agrupaciones e individuos de distintas partes del globo. La aversión por las izquierdas y el temor ante su avance fue el principal motor de su acción, que logró aglutinarlos y generar diversos contactos de distinta naturaleza, que van desde mutuos reconocimientos e intercambios de boletines y correspondencia hasta la común concurrencia a campamentos de formación y, eventualmente, la participación de algunos individuos puntuales en acciones mancomunadas, como en el caso del papel de Gutiérrez Rivero en los sucesos de Montejurra. Lo cierto es que los militantes de Tacuara y de la GRN distaron mucho de trazar sus trayectorias militantes exclusivamente puertas adentro. Por el contrario, estuvieron más que pendientes de aquello que sucedía en el mundo, y del desarrollo de movimientos con vocaciones y "misiones" similares a las que ellos se arrogaban.

Al revisitar su pasado militante y ofrecer su testimonio, para Pella emerge una realidad ineludible: el programa nacionalista de Tacuara, por el cual luchó incansablemente en su juventud, "con los puños y las pistolas", era un idilio, era inalcanzable. Por ello, terminó por desvanecerse, hasta diluirse. La "revolución nacional", falangista, corporativista, "de orden" que veían en el horizonte no se podía y no se pudo realizar en la Argentina de los años 60 y principios de los 70. Hacia finales de los 60, esa revolución representaba ya un anacronismo, en un país sacudido por un impetuoso proceso de modernización y radicalización política, sobre todo entre las juventudes. No obstante, en sus años de militancia, los miembros de Tacuara estaban convencidos de que tenían la receta para transformar el país; enarbolaron las banderas del nacionalismo y, en su nombre, se dedicaron a combatir a sus enemigos, vistos como enemigos de la patria.

Como declaró Eduardo Pella casi cincuenta años después de haberse alejado de la militancia, "Tacuara fue una ilusión".

Sobre la autora

Celina Albornoz es doctora en Estudios Históricos, Geográficos y Antropológicos por las universidades de Padova, Ca' Foscari Venezia y Verona, y doctora en Historia por la Universidad Nacional de San Martín (UNSAM). Además, completó la *laurea magistrale* en Historia del Medioevo a la Edad Contemporánea en la Universidad Ca' Foscari y la licenciatura en Historia en la Universidad Nacional del Litoral. Fue becaria de la Fondation pour la Mémoire de la Shoah, París. Actualmente, es becaria posdoctoral del Consejo Nacional de Investigaciones Científicas y Técnicas en la Escuela Interdisciplinaria de Altos Estudios Sociales de la UNSAM. Se dedica al estudio de las extremas derechas en América Latina durante la Guerra Fría y ha publicado diversos trabajos sobre esta temática.

Bibliografía

Albanese, Giulia. 2009. "Comparare i fascismi: una riflessione storiografica". *Storica* 43-44–45: 314-343. https://doi.org/10.1400/143233.

Albanese, Matteo. 2021. "The Italian Fascist Community in Argentina, 1946-1978". *European History Quarterly* 51, n° 1: 122-140. https://doi.org/10.1177/0265691420983747.

Albanese, Matteo. 2018. "Il neo-fascismo. Una categoria analitica". *Ricerche Storiche* Año XLVIII, n° 2: 99-117.

Albanese, Matteo y Pablo del Hierro. 2016. *Transnational Fascism in the Twentieth Century: Spain, Italy and the Global Neo-Fascist Network*. Londres: Bloomsbury.

Albornoz, Celina. 2022. "Una historiadora en el territorio de las extremas derechas. Reflexiones en torno al trabajo de campo". *Sudamérica. Revista de Ciencias Sociales* 17: 350-368. https://fh.mdp.edu.ar/revistas/index.php/sudamerica/article/view/6462.

Albornoz, Celina. 2020. "Fascismo y nacionalismo en la construcción de un militante de extrema derecha". *e-l@tina. Revista electrónica de estudios latinoamericanos* 19, n° 73. https://publicaciones.sociales.uba.ar/index.php/elatina/article/view/5953.

Andújar, Andrea, Débora D'Antonio, Nora Domínguez, Karin Grammático, Fernanda Gil Lozano, Valeria Pita, María Inés Rodríguez y Alejandra Vassallo, eds. 2005. *Historia, género y política en los '70*. Buenos Aires: Feminaria.

Angenot, Marc. 2012. *El discurso social: los límites históricos de lo pensable y lo decible*. Traducido por Hilda García. Buenos Aires: Siglo XXI.

Armony, Ariel. 1999. *La Argentina, los Estados Unidos y la cruzada anticomunista en América Central, 1977-1984*. Bernal: Universidad Nacional de Quilmes.

Bardini, Roberto. 2002. *Tacuara: la pólvora y la sangre*. Ciudad de México: Océano.

Bartolucci, Mónica Inés. 2021. "El cóndor pasa, una vez más. Antiguas causas nacionales en nuevos peronistas: Dardo Cabo y las Malvinas en 1966". En *En el nombre de la patria: Juventud, nacionalismos cotidianos y emociones patrióticas (Argentina, 1955-1979)*, editado por Mónica Inés Bartolucci y Bettina Alejandra Favero, 35-65. Buenos Aires: Teseo.

Bartolucci, Mónica Inés. 2017. *La juventud maravillosa: la peronización y los orígenes de la violencia política, 1958-1972*. Sáenz Peña: EDUNTREF.

Beraza, Luis Fernando. 2005. *Nacionalistas: la trayectoria política de un grupo polémico, 1927-1983*. Buenos Aires: Cántaro.

Berstein, Serge. 2003. "Nature et fonction des cultures politiques". En *Les cultures politiques en France*, editado por Serge Berstein, 7-31. París: Seuil.

Berstein, Serge.1999. "La cultura política". En *Para una historia cultural*, editado por Jean-François Sirinelli y Jean-Pierre Rioux, 389-405. Ciudad de México: Taurus.

Bertagna, Federica. 2006. *La patria di riserva: l'emigrazione fascista in Argentina*. SAGGI. Roma: Donzelli.

Besoky, Juan Luis. 2020. "Violencia paraestatal en el Gran La Plata (1973-1976): el caso de la Concentración Nacional Universitaria (CNU)". En *Políticas públicas, tradiciones políticas y sociabilidades entre 1960 y 1980: desafíos en el abordaje del pasado reciente en la Argentina 1*, editado por Daniel Lvovich. Los Polvorines: Ediciones UNGS.

Besoky, Juan Luis. 2019. "De Maurras a Perón. A trajetória intelectual de Jaime María de Mahieu e sua influência no nacionalismo argentino". En *Pensar as direitas na América Latina*, editado por Ernesto Bohoslavsky, Rodrigo Patto Sá Motta y Stéphane Boisard, 483-503. San Pablo: Alameda.

Besoky, Juan Luis. 2018. "Los muchachos peronistas antijudíos. A propósito del antisemitismo en el movimiento peronista". *Trabajos y comunicaciones* 47: e057. https://doi.org/10.24215/23468971e057.

Besoky, Juan Luis. 2016. "La derecha peronista: Prácticas políticas y representaciones (1943-1976)". Tesis doctoral, La Plata: Universidad
Nacional de La Plata. Facultad de Humanidades y Ciencias de la

Educación. http://www.memoria.fahce.unlp.edu.ar/library?a=d&c=tesis&d=Jte1280.
Besoky, Juan Luis. 2014. "El nacionalismo populista de derecha en Argentina: La Alianza Libertadora Nacionalista, 1937-1975". *Mediações -Revista de Ciências Sociais* 19, n° 1: 61-83. https://doi.org/10.5433/2176-6665.2014v19n1p61.
Bohoslavsky, Ernesto. 2021. "Las redes anticomunistas entre América latina y Asia (1954-1980)". *Les Cahiers de Framespa. e-STORIA* 36. https://doi.org/10.4000/framespa.10190.
Bohoslavsky, Ernesto. 2018. "La historia transnacional de las derechas argentinas en el siglo XX: ¿qué sabemos y qué podríamos saber?". *Páginas* 24: 10-33. https://doi.org/10.35305/rp.v10i24.307.
Bohoslavsky, Ernesto y Marina Franco. 2024. *Fantasmas rojos. El anticomunismo en la Argentina del siglo XX*. San Martín: UNSAM EDITA.
Bohoslavsky, Ernesto y Magdalena Broquetas. 2017. "Vínculos locales y conexiones transnacionales del anticomunismo en Argentina y Uruguay en las décadas de 1950 y 1960". *Nuevo Mundo Mundos Nuevos*. doi: https://doi.org/10.4000/nuevomundo.70510.
Bohoslavsky, Ernesto y Stéphane Boisard. 2015. "Les droites latino-américaines pendant la guerre froide (1959-1989)". *Cahiers des Amériques latines* 79: 17-30. https://doi.org/10.4000/cal.3612.
Bohoslavsky, Ernesto y Martín Vicente. 2014. "Sino el espanto. Temas, prácticas y alianzas de los anticomunismos de derecha en Argentina entre 1955 y 1966". *Anuario del Instituto de Historia Argentina* 14. https://ri.conicet.gov.ar/handle/11336/111526.
Bonasso, Miguel. 2014. *Lo que no dije en Recuerdo de la muerte*. Buenos Aires: Sudamericana.
Botti, Alfonso y Daniel Lvovich. 2020. "Ramiro de Maeztu between Spanish and Argentinian nationalisms". En *Intellectuals in the Latin Space during the Era of Fascism: Crossing Borders*, editado por Valeria Galimi y Annarita Gori, 35-56. Londres/Nueva York: Routledge/Taylor & Francis Group.
Broquetas, Magdalena. 2014. *La trama autoritaria, derechas y violencia en Uruguay (1958-1966)*. Montevideo: Banda Oriental.
Broquetas, Magdalena. 2010. "A propósito de las repercusiones del 'caso Eichmann'. Antisemitismo y anticomunismo en Uruguay (1960-1962)". *Encuentros Uruguayos* 3: 47-63.

Brugaletta, Federico. 2011. "La participación de los jóvenes católicos durante el conflicto 'Laica o Libre': La Plata, 1958". *Archivos de Ciencias de la Educación, 4ta época* 5, n° 5: 145-159.

Buchrucker, Cristián. 1999. "Los nostálgicos del 'Nuevo Orden' europeo y sus vinculaciones con la cultura política argentina de la postguerra. Informe final de la 'Comisión para el Esclarecimiento de las Actividades del Nazismo en la Argentina' (CEANA). Argentina, Ministerio de Relaciones Exteriores, Comercio Internacional y Culto".

Buchrucker, Cristián. 1987. *Nacionalismo y peronismo: la Argentina en la crisis ideológica mundial (1927-1955)*. Buenos Aires: Sudamericana.

Bufano, Sergio y Lucrecia Teixidó. 2015. *Perón y la Triple A: las 20 advertencias a Montoneros*. Buenos Aires: Sudamericana.

Cabrera, Miguel Ángel. 2010. "La investigación histórica y el concepto de cultura política". En *Culturas políticas: teoría e historia*, editado por Manuel Pérez Ledesma y María Sierra, 19-85. Zaragoza: Institución "Fernando el Católico".

Camarasa, Jorge. 2012. *Odessa al sur. La Argentina como refugio de nazis y criminales de guerra*. Buenos Aires: Aguilar.

Camarasa, Jorge y Carlos Basso Prieto. 2014. *América nazi. El último refugio de los hombres de Hitler*. Buenos Aires: Aguilar.

Campos, Esteban. 2019a. "De aristócratas revolucionarios a vanguardia de clase. La revisión del peronismo en Tacuara y sus agrupaciones derivadas". *Prohistoria* 32: 155-181. https://doi.org/10.35305/prohistoria.vi.1107.

Campos, Esteban. 2019b. "La prensa del movimiento nacionalista revolucionario Tacuara en las mutaciones del Nacionalismo Argentino". *Folia Histórica del Nordeste* 34: 109-128. https://doi.org/10.30972/fhn.0343606.

Campos, Esteban. 2019c. "Argentina, tierra de machos y señoras gordas. Género, masculinidad y política en Tacuara". *Páginas* 11, n° 25. https://rephip.unr.edu.ar/bitstream/handle/2133/15039/331-1127-2-PB.pdf?sequence=2&isAllowed=y.

Campos, Esteban. 2016. "Entrevista a Alfredo Ossorio. De la derecha nacionalista a la izquierda peronista". En *Rebeldes e inconformistas. Procesos de politización y rebelión en América Latina*, editado por Pablo Pozzi, 75-98. Buenos Aires: Imago Mundi.

Camus, Jean-Yves y Nicolas Lebourg. 2020. *La extrema derecha en Europa: Nacionalismo, xenofobia, odio*. Buenos Aires: Capital Intelectual.

Canal, Jordi. 2000. *El carlismo: dos siglos de contrarrevolución en España*. Madrid: Alianza.

Carnagui, Juan Luis. 2016. "Nacionalistas, católicos y peronistas. Auge, afianzamiento y reconfiguración de la Concentración Nacional Universitaria (CNU) La Plata, 1955-1974". Tesis doctoral, La Plata: Universidad Nacional de La Plata. Facultad de Humanidades y Ciencias de la Educación. http://www.memoria.fahce.unlp.edu.ar/library?a=d&c=tesis&d=Jte1255.

Casals, Xavier. 2009. "La renovación de la ultraderecha española: una historia generacional (1966-2008)". *Historia y Política* 22: 233-258.

Casals, Xavier. 2003. *Ultrapatriotas: extrema derecha y nacionalismo de la guerra fría a la era de la globalización*. Barcelona: Crítica.

Casals, Xavier. 1995. *Neonazis en España: de las audiciones wagnerianas a los skinheads (1966-1995)*. Barcelona: Grijalbo.

Cattaruzza, Alejandro y Alejandro Eujanian. 2003. *Políticas de la historia: Argentina, 1860-1960*. Buenos Aires: Alianza.

Cavarozzi, Marcelo. 2006. *Autoritarismo y democracia (1955-2006)*. Buenos Aires: Ariel.

Cecchini, Daniel Guillermo y Alberto Elizalde Leal. 2013. *La CNU: el terrorismo de Estado antes del golpe*. La Plata: Miradas al Sur.

Cersósimo, Facundo. 2014. "'El Proceso fue liberal'. Los tradicionalistas católicos argentinos y el Proceso de Reorganización Nacional (1976-1983)". Tesis doctoral, Buenos Aires: Universidad de Buenos Aires. Facultad de Filosofía y Letras. http://repositorio.filo.uba.ar:8080/bitstream/handle/filodigital/3000/uba_ffyl_t_2015_898497.pdf?sequence=1&isAllowed=y.

Chinski, Malena. 2017. "Memorias olvidadas: los judíos y la recordación de la Shoá en Buenos Aires, 1942-1956". Tesis doctoral, Los Polvorines: Universidad Nacional de General Sarmiento.

Clemente, José Carlos. 2001. *Crónica de los carlistas: la causa de los legitimistas españoles*. Barcelona: Ediciones Martínez Roca.

Compagnon, Olivier. 2008. "Le 68 des catholiques latino-américains dans une perspective transatlantique". *Nuevo Mundo Mundos Nuevos*. https://doi.org/10.4000/nuevomundo.47243.

Cosse, Isabella. 2019. "Masculinidades, clase social y lucha política (Argentina, 1970)". *Revista Mexicana de Sociología* 81, n° 4: 825-854. https://doi.org/10.22201/iis.01882503p.2019.4.57978.
Cucchetti, Humberto. 2013. "¿Derechas peronistas? Organizaciones militantes entre nacionalismo, cruzada anti-montoneros y profesionalización política". *Nuevo Mundo Mundos Nuevos*. https://doi.org/10.4000/nuevomundo.65363.
Dandan, Alejandra y Silvina Heguy. 2006. *Joe Baxter: del nazismo a la extrema izquierda: la historia secreta de un guerrillero*. Buenos Aires: Grupo Norma.
Dard, Olivier. 2021. "L'armée française face à l'organisation armée secrète (O.A.S.)". En *Militaires en République, 1870-1962 : Les officiers, le pouvoir et la vie publique en France*, editado por Éric Duhamel, Olivier Forcade, y Philippe Vial, 687-699. París: Éditions de la Sorbonne. https://doi.org/10.4000/books.psorbonne.62087.
De Felice, Renzo. 1975. *Intervista sul fascismo*. Roma/Bari: Laterza.
Deacon, Desley, Penny Russell y Angela Woollacott. 2010. "Introduction". En *Transnational Lives: Biographies of Global Modernity, 1700-present*, editado por Desley Deacon, Penny Russell y Angela Woollacott, 1-11. The Palgrave Macmillan transnational history series. Basingstoke/Nueva York: Palgrave Macmillan.
Del Boca, Angelo y Mario Giovana. 1965. *I "figli del sole". Mezzo secolo di nazifascismo nel mondo*. Milano: Feltrinelli.
Delle Chiaie, Stefano. 2012. *L'aquila e il condor*. Milano: Sperling & Kupfer.
Devoto, Fernando y Nora Pagano. 2009. *Historia de la historiografía argentina*. Buenos Aires: Sudamericana.
Di Febo, Giuliana y Santos Juliá. 2012. *El Franquismo: una introducción*. Barcelona: Crítica.
Di Meglio, Gabriel. 2008. "La Mazorca y el orden rosista". *Prohistoria*, Año XII, 12: 69-90.
Di Meglio, Gabriel. 2012. *¡Mueran los salvajes unitarios!: La mazorca y la política en tiempos de Rosas*. Buenos Aires: Sudamericana.
Díaz, María Fernanda. 2008. "La CNU y el proceso de re-territorialización en la Universidad de Mar del Plata (1974-1976)". En II Jornadas de Estudio y Reflexión sobre el Movimiento Estudiantil Argentino y Latinoamericano, Bahía Blanca, provincia de Buenos Aires.

Duranton-Crabol, Anne-Marie. 1995. *Le temps de l'OAS*. París: Éditions Complexe.

Durham, Martin y Margaret Power, eds. 2010. *New Perspectives on the Transnational Right*. Nueva York: Palgrave Macmillan.

Fabris, Mariano. 2005. "El levantamiento del 3 de diciembre de 1990 y el fin del intervencionismo militar". En X Jornadas Interescuelas/Departamentos de Historia. Escuela de Historia de la Facultad de Humanidades y Artes, Universidad Nacional del Rosario. Departamento de Historia de la Facultad de Ciencias de la Educación, Universidad Nacional del Litoral. Rosario, provincia de Santa Fe, Argentina.

Fares, María Celina. 2024. *Derechas e izquierdas nacionalistas en los 60: universidad y prensa local en la encrucijada nacional e internacional*. Buenos Aires: Prometeo.

Fares, María Celina. 2017. "Las caras del hispanismo: tránsitos y perfiles de intelectuales de derecha en la posguerra". *Nuevo Mundo Mundos Nuevos*. https://doi.org/10.4000/nuevomundo.70537.

Finchelstein, Federico. 2016. *Orígenes ideológicos de la "guerra sucia": fascismo, populismo y dictadura en la Argentina del siglo xx*. Buenos Aires: Sudamericana.

Finchelstein, Federico. 2010. *Fascismo trasatlántico: ideología, violencia y sacralidad en Argentina e Italia. 1919-1945*. Buenos Aires: Fondo de Cultura Económica.

Gallego, Ferran. 2006. *Una patria imaginaria: la extrema derecha española (1973-2005)*. Madrid: Síntesis.

Galván, María Valeria. 2013. "Militancia nacionalista en la era posperonista: las organizaciones Tacuara y sus vínculos con el peronismo". *Nuevo Mundo Mundos Nuevos*. https://doi.org/10.4000/nuevomundo.65364.

Galván, María Valeria. 2008. "El Movimiento Nacionalista Tacuara y sus agrupaciones derivadas: una aproximación desde la historia cultural". Tesis de maestría, Buenos Aires: Universidad Nacional de San Martín. https://ri.unsam.edu.ar/handle/123456789/56.

Garaño, Santiago. 2023. *Deseo de combate y muerte. El terrorismo de Estado como cosa de hombres*. Buenos Aires: Fondo de Cultura Económica.

Gayol, Sandra. 2008. *Honor y duelo en la Argentina moderna*. Buenos Aires: Siglo XXI.

Gayol, Sandra. 2004. "'Honor Moderno': The Significance of Honor in Fin-de-Siècle Argentina". *Hispanic American Historical Review* 84, n° 3: 475-498. https://doi.org/10.1215/00182168-84-3-475.

Gentile, Emilio. 2002. *Fascismo: storia e interpretazione*. Roma: Laterza.

Gillespie, Richard. 1987. *Soldados de Perón. Los Montoneros*. Buenos Aires: Grijalbo.

Glück, Mario. 2012. "Una batalla de una guerra imaginaria: Tacuara, el Partido Comunista y el gremialismo en el plenario sindical de febrero de 1964 en Rosario". *Entrepasados. Revista de Historia* 38/39: 59-73.

Goldentul, Analía. 2023. "Between What They Are and What They Were: Power Dynamics and Knowledge Production in Fieldwork with Argentine Perpetrators". *Journal of Perpetrator Research* 6, n° 1: 90-112. https://doi.org/10.21039/jpr.6.1.138.

Goldentul, Analía. 2021. "'Doblegar la bronca y aprender'. Activismo de la agrupación Hijos y Nietos de Presos Políticos en un entramado políticocultural de los derechos humanos en disputa (2008-2017)". Tesis doctoral. Buenos Aires: Universidad de Buenos Aires. Facultad de Ciencias Sociales.

González Calleja, Eduardo. 2018. *Guerras no ortodoxas: la "estrategia de la tensión" y las redes del terrorismo neofascista en Europa del Sur y América Latina*. Madrid: Catarata.

González Janzen, Ignacio. 1986. *La Triple-A*. Buenos Aires: Contrapunto.

González, Mónica y Edwin Harrington. 1989. *Bomba en una calle de Palermo*. Santiago de Chile: Emisión.

Goñi, Uki. 2015. *La auténtica Odessa: fuga nazi a Argentina*. Buenos Aires: Ariel.

Grinchpun, Boris Matías. 2021. "Fascismo, diplomacia y academia. La recepción temprana de Julius Evola en Argentina, 1930-1970". *Melancolía Revista de Historia del Centro de Estudios sobre el Esoterismo Occidental de la* UNASUR 6: 141-164.

Grinchpun, Boris Matías. 2020. "El judío es nuestra desgracia. Variaciones del antisemitismo en las extremas derechas argentinas, 1983-1999". En *Hacer patria: estudios sobre la vida judía en Argentina*, editado por Emmanuel Kahan, Wanda Wechsler, y Ariel Raber, 223-252. Buenos Aires: Teseo.

Gutman, Daniel. 2017. "Tiempos violentos. El Sindicato Universitario de Derecho, una expresión del nacionalismo católico, en combate contra la izquierda en la Facultad de la década del 60". En *Facultad de Derecho y Ciencias Sociales, protagonista de la historia argentina*, editado por Tulio Ortiz, 235-259. Buenos Aires: Departamento de Publicaciones de la Facultad de Derecho, Universidad de Buenos Aires. http://www.derecho.uba.ar/publicaciones/libros/pdf/facultad-de-derecho-y-ciencias-sociales-historia-argentina/tiempos-violentos.pdf.

Gutman, Daniel. 2012 [2003]. *Tacuara. Historia de la primera guerrilla urbana argentina*. Buenos Aires: Sudamericana.

Hermeto, Miriam y Ricardo Santhiago, eds. 2022. *Entrevistas imprevistas: surpresa e criatividade em história oral*. Belo Horizonte: Letra e Voz.

Herrán Ávila, Luis Alberto. 2015. "Las guerrillas blancas: anticomunismo transnacional e imaginarios de derechas en Argentina y México, 1954-1972". *Quinto Sol* 19, n° 1: 1-26. https://doi.org/10.19137/qs.v19i1.963.

Kahan, Emmanuel y Daniel Lvovich. 2016. "Los usos del Holocausto en Argentina. Apuntes sobre las apropiaciones y resignificaciones de la memoria del genocidio nazi". *Revista Mexicana de Ciencias Políticas y Sociales* 61, n° 228: 311-336. http://www.scielo.org.mx/scielo.php?script=sci_arttext&pid=S0185-19182016000300311&lng=es&nrm=iso.

Klich, Ignacio, ed. 2002. *Sobre nazis y nazismo en la cultura argentina*. Maryland: Hispamérica.

Klich, Ignacio. 1995. "Los nazis en la Argentina: revisando algunos mitos". *Ciclos en la historia, la economía y la sociedad* 5, n° 9: 193-220.

Ladeuix, Juan Iván. 2007. "El General frente a la Sinarquía. El discurso de Carlos Disandro en la formación de la Concentración Nacionalista Universitaria y su impacto en el peronismo". En XI Jornadas Interescuelas/Departamentos de Historia. Departamento de Historia. Facultad de Filosofía y Letras. Universidad Nacional de Tucumán. San Miguel de Tucumán.

Larraquy, Marcelo. 2018. *López Rega: El peronismo y la Triple A*. Buenos Aires: Penguin Random House.

Laurent, Frédéric. 2013. *L'orchestre noir : enquête sur les réseaux néo-fascistes*. París: Nouveau monde.

Lavail, Christine. 2009. "De la creación de la Sección Femenina (1934) a la campaña electoral de 1936: Modalidades de intervención de las mujeres falangistas en la esfera pública". *Arenal: Revista de historia de mujeres* 15, n° 2: 345-370.

Lessa, Francesca. 2022. *The Condor Trials: Transnational Repression and Human Rights in South America*. New Haven/Londres: Yale University Press.

Lessa, Francesca. 2019. "Operation Condor on trial: Justice for transnational human rights crimes in South America". *Journal of Latin American Studies* 51, n° 2: 409-439.

Lessa, Francesca y Melisa Slatman. 2021. "Operation Condor Today: Novel Insights from Recent Archival Disclosures and Judicial Processes". En *Problems and Alternatives in the Modern Americas*, editado por Pablo Baisotti, 215-232. Londres/Nueva York: Routledge.

Lida, Miranda. 2015. *Historia del catolicismo en la Argentina entre el siglo XIX y el XIX*. Buenos Aires: Siglo XXI.

Lida, Miranda. 2011. "Por una historia social y política del catolicismo en la Argentina del siglo XX". *PolHis* 8: 121-128.

López Cantera, Mercedes Fernanda. 2023. *Entre la reacción y la contrarrevolución: orígenes del anticomunismo en Argentina (1917-1943)*. Buenos Aires, Argentina: Ediciones CEHTI.

López de la Torre, Carlos Fernando. 2017. "La tormenta del mundo vista por Clarinada (1937-1945)". *Cuadernos Americanos* 162: 73-107.

López de la Torre, Carlos Fernando. 2015. "La violencia del Movimiento Nacionalista Tacuara contra la comunidad judía en Argentina (1955-1965)". Tesis de maestría, México D. F.: Universidad Nacional Autónoma de México.

Lvovich, Daniel. 2006. *El nacionalismo de derecha: desde sus orígenes a Tacuara*. Buenos Aires: Capital Intelectual.

Lvovich, Daniel. 2003. *Nacionalismo y antisemitismo en la Argentina*. Buenos Aires: Javier Vergara.

Malgeri, Francesco. 1995. "Chiesa cattolica e regime fascista". En *Il regime fascista. Storia e storiografia*, editado por Angelo Del Boca, Massimo Legnani, y Mario G. Rossi, 166-181. Bari/Roma: Laterza.

Mallimaci, Fortunato. 1988. *El catolicismo integral en la Argentina (1930-1946)*. Buenos Aires: Biblos.
Manzano, Valeria. 2017. *La era de la juventud en Argentina: cultura, política, y sexualidad desde Perón hasta Videla*. Buenos Aires: Fondo de Cultura Económica.
Manzano, Valeria. 2006. "Las batallas de los 'laicos': movilización estudiantil en Buenos Aires, 1958". *Boletín del Instituto de Historia Argentina y Americana "Dr. Emilio Ravignani"* 31: 123-150.
Meding, Holger. 2000 [1992]. *La ruta de los nazis en tiempos de Perón*. Buenos Aires: Emecé.
Millán, Mariano. 2019. "Reforma, revolución y contrarrevolución. El movimiento estudiantil argentino entre laica o libre y la misión Ivanissevich, 1956-1974". *Escripta* 1, n° 2: 72-100. https://revistas.uas.edu.mx/index.php/ESCRIPTA/article/view/119.
Milza, Pierre. 2002. *L'Europe en chemise noire: les extrêmes droites en Europe de 1945 à aujourd'hui*. París: Fayard.
Momméja, Adèle. 2020. "Les origines coloniales de la violence. Le cas de l'Organisation armée secrète". *Genèses* 121, n° 4: 3-30. https://doi.org/10.3917/gen.121.0003.
Morente, Francisco. 2013. "Rafael Sánchez Mazas y la esencia católica del fascismo español". En *Falange: las culturas políticas del fascismo en la España de Franco (1936-1975)*, editado por Miguel Ángel Ruiz Carnicer, 109-142. Zaragoza: Institución "Fernando el Católico".
Mosse, George. 1996. *The Image of Man: The Creation of Modern Masculinity*. Nueva York: Oxford University Press.
Oberti, Alejandra. 2013. "Las mujeres en la política revolucionaria. El caso del PRT-ERP en la Argentina de los años 70". *INTERthesis: Revista Internacional Interdisciplinar* 10, n° 1: 6-36.
Orbe, Patricia. 2007. "El conflicto 'Laica o Libre': la subversión de la estructura histórica del campo universitario argentino (1955-1958)". *Cuadernos del Sur. Historia* 35-36: 135-150. http://bibliotecadigital.uns.edu.ar/scielo.php?script=sci_abstract&pid=S1668-76042007001100005&lng=es&nrm=iso&tlng=es.
Orlandini, Juan Esteban. 2008. *Tacuara. Hasta que la muerte nos separe de la lucha: historia del Movimiento Nacionalista Tacuara, 1957-1972*. Buenos Aires: Centro Editor Argentino.

Padrón, Juan Manuel. 2017. *"¡Ni yanquis, ni marxistas! Nacionalistas": nacionalismo, militancia y violencia política: el caso del Movimiento Nacionalista Tacuara en la Argentina, 1955-1966.* La Plata/Posadas/Los Polvorines: Universidad Nacional de La Plata/Universidad Nacional de Misiones/Universidad Nacional de General Sarmiento.

Padrón, Juan Manuel. 2006. "Ni yanquis ni marxistas, nacionalistas! Origen y conformación del 'Movimiento Nacionalista Tacuara' en Tandil, 1960-1963". En Jornadas La Política en Buenos Aires Siglo xx. Centro de Estudios de Historia Política, Universidad Nacional de San Martín. Buenos Aires: Universidad Nacional de San Martín.

Pasquali, Laura. 2014. "Más allá de la entrevista. Consideraciones sobre el uso de fuentes orales en la investigación histórica". *Nuevo Mundo Mundos Nuevos.* https://doi.org/10.4000/nuevomundo.67400.

Pasquali, Laura, Guillermo Ríos y Cristina Viano. 2006. "Culturas militantes. Desafíos y problemas planteados desde un abordaje de historia oral". *Taller. Revista de Sociedad, Cultura y Política* 23: 61-73.

Patto Sá Motta, Rodrigo. 2019. *En guardia contra el peligro rojo: el anticomunismo en Brasil (1917-1964).* Los Polvorines: Ediciones UNGS.

Pettinà, Vanni. 2023. *La Guerra Fría latinoamericana y sus historiografías.* Madrid: Universidad Autónoma de Madrid.

Pettinà, Vanni. 2018. *Historia mínima de la Guerra Fría en América Latina.* Ciudad de México: El Colegio de México.

Pitt-Rivers, Julian. 1999. "La enfermedad del honor". *Anuario IEHS* 14: 235-245.

Pontoriero, Esteban Damián. 2022. *La represión militar en la Argentina (1955-1976).* La Plata/Posadas/Los Polvorines: Universidad Nacional de La Plata/Universidad Nacional de Misiones/Universidad Nacional de General Sarmiento.

Portelli, Alessandro. 2007. *Storie orali: racconto, immaginazione, dialogo.* Roma: Donzelli.

Portelli, Alessandro. 1991. "Lo que hace diferente a la historia oral". En *La historia oral*, editado por Dora Schwarsztein, 36-61. Buenos Aires: Centro Editor de América Latina.

Rao, Nicola. 1999. *Neofascisti! La destra italiana da Salò a Fiuggi nel ricordo dei protagonisti.* Roma: Settimo Sigillo.

Ravelli, Galadriel. 2021. "Narratives of Neo-Fascist Transnational Trajectories: Travellers, Warriors or 'National-Tourists'?". *Journal of*

Modern Italian Studies 26, n° 3: 1-21. https://doi.org/10.1080/13545 71X.2021.1908735.

Rein, Raanan. 2023. *Cachiporras contra Tacuara: grupos de autodefensa judíos en América del Sur, 1960-1975*. Buenos Aires: Penguin Random House.

Rein, Raanan. 2001. *Argentina, Israel y los judíos: encuentros y desencuentros, mitos y realidades*. Buenos Aires: Lumière

Robertini, Camillo. 2020. "'Hemos sido férreos combatientes de la subversión'. Historia oral de un sindicalista de la derecha peronista durante los años 70". *Nuevo Mundo Mundos Nuevos*. https://doi.org/10.4000/nuevomundo.80103.

Rock, David. 1993. *La Argentina autoritaria: los nacionalistas, su historia y su influencia en la vida pública*. Buenos Aires: Ariel.

Rodríguez Jiménez, José Luis. 1994. *Reaccionarios y golpistas: la extrema derecha en España: del tardofranquismo a la consolidación de la democracia, 1967-1982*. Madrid: Consejo Superior de Investigaciones Científicas.

Rodríguez Jiménez, José Luis. 1991. "Origen, desarrollo y disolución de Fuerza Nueva (una aproximación al estudio de la extrema derecha española)". *Revista de Estudios Políticos* 73: 261-288.

Rodríguez, Laura Graciela. 2015. "Los hispanismos en Argentina: publicaciones, redes y circulación de ideas". *Cahiers des Amériques latines* 79: 97-114. https://doi.org/10.4000/cal.3655.

Rodríguez, Laura Graciela. 2012. "El 'marxismo' y la universidad en la revista Mikael (1973-1984)". *Ciencia, docencia y tecnología* 23, n° 45: 147-162. http://sedici.unlp.edu.ar/bitstream/handle/10915/88789/Documento_completo.pdf?sequence=1.

Rodríguez, Laura Graciela. 2011. "Los nacionalistas católicos de Cabildo y la educación durante la última dictadura en Argentina". *Anuario de Estudios Americanos* 68, n° 1: 253-277. http://sedici.unlp.edu.ar/handle/10915/29751.

Roniger, Luis y Leonardo Senkman. 2023. "Shifting Patterns of Antisemitism in Latin America: Xenophobia, Exclusion, and Inclusion". *Latin American Research Review* 58, n° 2: 403-421. https://doi.org/10.1017/lar.2023.14.

Rostica, Julieta. 2011. "Apuntes 'Triple A'. Argentina, 1973-1976". *Desafíos* 23, n° 2: 21-52. https://revistas.urosario.edu.co/index.php/desafios.

Ruggiero, Vito. 2023. *Il sogno anticomunista. Neofascisti italiani in America Latina (1977-1982)*. Roma: Roma Tre Press.

Saborido, Jorge. 2005. "El nacionalismo argentino en los años de plomo: la revista Cabildo y el proceso de reorganización nacional (1976-1983)". *Anuario de Estudios Americanos* 62, n° 1: 235-270. https://doi.org/10.3989/aeamer.2005.v62.i1.75.

Santiago Jiménez, Mario Virgilio. 2016. "Entre el secreto y las calles. Nacionalistas y católicos contra la 'conspiración de la modernidad': El Yunque de México y Tacuara de Argentina (1953-1964)". Tesis doctoral, México D. F.: Instituto de Investigaciones Dr. José María Luis Mora.

Santiago Jiménez, Mario Virgilio. 2015. "Julio Meinvielle, Tacuaras, los Tecos y El Yunque contra la «infiltración roja» en México y Argentina". *Cahiers des Amériques latines* 79. https://doi.org/10.4000/cal.3630.

Scarzanella, Eugenia. 2016. *Abril: un editor italiano en Buenos Aires, de Perón a Videla*. Buenos Aires: Fondo de Cultura Económica.

Scarzanella, Eugenia. 2012. "L'editoria italiana in Argentina: la Rizzoli e il gruppo Crea". En *Affari nostri. Diritti umani e rapporti Italia Argentina 1976-1983*, editado por Claudio Tognonato, 236-257. Roma: Fandango Libri.

Schenquer, Laura. 2007. "Tacuara, su paso por el conflicto sindical en los años sesenta". En XI Jornadas Interescuelas/Departamentos de Historia. Departamento de Historia. Facultad de Filosofía y Letras. Universidad Nacional de Tucumán. San Miguel de Tucumán.

Schwarzstein, Dora. 2002. "Memoria e Historia". *Desarrollo Económico* 42, n° 167: 471. https://doi.org/10.2307/3455848.

Scully, Pamela. 2010. "Peripheral Visions: Heterography and Writing the Transnational Life of Sara Baartman". En *Transnational Lives: Biographies of Global Modernity, 1700-present*, editado por Desley Deacon, Penny Russell, y Angela Woollacott, 27-40. Basingstoke/Nueva York: Palgrave Macmillan.

Senkman, Leonardo. 1986. *El antisemitismo en la Argentina*. Vol. 2. Buenos Aires: Centro Editor de América Latina.

Senkman, Leonardo y Luis Roniger. 2019. *América Latina tras bambalinas. Teorías conspirativas, usos y abusos*. Latin America Research Commons. https://doi.org/10.25154/book2.

Shoshan, Nitzan. 2015. "Más allá de la empatía: la escritura etnográfica de lo desagradable". *Nueva Antropología* 28, n° 83: 147-162.

Sirinelli, Jean-François. 1999. "L'histoire politique et culturelle". En *L'histoire aujourd'hui : nouveaux objets de recherche, courants et débats, le métier d'historien*, editado por Jean-Claude Ruano-Borbalan, 157-158. Auxerre: Editions Sciences Humaines.

Soler, Lorena. 2018. "Redes y organizaciones anticomunistas en Paraguay. La XII Conferencia Anual de la Liga Anticomunista Mundial, realizada en Asunción en 1979". *Páginas* 24: 55-73. https://doi.org/10.35305/rp.v10i24.309.

Stortini, Julio. 2004. "Polémicas y crisis en el revisionismo argentino, el caso del Instituto de Investigaciones Históricas 'Juan Manuel de Rosas' (1955-1971)". En *La historiografía académica y la historiografía militante en Argentina y Uruguay*, editado por Fernando Devoto y Nora Pagano, 81-106. Buenos Aires: Biblos.

Terán, Oscar. 1991. *Nuestros años sesentas: la formación de la nueva izquierda intelectual en la Argentina, 1956-1966*. Buenos Aires: Puntosur.

Torre, Juan Carlos. 2002. "Introducción a los años peronistas". En *Nueva historia argentina. Tomo 8: los años peronistas (1943-1955)*, editado por Juan Carlos Torre, 11-77. Buenos Aires: Sudamericana.

Vartorelli, Osvaldo y Nicolás Motura. 2020. "De la milicia al púlpito. La trayectoria de Alberto Ezcurra Uriburu durante sus años de sacerdocio en el Seminario de Paraná (1964-1985)". *Itinerantes. Revista de Historia y Religión* 13: 167-192. https://revistas.unsta.edu.ar/index.php/Itinerantes/article/view/246/271.

Vázquez, Pablo. 2024. "Oscar Denovi: militante nacionalista. De UNES a Tacuara, y del Instituto Juan Manuel de Rosas al Movimiento Nacional Justicialista". En *La historia oral en Argentina y Latinoamérica*, editado por Maylén Bolchinsky Pinsón, Facundo De Feudis Taboada y Francisco Santillán. Buenos Aires: Teseo.

Zanca, José. 2006. *Los intelectuales católicos y el fin de la cristiandad, 1955-1966*. Victoria/Buenos Aires: Universidad de San Andrés/Fondo de Cultura Económica.

Fuentes

Diarios, revistas y boletines

Así, Buenos Aires
Cambio 16, Madrid
De pie, Santa Fe, boletín del MNT
El caso Sirota y el problema judío en la Argentina, Buenos Aires, opúsculo publicado por el MNT
El mundo, Buenos Aires
Jauja, Buenos Aires, revista del nacionalismo católico argentino
Mazorca, Buenos Aires, boletín de la GRN
Ofensiva, Buenos Aires, boletín del MNT
Panorama, Buenos Aires
Primera plana, Buenos Aires
Revista histórica del fascismo, Madrid
Tacuara. Vocero de la revolución nacionalista, Buenos Aires, boletín del MNT

Blogs, páginas web y biografías de Facebook

Biografía de Facebook de Oscar Bellino
Biografía de Facebook de Pedro Cinarelli
Blog Crítica revisionista
Blog Infokrisis
Página web "Lealtad a la Lealtad. Apuntes y documentos de la Historia del Carlismo"
Página web del Grupo de Trabajo Verdad y Justicia, Equipo de Investigación Histórica, Secretaría de Derechos Humanos para el Pasado Reciente, República Oriental del Uruguay

Archivos consultados

Argentina

Archivo de la Dirección de Inteligencia de la Policía de la Provincia de Buenos Aires (DIPPBA)
Archivo Histórico de Revistas Argentinas (AHIRA)
Biblioteca Nacional Mariano Moreno, Archivos y colecciones
Biblioteca Nacional Mariano Moreno, Hemeroteca
El Topo Blindado, Centro de documentación de las organizaciones político-militares argentinas
Instituto Bibliográfico Antonio Zinny

España

Archivo General de la Administración de España (AGA)
Facultad de Filosofía y Letras de la Universidad Autónoma de Madrid, Hemeroteca
Hemeroteca Municipal de Madrid

Índice onomástico y de temas

28 Ottobre (agrupación)   83, 201-202, 211
62 Organizaciones Peronistas Leales   45

A

Abal Medina, Juan Manuel   49
Abril (editorial)   205, 247
Albanese, Giulia   154
Albanese, Matteo   XII, 197, 222, 235
Albolsky, Carlos   108
Alianza de la Juventud Nacionalista (AJN)   28
Alianza Libertadora Nacionalista (ALN)   18, 25, 27-29, 31, 46, 240
Allende, Salvador   204, 256
Almirante, Giorgio   201, 241
Almirón, Rodolfo Eduardo   236-237
Alterman, Noeh   107
Alterman, Raúl   107-109, 194
American Nazi Party   173-174
Anchorena, Manuel   250-251
Andújar, Andrea   143
Angenot, Marc   100, 176
Anticomunismo   4, 25-26, 28, 43, 75, 78-80, 82-88, 197, 209, 218, 223, 240, 258
anti-izquierdismo   8
Antisemitismo   XI, XVII, 5, 8, 10, 22, 28, 40, 57-58, 69, 75, 83, 86, 93, 96, 99-101, 103, 106, 108-110, 112, 176-177, 185, 197, 223
  xenofobia   94, 197
Antisionismo   22, 96, 99, 101
Aramburu, Pedro Eugenio   29, 64, 76, 125, 214-215
Armony, Ariel   257
Astrada, Fernando   52
Avanguardia Nazionale Giovanile (ANG)   203

B

Ballan, Marco   204
Barbieri, Luis Ángel   113-114, 193-194, 198-199, 214
Bardini, Roberto   20, 30, 34-35, 47, 49, 58, 100, 109, 141, 180, 185, 187, 240, 250-252, 255
Barra, Rodolfo Carlos   186
Barret, Soledad   104
Barricada (boletín)   56-57
Bartolucci, Mónica   XII, 13, 54-55, 74, 259

Basso Prieto, Carlos   205, 222
Batalla de la Vuelta de Obligado
   113-114, 117-118
Batallón 601 de Inteligencia del
   Ejército Argentino   204, 256
Batallón de Comunicaciones de
   Comando, Rosario   16, 257
Batista, Fulgencio   47
Bau, Ramón   XII, 219-220, 222
Baxter, José   30, 56-58, 60, 99,
   123, 131, 158, 255-256
Benassi, María Catalina   256
Benítez Araujo, Wenceslao
   107-108
Beraza, Luis Fernando   54
Berstein, Serge   7, 66
Bertagna, Federica   XI, XIX,
   200-201
Bertoglio, Eduardo   80, 107
Besoky, Juan Luis   XII, 28, 37, 48-
   49, 54, 94, 203, 256, 259
Bohoslavsky, Ernesto   XII, 4, 6,
   26, 78, 197, 210, 252
Boisard, Stéphane   XII, 4
Bonasso, Miguel   256
Bonfanti, Horacio   59, 143
Borbón-Parma, Carlos
   Hugo   234-235
Borbón-Parma, Javier   233-235
Borbón-Parma, Sixto   239
Borghese, Junio Valerio   205, 215
Borrás, Tomás   153
Botana, Natalio   31
Botti, Alfonso   166
British National Party   173
Broquetas, Magdalena   6, 104, 197
Brugaletta, Federico   33

Buchkremer, Joseph (monseñor)
   245
Buchrucker, Cristián   50, 96
Bufano, Sergio   236
Buvoli, Orsola   200

C

Caballeros de la Orden de Malta
   179-180
Caballeros Templarios   179-180
Cabildo (revista)   15, 147, 259
Cabo, Armando   54
Cabo, Dardo   54, 99
Cabrera, Miguel Ángel   7
Caffatti, Jorge   57, 255-256
Calzona, Giuseppe   235, 237
Camaradería   22, 48, 128, 132-
   134, 142, 149, 151, 227
   lazos de camaradería
      133-134
   camaradas   1, 10-11, 30, 72,
      91, 96, 106-108, 116-117,
      133, 139, 141, 145, 158, 194,
      199-200, 203, 216, 230,
      246-247, 250-251
   hermandad   132, 235
Camarasa, Jorge   205, 222
Campos, Esteban   19, 30, 46, 56,
   134, 143-144
Camus, Jean-Yves   49, 197
Canal, Jordi   235
Cao Saravia, César   55
Capitalismo   25, 27, 39, 47, 69, 77,
   82-83, 86-87, 110, 113, 167, 190,
   261
   sistema capitalista   56, 88

anticapitalismo, rechazo del
   capitalismo   8, 27, 39, 47,
   69, 77, 119
   retórica anticapitalista   8
   estructuras capitalistas   40
Caride, Carlos   90
Carlismo   227, 230, 232-233, 235,
   237, 239-240, 258
   movimiento carlista   232
   Requeté - Tercios Requetés
      XVIII, 227-233, 235, 239,
      241
   Capitán del Requeté   229-231,
      233, 239
   Partido Carlista   233-234
Carnagui, Juan Luis   54, 259
Casals, Xavier   XII, 210, 212,
   218-219
Castellani, Leonardo   40, 83, 156,
   184, 242
Castells, Ignasi   214
Castro, Fidel   25, 47, 91
Cattaruzza, Alejandro   28
Cauchi, Augusto   237
Cavarozzi, Marcelo   42
Cecchini, Daniel Guillermo
   54, 259
Cersósimo, Facundo   40, 211, 217,
   256,
Cervantes, Miguel de   136
Cherid, Jean-Pierre   235, 237
Círculo Español de Amigos de
   Europa (CEDADE). (El nombre
   extendido es el nombre
   original de esa institución,
   creada en Barcelona)   196,
   219, 221, 223, 248

Círculo de Estudios de América
   y de Europa (CEDADE)
   (El nombre extendido es el
   que tomó el CEDADE en la
   Argentina)
   220-222, 225, 247-248, 257
Clarinada (revista)   97
Clark's (bar)   123
Clemente, José Carlos   233
Codreanu, Corneliu   177, 219, 242
Colegio Marista
   Champagnat   240
Colegio Nacional (Santa Fe)   1-2
Colegio Nacional Sarmiento
   (Buenos Aires)   92, 101-102,
   228-229
Colegio Normal Mariano Acosta
   (Buenos Aires)   31
Collins, Juan Mario   60-61, 63-66,
   69, 111, 139-142, 151, 156, 242
Compagnon, Olivier   XIII, 47
*Concentración Nacional
   Universitaria* (CNU)   54, 259
Concutelli, Pier Luigi   237
Confederación de Organizaciones
   Anticomunistas de la
   República Argentina
   (COARA)   53
Confederación General del Trabajo
   (CGT)   32, 42, 80
Confederazione Combattenti
   Italiani dell'America Latina
   201
Consejo de la Hispanidad   217-218
Cordobazo   76, 260
Corporativismo   69, 159-160, 172
   cámaras sindicales   159

Estado corporativo   28, 40, 50, 190
organización corporativa   65
proyecto corporativista   28, 64, 209
régimen corporativo   XVIII, 70
sistema corporativo   26, 39
Cosse, Isabella   143
Crescenzi, Giulio   204
Crisol (revista)   166
Cristo - Jesucristo   95, 133, 236, 245
Criterio (revista)   166
Crítica (diario)   31
Crónica (diario)   118-119, 207
Cruz y Fierro (editorial)   21, 184, 242
Cruzadas   180, 183
Cucchetti, Humberto   260
Culturas políticas   XII, 7-9, 38, 71, 155, 159, 195, 213-214, 249, 261
Cuthbert, Sofía   204, 256

D

D'Alessandro, Ricardo   105, 181
D'Antonio, Débora   186
Dandan, Alejandra   30
Dard, Olivier   237
Das Deutsche Blatt (boletín)   222
De Felice, Renzo   172
De la Serna, Celia   73-74, 90, 92, 149
De Maeztu, Ramiro   159, 166
De Mahieu, Jacques Marie (verdadero nombre: Girault, Jacques Auguste Léon Marie)   49-51, 160, 206, 222, 248
De Oliveira Salazar, António   177
De Paulis, Renaudier   83
De pie (boletín)   21, 64-65, 67, 69, 87-88, 112-113, 119, 147-148, 159, 161, 168, 170, 174-176, 184, 200, 242-245
Deacon, Desley   228
Degrelle, Léon   219
Del Boca, Angelo   196
Del Hierro, Pablo   235
Del Toboso, Dulcinea   136
Delegación de Asociaciones Israelitas Argentinas (DAIA)   97-98, 104-106
Delegación Nacional de Sindicatos de Madrid   194, 209
Delle Chiaie, Stefano   20, 202-206, 209-210, 212-213, 215-216, 225, 235, 237, 247
Demharter, Luis   28-29
Democracia   17, 26, 39, 55, 82, 134-135, 160, 165, 190, 196, 233, 246
antidemocracia, rechazo de la democracia   XI, 39, 160
democracia liberal   XIX, 26, 39, 82, 135, 160, 165, 190
elecciones democráticas   32, 45, 196
gobiernos democráticos   207
instituciones democráticas   64
orden democrático liberal   77
parlamentarismo democrático   41

partidos políticos, sistema de partidos   26, 55, 62-63, 160
retorno de la democracia   17, 246
Democracia Cristiana Española   233
Denovi, Oscar   19, 87, 106-108, 117, 143-144
Derecha nacionalista   XI, 4, 7, 26, 28, 36, 44, 76, 186, 221, 223-224, 241
  extremas derechas   XV-XVI, XVIII-XIX, 1, 3, 5-6, 15, 21, 23, 52, 62, 94, 128, 138, 171-172, 184-185, 195-196, 203, 205, 209-213, 215, 217-218, 223, 228-229, 234-235, 237, 239-240, 244, 246-249, 253, 255, 257, 259
  nacionalismo de derecha   XVII, 22, 27, 29, 35, 41, 50, 71, 77-78, 80, 88, 96, 112, 117, 120, 137, 142, 160, 177, 261
Devoto, Fernando   XI, 28
Di Febo, Giuliana   218
Di Meglio, Gabriel   183
Díaz, María Fernanda   54, 259
Dinámica social (revista)   166
Dirección de Inteligencia de la Nación (DINA, Chile)   203-204, 206, 256
Dirección de Inteligencia de la Policía de la Provincia de Buenos Aires (DIPPBA)   21, 55, 197

Domínguez, Nora   143
Don Quijote de la Mancha   136
Duarte de Perón, Eva   26
Duranton-Crabol, Anne-Marie   237
Durham, Martin   6
Eichmann, Adolf   93, 98, 100-103, 109-110, 193
  affaire Eichmann, caso Eichmann   109
  ejecución de Eichmann   103, 193
  juicio a Eichmann   103, 109, 193
  nazis en Argentina   105, 205, 222
  secuestro de Eichmann   98, 102-103, 110

E

El Blasón (bar)   124
Rivanera Carlés, Federico   171
El Bruch (boletín)   194
Elizalde Leal, Alberto   54, 259
Enrique IV de Castilla   234
Escuela Comercial (Santa Fe)   2
Escuela de Mecánica de la Armada (ESMA)   255-256
Espinoza, Efraín   XII, 91
Estudios sobre sindicalismo (revista)   194
Etchenique, Roberto   52
Eujanian, Alejandro   28
Evola, Julius   205-206, 219, 247
Ezcurra Medrano, Alberto   30
Ezcurra Uriburu, Alberto

Ignacio   28, 30, 240-242
Ezcurra Uriburu, Gonzalo   33

F

Fabris, Mariano   257
Fal Conde, Manuel   233
Falange Española Tradicionalista y de las Juntas de Ofensiva Nacional Sindicalista (FET de las JONS)   87, 232
Fares, María Celina   XII, 211
Fascismos europeos   XIX, 3-4, 39, 53, 55, 69, 154, 157, 179, 181, 185, 189, 191, 195, 217
   Falange Española   4, 36, 39, 87, 153-160, 162, 166, 172, 177-179, 181-182, 185, 188, 190, 232
   fascismo italiano   XV, XIX, 22, 82-83, 130-131, 154, 166, 170-171, 182, 187-188, 200-202, 205-208, 243
   juventudes fascistas   206
   nazismo - nacionalsocialismo   XVII, 10, 22, 85, 95, 100, 106, 110, 154, 172-173, 175-177, 179, 181, 185, 187-189, 191, 196, 220, 222, 233, 238-239, 244, 247
Federación Metropolitana de Estudiantes Secundarios (FEMES)   33, 93
Federación Universitaria de Buenos Aires (FUBA)   33, 76-77, 84, 90, 123, 126
Felipe de Edimburgo   111

Fernando VII de España   232
FIAT   14, 258
Filler, Silvia   259
Finchelstein, Federico   XV, 59, 155, 160, 165
Fondo Monetario Internacional (FMI)   42
Foquismo   260
Framini, Andrés   45
Franco, Francisco   162-164, 196, 216-217, 229-230, 232-235, 252
   cadáver de Franco   164, 229
   franquismo   162-163, 216-218, 233, 251
Franco, Marina   XI, 26, 78
Frente de Juventudes (FJ)   215-216
Frente de la Juventud (FJ)   210, 215
Frente Nacional de la Juventud (FNJ)   209
Frente Revolucionario Nacionalista (FRN)   250
Frente Unido de Liberación Nacional (FULN)   104
Frey, Álvaro   220
Frondizi, Arturo   26, 32, 42, 45-46, 104, 107
Fronte Nazionale   205
Fuerza Nueva (FN, agrupación)   196, 209-211, 214, 217, 223, 225, 235-236, 241-242
Fuerza Nueva (publicación)   214-215
Fuerzas Armadas Peronistas (FAP)   255, 258

G

Gallardo, Juan Luis   36
Gallego, Ferran   210
Galván, María Valeria   27, 46, 56, 183, 185
Garaño, Santiago   132
García, Manuel Eduardo ("Bicho")   63, 67, 140-141, 256
Gayol, Sandra   126
Gentile, Emilio   167
Giardina, Antonio   80, 107
Gil Lozano, Fernanda   143
Gillespie, Richard   128
Giorgi, Maurizio   204, 241
Giovana, Mario   196
Giovenco, Alejandro   54
Glück, Mario   14, 61, 80
Goldentul, Analía   XIII, 15-16, 150
Golpe de Estado   14, 28-29, 41, 59, 62-63, 74, 138, 205, 256-257
Goñi, Uki   205, 222
González Calleja, Eduardo   203, 272
González Janzen, Ignacio   203, 236-237, 241, 248-249, 255
González, Mónica   256
Goyeneche, Juan Carlos   217, 248-249
Gradenigo, Gaio   201, 211
Grammático, Karin   143
Grinchpun, Boris Matías   171, 205
Grupo de Oficiales Unidos (GOU)   138
Guardia Nazionale Repubblicana   201
Guardia Restauradora Nacionalista (GRN)   V, IX, 5, 47-49, 118-119
Guerra Civil Española   164-165, 211, 217, 230, 232, 235
Guerra de Argelia   5, 56
Guerra de Malvinas   257, 259
Guerra Fría   5-6, 25, 39, 77, 84, 86, 195, 197, 224
Guevara, Ernesto "Che"   73, 91, 149
Guido, José María   45, 104, 107
Gutman, Daniel   XII, 29, 36, 52, 59, 104-105, 107, 115, 256-257

H

Harrington, Edwin   256
Hegel, Georg Wilhelm Friedrich   175
Heguy, Silvina   30
Hermeto, Míriam   9
Herrán Ávila, Luis Alberto   6, 224
Hess, Rudolf   173
Heteronormatividad   22, 140-141, 151
   homofobia   142
   homosexualidad   141-142
Hispanidad   165-166, 190, 217-218
Hispanoamérica   39, 78, 111, 164-166
Historia comparada   6
Historia oral   XVII, 9, 11
   autodiscursividades   86, 191
   autorrepresentaciones   3-4, 9, 20, 22, 185, 224
   entrevistas de historia oral   9
   fuentes orales   XV, 8-9, 157
   testimonios orales   8-10,

12-13
Historia reciente argentina   XII, 5
Historia transnacional   6, 195
   militancias transnacionales
      6, 23, 228, 240, 252
   perspectiva transnacional
      7, 194
   transnacionalidad   6, 22, 195, 224
Hitler, Adolf   95, 104, 106, 154, 172-177, 185, 188, 190-191, 219, 243
Ho Chi Minh   30
Holocausto   95, 100, 222
Host-Venturi, Giovanni   206
Huemul (librería)   41, 183-184

I

Ideario (boletín)   222
Ikonicoff, Moisés   123-124, 127
Illia, Arturo Umberto   62, 107
Imaginarios anticomunistas transnacionales   224
Imperialismo   22, 25, 28, 78, 80, 98, 110-111, 113, 120, 164, 187-188, 218, 261
   antiimperialismo, rechazo del imperialismo   XIX, 40, 69, 112, 117, 160
   imperialismo estadounidense   80
   imperialismo inglés   25
   imperialismo israelí   98
   imperialismo soviético   78
   opresión imperialista   39, 164
   retórica antiimperialista   119

Inquietud (boletín)   194
Instituto de Cultura Hispánica (ICH)   211
Instituto de Investigaciones Juan Manuel de Rosas   15, 41, 250, 252, 259
Instituto Verbo Encarnado   246
Internacional Negra   XV, 215-216, 224, 258, 261
Irgún, Misgueret   108
Isabel II del Reino Unido   111
Isidro, Carlos María   232

J

Jauja (boletín)   280, 242, 184
Jeune Europe   197, 222
Jeune Nation   215
Juicios de Núremberg   173
Juliá, Santos   218
Junta Democrática de España   233
Juventud (boletín)   194, 209
Juventud Peronista (JP)   26, 30, 44-45, 58, 80, 107

K

Kahan, Emmanuel   100
Karlic, Estanislao   246
Kelly, Patricio Guillermo   29
Klich, Ignacio   222
Krieger Vasena, Adalbert   64

L

La Legione (boletín)   194
La Perla (bar)   25-27, 29

Ladeuix, Juan Iván   54, 273
Laica o libre   33-34, 41
Lanfrè, Giovanni   204
Larraquy, Marcelo   203
Lasarte, Bernardo   52, 218, 248-249, 252, 260
Laurent, Frédéric   197
Lavail, Christine   149
Lebourg, Nicolas   49, 197
Ledesma Ramos, Ramiro   87, 159
Legión Cívica Argentina (LCA)   XVIII, 28
Legión de San Miguel Arcángel   241
Legión Española   250-252
Lessa, Francesca   204
Liberalismo   27, 39-40, 55, 65, 134, 167, 261
   antiliberalismo, rechazo del liberalismo   8, 27-28, 39-40, 64, 68-69, 223
   Estado liberal   40-41
   liberalismo burgués   39
Lida, Miranda   40, 168
Liga Anticomunista Mundial   210, 257
Lisandro de la Torre (frigorífico)   42
Lonardi, Eduardo   48
López Cantera, Mercedes Fernanda   26
López de la Torre, Carlos Fernando   94, 97, 256-257
López Rega, José   203
Los Gatos (grupo de rock)   25, 33
Lucha armada   5, 56, 212-214
   guerrilla   212
movimientos revolucionarios   65, 74
Lvovich, Daniel   XI, 8, 46, 93, 100, 160, 166

M

Malgeri, Francesco   167
Mallimaci, Fortunato   40
Mansilla, Lucio   118-120, 190
Manzano, Valeria   26, 33, 74, 93, 146
Marcos, Daniel   220
Marot, Jean   212-213
Márquez de Prado, José Arturo   231
Martínez de Perón, María Estela   258
Marx, Karl   88
Marxismo   2, 5, 30, 51, 55-57, 77-79, 81-82, 87-88, 165, 170
   materialismo histórico   82-83
Masculinidad   VI, 4, 12, 22, 101, 109, 123-125, 127-129, 131, 133, 135-139, 141-143, 145, 147, 149-151, 179
   caballerosidad   101, 124, 126-127, 134, 138, 150
   códigos de caballeros, códigos masculinos   126-128, 133, 136
   construcción de la masculinidad   22, 123, 138
   heroísmo   132
   honor   73, 126, 134, 136-138, 154, 182, 241, 245, 259

hombría   31, 128, 132
valentía   31, 69, 127-128, 130, 132, 134
virilidad   31, 128, 132, 134, 136, 141-142, 151
Maurras, Charles   51
Mayo Francés   260
Mazorca (boletín)   21, 53, 71, 80, 85-86, 94-98, 114, 118, 142, 158, 161, 165, 169, 183, 207-208, 221-222
Meding, Holger   222
Meinvielle, Julio   40, 47-51, 56, 83, 93-94, 156, 212-213, 248
Melena, Norma   90-91
Menem, Carlos Saúl   186, 206
Mengele, Josef   102
Meyer, Kurt   173
Mihura Seeber, Federico   147-149
Mikael (revista)   147, 246
Milà Rodríguez, Ernesto   XII, 209
Milei, Javier   187
Militancias   6, 9, 23, 36, 38, 50, 74, 84, 91, 101, 110, 126, 150, 166-167, 186, 202, 213-214, 216, 223-224, 228, 249, 252-253, 260
  dobles militancias   23, 228, 253
  militancia femenina   143
  militancia nacionalista   18-19, 46, 106, 149
  militancia sindical   42
  militancias transnacionales   6, 23, 228, 252
  nebulosas militantes   260
  trayectorias militantes   23, 57, 214, 225, 261
Militello, Víctor Oscar   80, 107
Millán, Mariano   33
Milicia de la Orden del Templo, caballeros Templarios   179-180
Milza, Pierre   197
Momméja, Adèle   237
Montejurra   235-239, 258, 261
  sucesos de Montejurra   235, 237-239, 261
Montoneros   27, 54, 76, 105, 125-126, 179, 215, 255-256, 258
Morente, Francisco   160, 181
Mosley, Oswald   177
Mossad   102
Mosse, George   148
Mota, Jorge   219-220
Motura, Nicolás   246
Movimento Sociale Italiano (MSI)   196, 201-202, 204-205, 207-208, 215, 241
Movimiento Carapintada   257
Movimiento de Acción Cívica (agrupación belga)   198
Movimiento de Liberación Nacional (MLN, Argentina)   73, 91
Movimiento de Liberación Nacional (MLN, Guatemala)   257
Movimiento de Países No Alineados (MPNA)   39
Movimiento Nacionalista Revolucionario Tacuara (MNRT)   5, 19-20, 30, 34, 46, 56-58, 144, 185, 204, 210, 250, 252, 255-256

Movimiento Nacionalista Social
　　(MNS)　171
Movimiento Nacionalista Tacuara
　　(MNT)　IX-X, 3-5, 10, 14,
　　16-21, 27, 30, 34-35, 37-38,
　　40-64, 66, 69-70, 72, 74, 78,
　　80-81, 83-85, 88, 90-91, 93-94,
　　97-103, 106-109, 111-112, 115,
　　119-120, 123-125, 128, 131, 133,
　　138-139, 143, 145-146, 149-150,
　　154, 156-157, 159-162, 165, 167,
　　170-174, 176-177, 179, 181-182,
　　185, 189-190, 193-195, 197, 201,
　　203-204, 209-210, 212, 214-215,
　　219, 223-225, 227, 229, 234, 237,
　　240-241, 245-246, 248-252,
　　255, 257-259, 261
Movimiento Nacionalista Tacuara
　　- Comando Autónomo Rosario
　　(MNT-CAR)　60, 111, 156
Movimiento Nueva Argentina
　　(MNA)　V, 5, 18, 23, 46, 54-56,
　　90, 99, 111-112, 236, 255, 258
Movimiento Social Europeo
　　(MSE)　196
Movimiento Universitario
　　Nacional (MUN)　71
Mundo Israelita (diario)　99
Mussolini, Benito　XIX, 39, 154,
　　166-168, 170-172, 175-177, 185,
　　189-191, 199-201, 205-208, 243
Mussolini, Vittorio　200, 202

N

Nación Europa　194
Nebbia, Lito　25
Nell, José Luis　56
Neofascismo　20, 22, 53, 111, 193-
　　196, 201-203, 206-210, 213, 223,
　　229, 236, 243-244, 247
　　movimientos neofascistas　5,
　　196, 223
Noche de los Bastones Largos　64
Nordiska Rikspartiet　173
Northern European League　197
Noticia (boletín)　194, 209
Nuevo Orden Europeo (NOE)　50,
　　196, 198, 268

O

Oberti, Alejandra　143
Ofensiva (boletín)　21, 78-79, 81,
　　94-95, 133-134, 146, 153, 158,
　　165, 167, 173, 179-180, 198
Onganía, Juan Carlos　XVIII, 14,
　　62-64, 76
Operación Rosaura　58
　　asalto al Policlínico
　　　Bancario　58, 256
Operativo Cóndor　54-56, 99, 111
Opus Dei　162, 217
Orbe, Patricia　259
Orden de Malta　180
Ordine Nuovo (ON)　202
Ordre Nouveau　212
Orlandini, Juan Esteban　14, 20,
　　45, 63, 70, 185
Ortega y Gasset, José　159
Ossorio, Alfredo　19, 30, 56-57, 250

P

Padrón, Juan Manuel XII, 13, 19, 31, 34-35, 37, 44-45, 60, 129, 133, 143
Pagano, Nora 28, 172
Pagliai, Pierluigi 204
Panorama (revista) 89, 99
Partido Comunista (PC) 1-2, 16, 76, 86, 107,143, 185, 233, 257
Partido Español Nacional Socialista (PENS) 209-210
Partido Justicialista (PJ) 17, 19, 258
Partido Nacional Europeo (PNE) 197
Partido Nacionaldemócrata de Alemania (Nationaldemokratische Partei Deutschlands, NPD) 244
Partido Revolucionario de los Trabajadores-Ejército Revolucionario del Pueblo (PRT-ERP) 30, 256
Partido Socialista Obrero Español (PSOE) 233
Pasquali, Laura 9, 13, 82
Passaponti, Darwin 31, 80, 119, 190
Patto Sá Motta, Rodrigo 79
Pavelic, Ante 102
Pellegrino, Mario 204
Pérez Esquivel, Adolfo 59
Pérez Portillo, Adolfo 160
Pérez, Falín 211
Perón, Juan Domingo 4, 26, 28-32, 45, 47-48, 54, 56, 74, 77, 115, 125, 138, 250, 256, 258
Peronismo 5, 21, 26, 30, 32, 39, 41-42, 44-50, 53-54, 56-58, 60, 62, 66-67, 70-71, 76, 125, 142, 155, 248, 255, 258-259
    antiperonismo, rechazo del peronismo 49, 60, 65
    estructura del peronismo 48
    movimiento peronista 41, 70
    Peronismo de Base (agrupación, PB) 255
    peronismo de derecha 5, 42, 71, 258
    proscripción del peronismo 125
    resistencia peronista 28, 44
Pettinà, Vanni 25
Piñar, Blas 210-211, 217
Pinochet, Augusto 206
Pinto, Mario 40, 83
Pita, Valeria 143
Pitt-Rivers, Julian 126, 138
Plan de Conmoción Interna del Estado (CONINTES) 26
Plataforma de Convergencia Democrática 233
Polidoro, Ricardo 90
Pontificio Collegio Pio Latino Americano 168, 241
Pontoriero, Esteban Damián 26
Portelli, Alessandro 9, 11, 145, 229
Power, Margaret 6
Prats, Carlos 204, 256
Presencia (revista) 49
Primera Plana (revista) 61, 251
Primo de Rivera, José Antonio XIX, 26, 32, 75, 87, 149, 153-

154, 156-159, 161-162, 166, 171, 175-177, 185, 187, 190, 209, 212, 217, 219, 229
Programa Básico Revolucionario (PBR)   38, 111, 164
Proyecto Segunda República   222

Q

Queraltó, Juan   28-29, 256
Quiroga, Facundo   IX, 118-119

R

Radic, Alexander   14, 125-126, 199, 258
Rahner, Karl   175
Rao, Nicola   196
Ravelli, Galadriel   203
Redondo, Onésimo   87, 156, 159
Rein, Raanan   94, 102-103, 108
Renan, Ernest   94
República Social Italiana (RSI)   194, 196
Revisionismo histórico   15, 28, 41, 53, 55, 69, 155, 179, 183, 250
Revolución Argentina   59, 62-65, 67, 70, 219
Revolución cubana   56, 88
Revolución Libertadora   26, 29, 44, 48-49, 54, 76, 125
Revolución nacional, revolución nacionalista, revolución nacionalsindicalista   XVIII, 4, 26, 41, 46, 55-56, 62, 65-66, 69-70, 72, 83, 85, 139, 159, 262
Ricote Sumalla, Ángel   212, 218

Rizzoli (editorial)   205, 247
Robertini, Camillo   XIII, 14, 258
Rock, David   98
Rodríguez Jiménez, José Luis   210, 216, 218
Rodríguez, Laura Graciela   XII, 147, 211, 218, 259
Rodríguez, María Inés   143
Roles de género   146
    corrientes feministas   146
    militancia femenina   143
    misoginia   142
    valores tradicionalistas   146
Romero Moreno, Fernando   241-242, 244
Roniger, Luis   96
Rosas, Juan Manuel   15, 28, 30, 32, 41, 52, 55, 69, 91, 113, 115, 183, 190, 240, 250, 252, 259
Rostica, Julieta   203, 236
Rudel, Hans-Ulrich   102
Ruggiero, Vito   204
Russell, Penny   228

S

Saborido, Jorge   259
Sáez Germain, Alejandro   57, 250-252
Salbuchi, Adrián   222
San Martín, José de   93, 115, 144, 190
Sandoval Alarcón, Mario   257
Santhiago, Ricardo   9
Santiago Jiménez, Mario Virgilio   6, 47
Santo Tomás de Aquino   173

Sardi Uniti   199
Savino, Jorge   201
Scarzanella, Eugenia   205
Schenquer, Laura   14
Schopenhauer, Arthur   95
Schutzstaffel (ss)   49
Schwarzstein, Dora   9
Scully, Pamela   228
Secretaría de Inteligencia del
   Estado (SIDE)   21, 182, 197
Segunda Guerra Mundial   XV, 31,
   49, 57, 100, 102, 191, 196, 201
Seineldín, Mohamed Alí   18,
   257-258
Senkman, Leonardo   94, 96, 99,
   108
Shoshan, Nitzan   11
Silva, Omar   214
Sima, Horia   241
Simbología y ritualidad   22, 177,
   179, 190
      apropiaciones   22, 131, 171-
         172, 176-177, 181, 183,
         190-191, 214
      hibridez   155, 183, 190
Sindicalismo   5, 25, 41, 47, 53-54,
   56, 194, 256, 259
      Brigadas Sindicales   18, 37,
         42-44, 54, 144-145
      militancia sindical   42
      Movimiento Sindical
         Universitario   90
      movimientos sindicales   41
      nacionalsindicalismo   69,
         159-162, 193
      sindicalismo peronista   47,
         54, 256, 259

Sindicato de Estudiantes de la
   Universidad Católica de Santa
   Fe (SEUC)   21
Sindicato Español Universitario
   (SEU)   36, 194
Sindicato Universitario Argentino
   (SUA)   21
Sindicato Universitario de Derecho
   (SUD)   14, 73
Sirinelli, Jean-François   7
Sirota, Graciela   3, 103-104, 106,
   109, 181, 280
Skorzeny, Otto   205
Slatman, Melisa   204
Soaje Pinto, Juan Manuel   15
Soberanía nacional   40, 69, 88,
   98, 109-110, 113, 119, 121, 155,
   193, 261
      defensa de la soberanía
         nacional   40, 69, 261
      Día de la Soberanía Nacional
         113
Soler, Lorena   210
Sorel, Georges   51
Soulé Tonelli, Héctor Pedro   146,
   149
Stortini, Julio   250
Stroessner, Alfredo   104

T

*Tacuara. Vocero de la revolución
   nacionalista* (boletín)   21, 30,
   65, 135, 158, 160-161, 172, 194,
   198
Tanguito (músico y compositor)   25
Teixidó, Lucrecia   236

Teorías conspiracionistas 96
Terán, Oscar 32
Tercera Posición 79
Thiriart, Jean 197, 219
Tiempo Nuevo (boletín) 194, 209
Torre, Juan Carlos 138
Tortolo, Adolfo (monseñor) 59, 147, 240, 246
Tradicionalismo / integrismo católico 40, 65, 172, 210, 217, 261
   catolicismo integrista 4, 27, 40, 47, 93, 160, 168, 246, 249
   corriente integrista del catolicismo 27, 47
   valores tradicionalistas 146
Trilnick, Edgardo Manuel 92-93, 102
Triple A 54, 203, 237, 259
Tupamaros 30, 255

U

Unión Cívica Nacionalista (UCN) 143
Unión Cívica Radical del Pueblo (UCRP) 107
Unión Cívica Radical Intransigente (UCRI) 26, 32
Union Movement 198
Unión Nacionalista de Estudiantes Secundarios (UNES) XVIII, 18, 27-32, 34, 36, 46, 53, 59, 73, 92, 115-116, 201, 228, 240
Unión Obrera Metalúrgica (UOM) 14, 54-55, 258-259
Universidad Autonóma de Madrid XIII, 238
Universidad Católica de Santa Fe 21, 60
Universidad de Buenos Aires 36, 57, 64, 73, 90, 229, 248
Universidad Nacional del Litoral XII, 21, 91
Uriburu, José Félix XVIII, 28, 30, 184, 240-242

V

Valle, Juan José 54, 90
Vannoli, Mario 237
Vartorelli, Osvaldo 246
Vassallo, Alejandra 143
Vázquez, Pablo XII, 19, 87, 106, 198, 143-144
Verbo (revista) 147, 246
Verrier, María Cristina 99
Viano, Cristina 13, 82
Vicario, Fernando 107-108
Vicente, Martín XII, 26
Vichy (régimen) 50-51
Villar, Alberto 203
Viñas, David 73
Viñas, Ismael 73
Violencia política 4, 22, 34, 73-77, 83, 109, 120, 124, 150, 208, 261
   ejercicio de la violencia política contra los enemigos 3, 5, 22, 101, 120, 125
   invisibilización de la violencia 124, 150
Von Oven, Wilfred 206
Von Thadden, Adolf X, 245

W

Waffen-SS 173, 205
Wiesenthal, Simon 243
Woollacott, Angela 228
World Union of National
    Socialists 197
Wysokinsky, Casimiro 61

X

X Fottiglia Mas 205

Y

Yelpo, José Antonio 250
YouTube 11, 14, 34, 49, 57, 62, 81, 84, 113-114, 127, 141, 163, 188

Z

Zafran, Arie 99
Zanca, José 168
Zarattini, Luis Alfredo 204-205, 220, 247-248, 252, 256-257
Zverko, Daniel 105

Sobre LASA Press

LASA Press es la editorial de acceso abierto de la Asociación de Estudios Latinoamericanos (LASA), dedicada a investigaciones académicas relacionadas con América Latina. Desde perspectivas disciplinarias plurales, la editorial busca contribuir a la difusión del conocimiento a través de la publicación de nuevas investigaciones y traducciones de obras fundamentales para pensar América Latina. Prioriza propuestas que sean relevantes para la región en su conjunto, contribuyan a definir la agenda pública y sirvan como puente entre culturas, lenguas y tradiciones académicas, ampliando el impacto del conocimiento latinoamericano en el mundo.

Directora ejecutiva de LASA
Milagros Pereyra Rojas

Editores principales
Natalia Majluf
Francisco Valdés-Ugalde

Comité Editorial
María Rosa Olivera-Williams
Gisela Zaremberg Lis
Olivia Gomes da Cunha

Productora editorial
Julieta Mortati

**Comité Editorial Honorario –
Premiados Kalman Silvert**
Graciela Montaldo
Abraham Lowenthal
Susan Eckstein
Ronald H. Chilcote
Sueli Carneiro
Wayne A. Cornelius
Lars Schoultz
Carmen Diana Deere
Julio Cotler †
Richard Fagen
Manuel Antonio Garretón
June Nash
Marysa Navarro
Peter Smith

www.ingramcontent.com/pod-product-compliance
Lightning Source LLC
Chambersburg PA
CBHW031902220426
43663CB00006B/725